FIGURAS DA VERDADE
NIETZSCHE, BENJAMIN E FOUCAULT

PUC
RIO

Reitor
Pe. Josafá Carlos de Siqueira SJ

Vice-Reitor
Pe. Anderson Antonio Pedroso SJ

Vice-Reitor para Assuntos Acadêmicos
Prof. José Ricardo Bergmann

Vice-Reitor para Assuntos Administrativos
Prof. Ricardo Tanscheit

Vice-Reitor para Assuntos Comunitários
Prof. Augusto Luiz Duarte Lopes Sampaio

Vice-Reitor para Assuntos de Desenvolvimento
Prof. Sergio Bruni

Decanos
Prof. Júlio Cesar Valladão Diniz (CTCH)
Prof. Luiz Roberto A. Cunha (CCS)
Prof. Luiz Alencar Reis da Silva Mello (CTC)
Prof. Hilton Augusto Koch (CCBS)

FIGURAS DA VERDADE
NIETZSCHE, BENJAMIN E FOUCAULT

KATIA MURICY

© Katia Muricy, 2020

© Editora PUC-Rio
Rua Marques de S. Vicente, 225, casa Editora PUC-Rio
Rio de Janeiro, RJ – 22451-900
Tel.: (21) 3527-1760/1838
www.editora.puc-rio.br | edpucrio@puc-rio.br

Conselho gestor: Augusto Sampaio, Danilo Marcondes, Felipe Gomberg, Hilton Augusto Koch, José Ricardo Bergmann, Júlio Diniz, Luiz Alencar Reis da Silva Mello, Luiz Roberto Cunha e Sergio Bruni.

© Relicário Edições
Rua Machado, 155, casa 1, Colégio Batista
Belo Horizonte, MG – 31110-080
www.relicarioedicoes.com | contato@relicarioedicoes.com

Coordenação editorial: Maíra Nassif
Conselho editorial: Eduardo Horta Nassif Veras (UFTM), Ernani Chaves (UFPA), Guilherme Paoliello (UFOP), Gustavo Silveira Ribeiro (UFMG), Luiz Rohden (Unisinos), Marco Aurelio Werle (USP), Markus Schaffauer (Universität Hamburg), Patricia Lavelle (PUC-RIO), Pedro Sussekind (UFF), Ricardo Barbosa (UERJ), Romero Freitas (UFOP), Virginia Figueiredo (UFMG).

Preparação de originais: Lindsay Viola
Revisão tipográfica: Cristina da Costa Pereira
Projeto gráfico de miolo: Flavia da Matta Design
Foto Katia Muricy: Evento Philos, Departamento de Filosofia da PUC-Rio
Projeto gráfico de capa: Caroline Gischewski

Dados Internacionais de Catalogação na Publicação (CIP)

Muricy, Katia

Figuras da verdade: Nietzsche, Benjamin e Foucault / Katia Muricy. – Rio de Janeiro: Ed. PUC-Rio; Belo Horizonte, MG: Relicário, 2020.

256 p.; 14 x 21 cm

Inclui bibliografia
ISBN (PUC-Rio): 978-65-990194-8-7
ISBN (Relicário): 978-65-86279-11-5

1. Filosofia. 2. Verdade. 3. Nietzsche, Friedrich Wilhelm, 1844-1900. 4. Benjamin, Walter, 1892-1940. 5. Foucault, Michel, 1926-1984. I. Título.

CDD: 100

Elaborado por Marcelo Cristovão da Cunha – CRB-7/6080
Divisão de Bibliotecas e Documentação – PUC-Rio

SUMÁRIO

07 Apresentação

11 *Ecce homo*: a autobiografia como gênero filosófico

37 Os direitos da imagem – Michel Foucault e a pintura

57 Alegoria e crítica de arte

83 A natureza filosófica da crítica literária

95 Os espaços alegóricos

117 O sublime, a alegoria e a ideia de arte moderna

137 O poeta da vida moderna

157 Palavra do passado, palavra do oráculo

169 Figuras da verdade – *a arte do estilo*

191 Desumanizar a natureza, naturalizar o homem

213 Da visão do espírito aos olhos do poder

227 Verdade e política

239 Uma filosofia do fantasma

249 Bibliografia principal

255 Sobre a autora

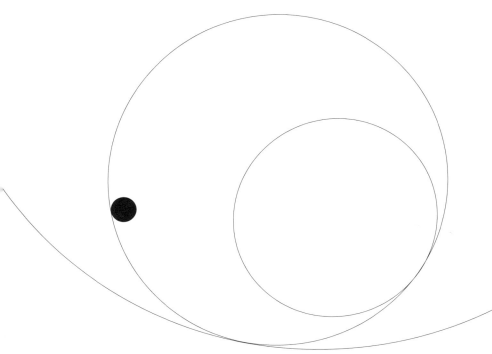

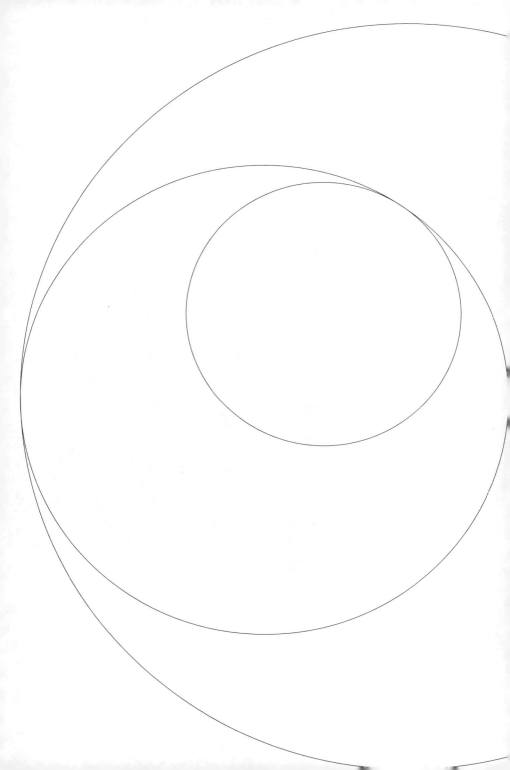

APRESENTAÇÃO

Há tempos escrevi estes ensaios. Não mudei quase nada neles, agora que os publico reunidos. Tampouco cortei as repetições que os unem. Fiz pequenas correções que corrigiram imprecisões e que, talvez, provocaram outras. É, de certa maneira, um autorretrato ou, ao menos, o esboço de um: minhas "exterioridades", no entanto, tão íntimas, depois de algumas décadas de convívio.

Descubro, agora na perspectiva do fim de um ciclo acadêmico, que os três autores que sempre me interessaram desenham uma identidade. Nietzsche, Walter Benjamin e Michel Foucault foram os meus companheiros, meu assunto nas aulas que dei três vezes por semana durante mais de trinta anos, nas pesquisas e nos artigos acadêmicos, nas dezenas de teses orientadas, mas também em resenhas de jornais e, principalmente, na formulação de algo bem maior do que todas essas outras grandezas. Sem me dar conta, sem que tivesse muita clareza quando escrevia sobre eles, permitiram que eu formulasse as minhas questões, aquelas abertas pela vida que vivi – o que realmente me interessa na filosofia.

Vez ou outra eu consolava os meus orientandos, angustiados por perceberem que suas teses juntavam, ao comentário do autor tratado, uma avalanche de doutos comentaristas que, se construíam uma garantia de autoridade, faziam com que eles, em onerosa contrapartida, desaparecessem como autores. Parece que o consolo funcionava, não sei. Porém, não arrefecia a minha própria angústia. O encolhimento do autor diante do filósofo analisado parece ser próprio do comentário filosófico, sem que eu tenha até hoje me decidido se isso é uma virtude ou um pecado. Estou convencida de que, no nosso tempo, o ensaio garante a sobrevivência da filosofia, mas também que esta forma é uma difícil lapidação de questões que, se formuladas com sucesso, garantem acima de tudo a impossibilidade de respostas absolutas. Talvez eu tenha conseguido poucas vezes tocar esse ideal. Já seria o bastante.

Assim, o que me motiva nessas tentativas é a consideração da linguagem, do texto ou da escrita filosófica em sua condição de forma, fracassada ou bem-sucedida, de apresentação da verdade. Em alguns ensaios a questão está claramente posta, em outros, ela se esconde, às vezes de mim mesma. Tangenciando-a, eles tratam da história, da crítica de arte, da cultura, da literatura, da pintura, da política. Como suas questões são recorrentes, optei por organizá-los em ordem cronológica decrescente, tão adequada quanto outra qualquer, mas tendo o mérito, para mim significativo, de não privilegiar temas, nem autores.

Gostaria de acreditar que o leitor em algum momento percebesse o que o distanciamento dos anos me permitiu entender: ao tratar de todos esses assuntos, escritos em tempos diferentes, o que eu buscava era falar da vida de todos nós ou, com mais modéstia, da minha vida no incontornável momento que nos foi dado para viver.

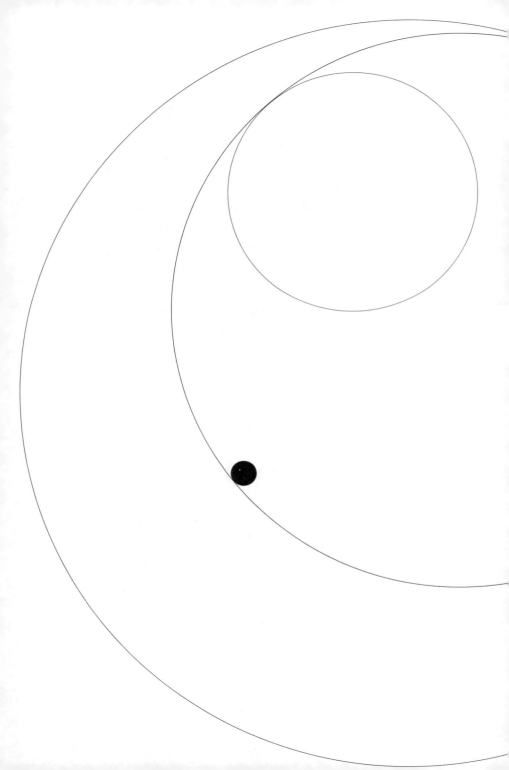

ECCE HOMO: A AUTOBIOGRAFIA COMO GÊNERO FILOSÓFICO

Um dos livros mais singulares da história da filosofia é o pequeno e enigmático *Ecce homo*. Último livro anterior ao colapso, foi escrito por um Nietzsche extremamente feliz que flanava na beleza ensolarada das ruas de Turim, conversando com os vendedores de frutas, tomando sorvete, surpreendendo-se com as delícias e o preço baixo da cozinha piemontesa, deslumbrando-se na Galleria Subalpina, para ele "o mais belo e elegante lugar do gênero".[1] Era 1888, ano de espetacular e mesmo febril exuberância intelectual – fato que tanto pode afastar quanto justificar as suposições de desequilíbrio psíquico com que se procurou dar conta da estranheza desta autobiografia ou do que quer que seja o problemático livro, quase insuportável em sua megalomania. Nietzsche estaria ironizando, no exagero da paródia, na acentuada imodéstia, as autobiografias que abundavam no século XIX? Ou o caráter hiperbólico do texto prenunciaria a loucura tão próxima? Mesmo Köselitz, o doce amigo Peter Gast, não temera que o *Ecce homo* fosse um perigoso testemunho de desequilíbrio mental? Sabe-se que, perplexo com a escrita tão inadequada, riscou frases inteiras como inconvenientes e eliminou, escandalizado, todo o famoso terceiro parágrafo do primeiro capítulo, sem falar nas restrições que fez à publicação do livro, finalmente editado com cortes em 1908. E Erwin Rohde, do círculo dos íntimos, não o chamou sem clemência de "um livro idiota"?

O colapso em Turim ensombreceu a recepção deste livro no entanto tão solar, tão leve. A sua forma surpreendente foi vista como sintoma de um precário estado mental, desautorizando por isso qualquer recepção séria. Como fizeram Peter Gast e, de seu jeito, Elisabeth Förster-Nietzsche, não se deveria antes proteger o vigoroso pensamento de Nietzsche de um texto afinal de contas mórbido? E assim, por complacência com o autor enfermo, perdoar-lhe os exageros megalomaníacos ("eu que sou tão inteligente", "eu que escrevo tão bons livros", "eu que sou um destino"), e não levar em conta as

---

[1] NIETZSCHE, Friedrich. *Lettres à Peter Gast*. Carta 274, de 16 de dezembro de 1888. Mônaco: Éditions du Rocher, 1957.

correções e avaliações que faz ali de seus livros anteriores? A recepção inicial foi nessa direção. Estudiosos da obra de Nietzsche preferiam não o considerar ou só aludir a algum de seus aspectos. De qualquer forma, mesmo hoje, muitos o valorizam apenas como documento biográfico um tanto suspeito, excluindo-o na análise da filosofia de Nietzsche. Cruel destino de um livro do qual ele esperava tanto.

É de Heidegger o mérito de salvar o *Ecce homo* do confinamento imposto por essa recepção discriminatória. Mais do que isso, Heidegger eleva o livro a uma dimensão decisiva para o pensamento ocidental:

> No *Ecce homo*, não se trata nem de uma autobiografia, nem da pessoa de Nietzsche, mas verdadeiramente de uma fatalidade: não de um destino individual, mas da história de um período dos tempos modernos, enquanto um momento final do Ocidente.[2]

A autoridade de Heidegger para legitimar o texto foi decisiva. Porém, a legitimação vem acompanhada de um desdém pela forma – não é uma apresentação de si, ou seja, não é uma autobiografia. Nessa negação se apaga a provocação maior do texto de Nietzsche, e a singularidade do autor desaparece na figura do "pensador essencial", na designação de Heidegger. Negar a forma autobiográfica do *Ecce homo* compromete a dimensão que Heidegger justamente lhe atribui, isto é, o caráter de obra fundamental para a modernidade. Nietzsche queria que a apresentação de si fosse um prefácio para os livros que tratariam do tema que julgava o mais importante de seu pensamento: a transvaloração dos valores. São os paradoxos e as contradições da opção pela autobiografia – e Nietzsche já percorrera tantas formas de apresentar o seu pensamento: aforismos, poemas, dissertações – que revelam a força nova do que se anuncia no escândalo do livro.

A autobiografia, palavra de uso recente na cultura ocidental, é um gênero literário de definição imprecisa, que acolheu as múltiplas formas de escrita de si que já existiam antes de sua invenção. Guarda

---

2 HEIDEGGER, Martin. *Nietzsche*, v. I e III. Paris: Gallimard, 1971.

por isso uma fluidez de sentido que se reflete no erudito debate acerca de sua origem: seria um gênero atemporal, tão antigo quanto a escrita, manifestando suas formas em uma continuidade ininterrupta desde sua origem remota. Ou, da perspectiva oposta, designaria um fenômeno radicalmente novo na história da civilização, desenvolvido na Europa ocidental a partir da metade do século XVIII – a *Selbst-biographie* dos alemães –, constituindo um dos signos da transformação da noção de pessoa, intimamente ligada ao início da civilização industrial e à chegada da burguesia ao poder. A controvérsia marca a compreensão polêmica do que seja uma *autós-bios-graphein*, ou seja, uma "escrita da vida do eu", indagação que está na base do debate.

Qualquer que seja a compreensão, a autobiografia implica uma série de complexos problemas filosóficos na autoproblematização de seus próprios termos: isto é, de ser um relato de si pelo próprio sujeito. A complexidade dos termos se intensifica quando, por exemplo, entende-se a autobiografia como exercício de conhecimento de si pelas vias da expressão escrita ou como exteriorização de uma consciência íntima que, se projetando no papel, adota uma nova consistência e faz surgir, entre o que escreve e o escrito, um terceiro personagem – o eu narrado.

As questões estruturais da autobiografia – como, por exemplo, as concernentes à sinceridade do autor, à fidelidade e à adequação do representante e do representado, do retrato e do retratado –, todas elas, demandam uma problematização, involuntária ou não, implícita ou explícita, de sua própria forma paradoxal. A polêmica, há algumas décadas, de Alain Robbe-Grillet contestando Philippe Lejeune, que definia o gênero a partir do "pacto autobiográfico – isto é, da identidade necessária entre autor, narrador e personagem e da exigência de "contar a verdade" –, dimensiona a tensão como característica de um gênero que se equilibra na constitutiva falha do que possa ser uma representação de si.[3]

---

3 LEJEUNE, Philippe. *Le pacte autobiographique*. Coll. Poétique. Paris: Seuil, 1975. ROBE-GRILLET, Alain. *Le miroir qui revient*. Paris: Éditions de Minuit, 1984. Proposta de uma *nouvelle autobiographie*, em correspondência à estética do *nouveau roman*.

Quando a autobiografia, além de relatar a vida do filósofo, pretende também ser filosófica, amplia-se o horizonte de problematização da legitimidade da forma. Cabe, antes de tudo, a pergunta: autobiografia e filosofia são compatíveis? É bem conhecida a fórmula de Heidegger, abrindo nos anos 1920 o seu curso sobre a metafísica de Aristóteles: "Aristóteles nasceu, Aristóteles morreu. Entretempos, filosofou. Interessa-nos a sua filosofia".[4] A sabedoria aforística da frase está na compreensão de que no entretempo da filosofia, conjugada a ela, está a vida de Aristóteles, esse filósofo fundamental para a interpretação heideggeriana justamente dos fenômenos da vida fática. Ou, em outros termos, só quando dignificada pelo pensamento a vida ganha legitimidade de questão filosófica.

Se, por um lado, a autobiografia, qualquer que seja a sua compreensão, pertence ao domínio particular das vivências e dos sentimentos privados, ela seria uma forma inadequada à filosofia, entendida como domínio do universal. Se, por outro lado, for concebida como construção literária e, como tal, submetida às formas e ao dinamismo próprios da escrita, a autobiografia escapa do particular no universal da ficção. Mas, mais uma vez, a sua conciliação com a filosofia é problemática. O universal poético, literário, não seria compatível com o universal da reflexão. Uma refração do discurso filosófico, necessária para legitimar a forma, acarretaria uma mudança radical nos seus fundamentos. Como a filosofia se tornaria pessoal para abrigar esta problemática expressão?

No entanto, uma longa tradição na história da filosofia testemunha a insistência do gênero, incluindo as "escritas de si" da filosofia helenística; as *Confissões*, de Agostinho; os *Ensaios*, de Montaigne; as *Confissões*, de Rousseau, até contemporaneamente; *As palavras*, de Sartre; ou *Infância em Berlim*, de Benjamin. Qual o valor filosófico desses escritos? São apenas curiosidades de valor secundário e devem

---

4 HEIDEGGER, Martin. *Gesamtsausgabe* 18 – *Grundbegriffe der aristotelischen Philosophie*. Frankfurt: Vittorio Klostermann, 2002.

ficar à margem de suas obras indiscutivelmente filosóficas, iluminando o autor, mas não o pensamento? Ou seria a introspecção, em suas diversas inflexões, a condição da possibilidade da filosofia? Agostinho, em suas *Confissões*, advertira contra a "a tentação da exterioridade", uma vez que é unicamente no espaço interior do homem que a verdade pode ser encontrada. Remonta a Platão o "conhece-te a ti mesmo" como injunção à prática de uma espécie de introspecção epistemológica para que o filósofo possa encontrar, nas ideias, o seu próprio ser. Ou seja, o centro de gravidade da atividade filosófica é a reminiscência: passagem do sensível ao inteligível, e reencontro do filósofo com as ideias eternas imersas em sua memória profunda. Platão abre a via que, interpretada pelo cristianismo, será dominante no pensamento ocidental. A contemplação, o retiro para a interioridade, será, com o cristianismo, não mais uma técnica que visa à aproximação das ideias eternas, mas a busca de uma aproximação de Deus. O "conhece-te a ti mesmo", assim assimilado, determina em nossa cultura a visão, de resto dominante, da relação consigo como uma forma de introspecção que decifraria o nosso ser mais profundo e, sobretudo, o julgaria a partir do crivo moral do bem e do mal.

Um eu consciente de sua unicidade parece ser a exigência lógica da autobiografia. Nos termos da filosofia, começa justamente aí a complexidade do gênero. O que é o espaço interior onde mora a verdade? Uma certeza, uma ficção? Não é esta a decisiva indagação que abre o palco da filosofia moderna, no qual o *cogito* cartesiano domina a cena? Trata-se, em Descartes, de um eu bem estabelecido após o exorcismo da dúvida, e com tal clareza e distinção que, ao abrigo de todas as contestações céticas, possa se constituir como certeza imediata e fundamento de todas as outras certezas do espírito.

Se o corpo é mera *res extensa*, desprovido de interesse no âmbito do pensamento, o *cogito*, desencarnado, é uma impossibilidade biográfica – seria o que a vida do *cogito*? Ficção tão improvável, da perspectiva cartesiana, quanto um relato do corpo, que só pode existir, para além do automatismo de máquina, insuflado pela consciência que detém uma incontestável autonomia, livre de qualquer condicionamento exterior. Ali onde há a certeza do eu consciente, exigência para a autobiografia em sua compreensão habitual, a filosofia, depurando este eu de suas vivências, a torna impossível.

No lado oposto da cena, Hume confronta Descartes e retoma a linhagem cética impecável do grande Montaigne. Ele ironiza os filósofos que caem na armadilha da evidência do eu, isto é, de um sujeito de identidade contínua em todos os movimentos da consciência. A unicidade do eu é uma ficção – a multiplicidade de percepções contraditórias, que resistem à unificação e à supressão de sua diversidade, esconde-se sob a sua falsidade.

Contra o frescor cético, Kant quer restaurar a cena da primazia do sujeito. E o faz de modo grandioso. A sua "revolução copernicana" incide sobre a compreensão do sujeito cognoscente. Se persiste a crítica a sua supremacia como substância, a antiga majestade parece ser restabelecida, agora fora de um ingênuo realismo: a necessidade e a universalidade do conhecimento objetivo deslocam-se dos objetos para o sujeito cognoscente. Como fundamento da objetividade, a ontologia passa a depender de uma teoria do sujeito. O caráter não empírico desse sujeito – um eu transcendental – mantém afastada da filosofia, embora sem o dualismo cartesiano, a dimensão da vida concreta.

Arrepiando a história da filosofia, Nietzsche retoma a tradição interrompida pela prioridade da epistemologia na modernidade. A filosofia será sempre a confissão da vida do autor, "uma espécie de memórias involuntárias e inadvertidas".[5] A convicção de Nietzsche do caráter confidencial e pessoal da filosofia não entra em conflito, como poderia parecer à primeira vista, com a sua crítica à metafísica do sujeito. A filosofia é pessoal na medida em que testemunha um regime de instintos do qual é a forma. O livro mais pessoal de Nietzsche, a sua incômoda autobiografia filosófica, o *Ecce homo*, dá o contorno necessário para a compreensão do que sejam essas memórias.

---

5 NIETZSCHE, Friedrich. *Além do bem e do mal*. 6 ed. São Paulo: Companhia das Letras, 1997.

Retomando a tradição da filosofia como relação consigo mesmo, Nietzsche a libera do caráter moral característico da introspecção cristã. Nem epistemologia, nem moral: não se trata de conhecer – e menos ainda de julgar –, mas de inventariar e transformar a própria vida na reflexão. O *Ecce homo* salva a tradição do pensamento helenístico, a filosofia dos estoicos e epicuristas que desenvolvera as técnicas do cuidado de si, entre as quais a escrita teve um papel decisivo.

A filosofia, entendida como experiência de si, desenvolveu múltiplas práticas de uma "arte de viver", de uma *technê tou biou*. No cristianismo, como parte da vida ascética, a escrita promove a exposição de pensamentos e ações ao olhar do outro, o suposto leitor, servindo para atenuar os "perigos da solidão", ou seja, para evitar que os pecados permaneçam sem testemunhos. Essa prática se dirige a uma comunidade, leitora virtual do escrito pessoal, invocada como testemunha da vida singular, mas visa sobretudo ao autor que pode, ao reler, constranger-se com seus pecados e aperfeiçoar sua existência. Tais elementos também existiram no paganismo, mas seus valores e procedimentos eram muito diversos. A importância que Sêneca, Plutarco ou Marco Aurélio davam à escrita, entre outras práticas ascéticas, era totalmente diversa do caráter introspectivo e moral da escrita de si no cristianismo. Os trabalhos de Michel Foucault na análise do tema são definitivos.[6]

A concepção de Plutarco sobre a função *etopoiética* da escrita é analisada por Foucault "como operadora da transformação da verdade em éthos". Ou seja, a escrita é um exercício do pensamento sobre ele próprio visando uma transformação do escritor. Essa compreensão está presente nas intenções do *Ecce homo* e esclarece o seu alcance filosófico. A escrita de si no período dos séculos I e II toma duas formas: os *hupomnêmata* e a correspondência – esta última mais próxima do que se compreende por escrita de si. A primeira, os *hupomnêmata*, são

---

6 L'écriture de soi. In: FOUCAULT, Michel. *Dits et écrits*, V. Paris: Gallimard, 1994. E também FOUCAULT, Michel. *L'herméneutique du sujet*. Paris: Gallimard; Editions du Seuil, 2001.

anotações heterogêneas: contabilidade, registros públicos, fragmentos de obras, exemplos, narrativas de fatos, reflexões, pensamentos de outros e de si, anotações breves que seriam posteriormente desenvolvidas em tratados etc. Feitas para ler, meditar, reler – ao alcance da mão. Longe, no entanto, de serem meras notas, elas eram, indica Foucault, meios importantes de subjetivação do discurso heterogêneo do mundo e dos outros.

Não são as confissões ou as experiências espirituais da literatura cristã. Tampouco narrativas de si mesmo – não há revelação de uma interioridade, mas constituição de si a partir do exterior. Decorre daí a importância da citação, o pensamento do outro – fruto da leitura disciplinada que, anotada na escrita, combate a leitura interminável e desarvorada que agita a mente e provoca a *stultitia*, contra a qual acautela Sêneca. A subjetivação da diversidade dos discursos fragmentados e heterogêneos, a assimilação pessoal do pensamento, é o objetivo dessa escrita profiláxica. As metáforas relacionadas à nutrição, à digestão, tão habituais na literatura filosófica, já estão presentes em Sêneca, e é a partir da análise das *Cartas a Lucílio* que Foucault avança uma tese capital para esta leitura do *Ecce homo*. A escrita e a leitura, como arte de vida, querem constituir um corpo, entendido não na acepção filosófica habitual de doutrina, mas um corpo mesmo, carne e sangue – enfim, a vida daquele que escreve e lê e faz desta prática a sua verdade, o seu princípio de ação racional.[7]

É a outra forma, a correspondência, que apresenta características que abrirão espaço para a escrita de si cristã, delimitada pela introspecção e pela ênfase nos movimentos da alma e dos sentimentos. É nas cartas que aparecem os relatos de si e as interferências insistentes da descrição dos estados da alma e do corpo. As ações e os acontecimentos que provocavam as reflexões dos *hupomnêmatas* dão lugar, na correspondência, à escrita das impressões e das atividades de lazer do

---

7 SÊNECA. *Cartas a Lucílio*. Livro XI, carta 84. Lisboa: Fundação Calouste Gulbenkian, 2014.

cotidiano: notícias sobre a saúde, as dietas, as mazelas das doenças e os tratamentos. Sem a introspecção cristã, a escrita amplia-se nas delícias do banal cotidiano, como tantos séculos depois fará Nietzsche em seu *Ecce homo*. Vinculam-se também a essa remota tradição do Ocidente os *Ensaios*, de Montaigne, a quem foi atribuída apressadamente a invenção da autobiografia em um sentido mais estrito. Livro decisivo para a elaboração do *Ecce homo* – ambos não sendo nem confissão, nem viagem interior em busca da solidez de um sujeito. São, antes de tudo, uma construção filosófica na qual a escrita de si pretende transfigurar a forma tradicional da autobiografia para evidenciar um pensamento em que a unicidade do eu, a noção de ser, o dualismo corpo e alma são contestados no paradoxo de seus próprios termos. Retomada da tradição da "arte de viver", de uma estética da existência, em que o corpo, lavado da soturna introspecção cristã, brilha como um sol na cena principal.

Nietzsche confessa reiteradamente, ao longo de sua obra, a veneração por Montaigne, "ponto solar do pensamento". Os elogios são superlativos: Montaigne é grego por sua honestidade e serena alegria, ele encarna a verdadeira vida filosófica que se reconhece por um estilo de vida, mais do que por elucubrações abstratas: "pela expressão do rosto, pela vestimenta, pelo regime alimentar, pelos costumes, mais ainda pelas palavras e pela escrita".[8] Como os moralistas franceses, Montaigne escreveu um livro que contém mais ideias reais, isto é, ideias que produzem ideias, do que todos os livros de filósofos alemães juntos. Se escrito em grego, considera, seria perfeitamente entendido e admirado pelos gregos.[9] Nos elogios fica marcada a distância que Nietzsche estabelece entre Montaigne e o pensamento metafísico para definir, no afastamento, o solo da sua própria filosofia.

---

8 NIETZSCHE, Friedrich. *Schopenhauer als Erzieher*. Unzeigemässe Betrachtungen III; *Schopenhauer Éducateur*. Considérations Intempestives III. Coll. Bilingue des Classiques Allemands. Paris: Aubier, 1976.

9 Le Voyageur et son ombre, 214. In: NIETZSCHE, Friedrich. *Humain trop humain. Oeuvres philosophiques complètes*. Turim; Paris: Colli-Montinari; Gallimard, 1968.

É muito revelador, nesse sentido, como Nietzsche se refere ao efeito fisiológico da leitura de Montaigne: "Eu estava lendo Montaigne para combater um humor sombriamente hipocondríaco!", escreve a Peter Gast.[10] Desde muito cedo, quando professor na Suíça, Nietzsche descreve sua leitura de Montaigne como "um desses momentos em que voltamos a nós mesmos para repousar, ter paz e respirar".[11] Ler os *Ensaios* é uma profilaxia, a tradução perfeita de um pensamento em carne e osso, de um pensamento do corpo. Encontra as primeiras lições do *amor fati* nas reiteradas afirmações de Montaigne de que "se tivesse de viver novamente, reviveria como vivi". É para ele que vai o seu maior elogio, sempre relacionado à alegria de viver:

> Só conheço um único escritor que, por honestidade, coloco tão elevadamente, se não mais, quanto Schopenhauer: é Montaigne. Na verdade, pelo fato de um homem assim ter escrito, o prazer de viver nesta terra foi aumentado.[12]

Montaigne, para quem filosofar é duvidar, é a perfeição do pensamento pelo seu "corajoso e alegre ceticismo" a serviço do espírito livre. Encarna a sabedoria que conjuga a saúde do espírito à saúde do corpo. O *Ecce homo* procura as virtudes do ceticismo – as mesmas do *amor fati*, aquelas que chamou de "a grande trindade da alegria: calma, grandeza, sol". É o texto de convicção de que só há grandeza de pensamento no ceticismo. Já escrevera anos antes:

> Não nos enganemos: grandes espíritos são céticos. Zaratustra é um cético. A fortaleza, a liberdade que vem da força e da sobreforça do espírito, prova-se mediante o ceticismo. Homens de convicção não

---

10 *Lettres à Peter Gast*. Carta 234, de 27/10/1887. Mônaco: Éditions du Rocher, 1957.
11 NIETZSCHE, Friedrich. *Oeuvres philosophiques complètes*. Turim; Paris: Colli-Montinari; Gallimard, 1975.
12 *Schopenhauer als Erzieher*. Unzeigemässe Betrachtungen III; *Schopenhauer Éducateur*. Considérations Intempestives III. Coll. Bilingue des Classiques Allemands. Paris: Aubier, 1976.

devem ser levados em conta em nada fundamental referente a valor e desvalor. Convicções são prisões. Eles não veem longe o bastante, não veem abaixo de si – atrás de si (...). Um espírito que quer coisas grandes, que quer também os meios para elas, é necessariamente um cético.[13]

Quanto mais céticos, tanto mais críticos serão os filósofos de um novo pensamento, os "experimentadores" por quem Nietzsche anseia para levar a cabo seu projeto de transvaloração. Como Montaigne, que se vê "sempre em aprendizagem e em prova", Nietzsche reclama para si "o perigoso privilégio de poder viver *por experiência*, e oferecer-se à aventura", ele, que pretende uma filosofia experimental.

A escrita de Nietzsche no *Ecce homo* persegue a agilidade e a leveza que ele encontra nos *Ensaios*. Como Montaigne, Nietzsche julga que a apresentação de seu pensamento em uma forma imediata, rápida decorre de uma exigência da natureza própria de seus objetos:

Considerando o gênero de problemas dos quais me ocupo, sou forçado a ser muito rápido para que me entendam ainda mais rapidamente (...). Existem certas verdades tão particularmente selvagens e ariscas que só as podemos capturar de surpresa; é surpreendê-las, ou largá-las (...).[14]

Sua escrita pretende as características que Montaigne atribui ao *parler prompt*, o uso da palavra de intervenção, espontânea, que se atira em campo, toma partido: é o falar do advogado nos tribunais, o mais apropriado à ação rápida, imediata do espírito.[15] Falar alegre, livre e ao acaso das circunstâncias, distinto do *parler tardif*, isto é, a palavra premeditada, refletida do discernimento, própria do pregador.

---

13 NIETZSCHE, Friedrich. *O anticristo*, 54. São Paulo: Companhia das Letras, 2007.
14 NIETZSCHE, Friedrich. *Le gai savoir*, 381. Idées. Paris: Gallimard, 1950.
15 NIETZSCHE, Friedrich. *Essais. Oeuvres complètes*. Bibliothéque de la Pleiade. NRF. Paris: Gallimard, 1962.

O *parler prompt* é a escolha de Montaigne belamente justificada: "Não me encontro onde me procuro; e me encontro mais por acaso do que por investigação de meu discernimento". A escrita exige, em Montaigne e em Nietzsche, esse solo comum, paradoxal em sua construída espontaneidade às antípodas da escrita *more geometrica* de Descartes, da forma argumentativa ou sistemática. O eu é uma multiplicidade de percepções cambiantes e contraditórias que exige a prontidão dessa escrita rápida para ser fixado, provisoriamente, nas palavras que o constituem e o dessubstancializam.

Nessa estratégia, as citações ganham nos dois autores uma importante função. Montaigne faz um uso muito peculiar da citação, anárquico e zombeteiro da sua dimensão autoritária. A citação, sabe-se, era o recurso didático do tratado escolástico medieval. Evocava a autoridade, a permanência da tradição dos comentaristas das Escrituras, da qual os textos eram porta-vozes. Fora desse contexto teológico, o seu uso foi criticado como meramente ornamental. No entanto, em Montaigne, a citação é só aparentemente ornamental ou retórica. Na verdade, seu uso decide uma escrita cujo alcance filosófico precisou ser negado para que se instaurassem a razão clássica e o primado do sujeito na filosofia.

A escrita dos *Ensaios* quer dar conta não da estabilidade de um eu, mas, ao contrário, da experiência da perda de si como fundante da reflexão filosófica: "Parece que eu, a cada minuto, me escapo (...)". A citação faz parte, em Montaigne, dessa diluição do eu: "As histórias que tomo emprestadas, eu as tributo à consciência daqueles de quem as tomei". Faz parte dessa experiência filosófica que o leva a dizer que quer "pintar não o ser, mas a passagem".[16] As críticas de Port-Royal e de Pascal ao uso da citação em Montaigne preparam, de certo modo, o espaço para a proposta de Descartes, no *Discurso do método*, de fazer tábua rasa das opiniões contraditórias da tradição para edificar as cadeias de raciocínio a partir da evidência do sujeito

---

16 Ibidem.

pensante, do eu consistente e fundante da razão clássica. No contexto cartesiano, o uso da citação seria antes um obstáculo, pois trairia, no estilo, o propósito de fundar a construção argumentativa unicamente na soberania do sujeito lógico.

No *Ecce homo*, Nietzsche dá adesão à consciente inovação de Montaigne: pela primeira vez o eu da vida privada transmuta-se em filosofia, mas isso no próprio gesto em que se desfaz no movimento da escrita autobiográfica. Nietzsche constrói o seu *Ecce homo* citando os procedimentos da escrita autobiográfica tradicional, ao mesmo tempo que lhes perverte as intenções. Retoma, como Montaigne, a voracidade das anotações dos *hupomnêmata*, que se nutriam dos pensamentos alheios, assimilados em uma escrita que os transformava no corpo do leitor/ escritor. Nietzsche é o seu outro: na autofagia do *Ecce homo*, ele rumina, regurgita e até vomita seus próprios escritos anteriores.

À primeira vista, o objetivo do *Ecce homo* é simples: Nietzsche quer se apresentar, dissipar as confusões a seu respeito, fazer-se conhecer. É assim que apresenta o livro para Naumann, seu editor: "Realizei entre 15 de outubro e 4 de novembro uma tarefa de extrema dificuldade, a de narrar a mim mesmo, meus livros, minhas opiniões e, fragmentariamente, na medida em que isso se tornou necessário, minha vida".[17] Narrativa que retomaria a secular tradição das escritas de si, em um momento existencial privilegiado. A ambição de Nietzsche é, no entanto, bem maior e se manifesta de forma inequívoca na correspondência íntima, livre da formalidade com o editor. Uma carta a Heinrich Köselitz parece confirmar, na intenção do autor, a leitura de Heidegger:

> Antes de ontem enviei o *Ecce homo* para C. G. Naumann, depois de o ter, por questão de consciência, pesado na balança por uma última vez. Ele ultrapassa tanto a noção de "literatura" que mesmo

---

17 *Lettres à Peter Gast*. Carta 267, de 30/10/1888. Mônaco: Éditions du Rocher, 1957.

na natureza não há termo de comparação. Ele faz explodir em dois a história da humanidade – é o superlativo de dinamite.[18]

No livro, Nietzsche retoma a metáfora incendiária, mas desta vez fazendo-se coincidir com o ato, apagando-se como sujeito da ação: "Eu não sou um homem, sou dinamite".

Ecce homo é essa heterotopia[19] em que se encontram, no ato mesmo da escrita, a narração impossível de si e a explosão de uma identidade. É muito significativa, nessa perspectiva, a necessidade de marcar o início de sua redação no 15 de outubro, data de nascimento de Nietzsche. O *Ecce homo* é um presente, uma homenagem aos seus 44 anos, certidão de nascimento de um novo Nietzsche – *ecce homo* –, construído em suas páginas. O propósito explícito é que o livro feche um ciclo: em várias de suas cartas a diferentes destinatários, Nietzsche afirma, nesse período, a necessidade imperiosa de se separar do que vinha fazendo, de fechar um ciclo: "Sei o que foi feito e acertado: um traço foi riscado sobre a minha existência passada; este o sentido dos últimos anos. Na verdade foi precisamente assim que essa existência passada revelou-se o que ela é: uma simples promessa".[20] É chegada a hora do que ele chama de sua "grande missão", em relação à qual toda a grandiosa obra crítica de mais de uma década é apenas preparação: a hora da "transvaloração de todos os valores". A transvaloração é uma ação, uma declaração de guerra do pensamento-homem-dinamite, que quer explodir o solo metafísico e niilista do Ocidente, decorrente

---

18 *Lettres à Peter Gast*. Carta 272, de 9/12/1888. Mônaco: Éditions du Rocher, 1957.
19 Heterotopia tal como Michel Foucault emprega o termo no prefácio a *Les Mot et les choses*, a propósito da enciclopédia chinesa de J. L. Borges ("uma desordem que faz cintilarem os fragmentos de um grande número de ordens possíveis"): "A heterotopia arruína não só a sintaxe das frases, mas também aquela, menos manifesta, que autoriza a manter juntas as palavras e as coisas". Aponta os limites do pensamento. O conceito se modifica na obra de M. Foucault, ganhando posteriormente outros sentidos.
20 *Lettres à Peter Gast*. Carta 272, de 9/12/1888. Mônaco: Éditions du Rocher, 1957.

de um sistema de valores fundamentado na cisão entre o mundo verdadeiro e o mundo da aparência. Para isso, Nietzsche precisa reinventar-se, presentear-se com uma biografia da vontade e apresentar-se, enfim, na cena filosófica como carne e sangue: "Transvaloração de todos os valores – é a minha fórmula para designar um ato de supremo retorno a si mesma da humanidade, ato que em mim se faz carne e gênio".[21] Na abertura do livro, Nietzsche deixa clara sua ambição em uma formulação no seu temível tom megalômano: "Prevendo que dentro em pouco devo dirigir-me à humanidade com a mais séria exigência que jamais lhe foi colocada, parece-me indispensável dizer quem sou".

Nietzsche entende o *Ecce homo* não só como o marco do fim do niilismo, mas também como anúncio do advento da grande saúde – o corpo e a criação em júbilo depois de dois mil anos de cristianismo, de metafísica e de ódio à vida. É o "prefácio incendiário" para a transvaloração, para o advento do pensamento do super-homem, da filosofia para além da metafísica, anunciada em *Assim falou Zaratustra*. Parodiando a tradição das autobiografias, recolhe-se, mais adiante, em uma modéstia contrariada pela grandiosidade da missão: "Nessas circunstâncias existe um dever, contra o qual no fundo se rebelam os meus hábitos, e mais ainda o orgulho de meus instintos, que é dizer: Ouçam-me! Pois eu sou tal e tal. Sobretudo não me confundam!".

O projeto da transvaloração impôs a Nietzsche um prefácio na forma autobiográfica. Mas uma autobiografia que busca e despedaça a sua identidade: Quem sou? Sou tal e tal... Não sou um homem, sou dinamite. O título paródico alude à passagem do Novo Testamento,[22] na qual Pôncio Pilatos, isentando-se de julgar, apresenta Jesus aos sacerdotes judeus com a fórmula *"ecce homo"*. Passagem importante porque nesse momento Pilatos faz a Jesus, sem obter resposta, a pergunta cética "O que é a verdade?". A escolha do título é magnífica não só

---

21 Por que sou um destino, I. In: NIETZSCHE, Friedrich. *Ecce homo ou como alguém se torna o que é*. São Paulo: Companhia da Letras, 1995.

22 João, 18-19.

pela refinada ironia, mas por trazer, como a boa ironia filosófica, uma significação profunda para a compreensão de sua alusão. Pelo título, Nietzsche se apresenta como o anticristo, como o filósofo da transvaloração dos valores metafísicos ou cristãos, sendo o cristianismo, para ele, um platonismo para as massas.

Uma pista valiosa para a compreensão do livro – e nesse sentido Heidegger está certo ao negá-lo como autobiografia – é lê-lo como paródia de um autorretrato, e observar em que medida, empregando a primeira pessoa como nos textos da tradição do gênero, Nietzsche vai, ao longo de arrogantes páginas, despersonalizar esse autorretrato. Em uma carta a Peter Gast – da qual Nietzsche retoma, no prólogo de *Ecce homo*, algumas frases – fica evidente a deliberação explícita, calculada, de construir uma imagem de si, um personagem filosófico, uma obra de arte como expressão de um pensamento aventureiro e sem a âncora cartesiana do sujeito:

> No dia do meu aniversário comecei algo que parece estar dando certo e que já vai bem adiantado. Algo que se chama *Ecce homo, ou Como alguém se torna o que é*. Trata-se audaciosamente de mim e de minhas obras: eu quis aí não só me defrontar com o ato inquietante e isolado da transvaloração, mas também saber até onde eu poderia me aventurar (...) nele falo de mim com toda a sorte de artimanhas psicológicas – não quero aparecer aos homens na figura do profeta, monstro, espantalho moral. Nesse sentido, o livro também é benéfico: talvez ele vá me preservar de ser confundido com a minha antítese.[23]

Fica claro que *Ecce homo* é uma experiência – experiência de escrita: "algo que parece estar dando certo e que já vai bem adiantado". Experiência de fazer-se ouvir, ler, entender, de saber até onde pode ser ouvido, lido, entendido. Experiência audaciosa: primeira tentativa inquietante, solitária, de transvaloração. Nietzsche relê, avalia, como

---

23 *Lettres à Peter Gast*. Carta 267, de 30/10/1888. Mônaco: Éditions du Rocher, 1957.

aconselhava Sêneca a Lucílio, transmuta os seus próprios escritos, dando um exemplo do eterno retorno no pensamento, na escrita. Lê seus livros com a surpresa da primeira vez, de mais uma vez, e compreende afinal de que eles tratavam. A nova compreensão a respeito de suas obras afasta Nietzsche de suas próprias intenções. Também ele fora um mau leitor, e agora, no *Ecce homo*, finalmente se compreende:

> A respeito da terceira e da quarta intempestivas, você vai fazer uma descoberta que vai arrepiar seus cabelos – ela arrepiou os meus também! Em ambas não se trata de outra coisa senão de mim mesmo me antecipando (...). Wagner, não mais do que Schopenhauer, só intervém psicologicamente (...) Só compreendi esses dois textos depois de uma quinzena de anos.[24]

A pergunta inicial do prólogo – "Quanta verdade suporta, quanta verdade ousa um espírito?" – desdobra-se em uma questão essencial: quanta verdade suporta e ousa um texto filosófico, precisamente esse texto filosófico? Questões imperiosas que obrigam Nietzsche a procurar uma forma de apresentação de si por meio da construção de um personagem, um tipo, o *imoralista*, mas também da modelagem de outras figuras que dão forma a estados, sempre com o desafio de manter a tensão dos extremos da experiência simultânea de multiplicidade e singularidade. Toda a obra de Nietzsche é uma tipologia construída artisticamente que corporifica o seu pensamento. O contexto maior da composição de *Ecce homo* não é o da obra já escrita, mas sim o da obra que virá, o projeto da transvaloração. Por isso Nietzsche se cria como personagem, como o leitor crítico da obra anterior e como formador de leitores capazes de suportar, de ter ouvidos para a estranheza da obra vindoura.

Ecce homo faz parte de um projeto pedagógico – ou, seria melhor, antipedagógico – de Nietzsche. Desde *Sobre o futuro dos nossos*

---

[24] *Lettres à Peter Gast*. Carta 272, de 9/12/1888. Mônaco: Éditions du Rocher, 1957.

estabelecimentos de ensino e, principalmente, *Schopenhauer educador*, tratava-se mais de mostrar que de dizer: apresentar-se como modelo. O educador é o que afirma egoisticamente a si próprio e, na apresentação inclemente de sua singularidade, se constitui como provocação à manifestação de uma outra singularidade. Assim, se Schopenhauer é o seu educador em 1874, é só na medida em que Nietzsche o construiu como modelo para encontrá-lo, da perspectiva de uma quinzena de anos depois, em si próprio. O Schopenhauer da terceira intempestiva sempre fora Nietzsche, é o que constata em *Ecce homo*. Na confluência do devir, ganha sentido a proposta de "tornar-se o que se é", fórmula de Píndaro que Nietzsche opõe à exortação délfica do "conhece-te a ti mesmo". Não se trata de encontrar em si um conhecimento pela via da introspecção epistemológica ou moral. Mas sim de uma construção de si pela visita ao que se era – a memória dos próprios escritos.

O aforismo é bastante enigmático, tendo em vista a problematização da noção de ser em Nietzsche. Para interpretá-lo, é preciso que se considere como ele entende a relação do ser com o devir. Não há no devir nenhuma intenção finalista de alcançar o ser. Na metafísica, de maneira geral, o ser em sua permanência é postulado como mundo verdadeiro em oposição ao devir, à mudança, postulada como mundo aparente, destituído de valor. Para Nietzsche, o mundo verdadeiro é uma ficção, enquanto o outro é a realidade. "A realidade foi despojada de seu valor, seu sentido, sua veracidade, na medida em que se forjou um mundo ideal. (...) O 'mundo verdadeiro' e o 'mundo aparente' – leia-se o mundo forjado e a realidade", escreve no prólogo do *Ecce homo*. Mais radicalmente, mesmo a oposição não faz sentido: "Abolimos o mundo verdadeiro: que mundo restou? O aparente, talvez? (...) Não! Com o mundo verdadeiro, abolimos também o mundo aparente".[25] Nietzsche investiga a origem dessa crença nos dois

---

25 NIETZSCHE, Friedrich. *Crepúsculo dos ídolos*, IV, 6. São Paulo: Companhia das Letras, 2010.

mundos, relacionando-a a um procedimento de natureza psicológica. A distinção é uma projeção no mundo exterior de nossa crença em um eu como substância, como ser, da qual derivariam os pensamentos, os desejos e as ações, ficção matriz que se solidifica em um equívoco da linguagem. Uma metafísica da linguagem fetichiza a gramática, projetando no pronome a mistificação de um eu substancial que assimilaria no conceito correlato de ser a diversidade irredutível das coisas.[26]

O eu não resulta de qualquer introspecção unificadora, é antes uma ficção construída a partir de uma exterioridade múltipla. Nietzsche ensina o processo de construção de si a partir do que está fora:

> Faze repassar sob teus olhos toda a série de objetos venerados, e talvez, por sua natureza e sucessão, eles te revelem uma lei, a lei fundamental de teu verdadeiro eu; compara esses objetos entre si, vê como (...) formam uma escala graduada que serviu para te elevares ao teu eu.[27]

Uma compreensão imediata do subtítulo do *Ecce homo* seria a de que existem virtualidades a serem desenvolvidas por um cultivo de si, uma germinação de potencialidades – concepção habitual, talvez básica, na tradição pedagógica. Uma outra seria a de que uma dimensão inconsciente de nosso eu seria alcançada por algum processo iniciático ou terapêutico. Em ambas, o ser é origem e fim do devir, em ambas o devir é concebido a partir de uma perspectiva finalista. São concepções bem contrárias ao pensamento de Nietzsche, cuja pedra angular é justamente a crítica ao fetichismo da concepção metafísica do ser e finalista do devir. Se não existe um substrato eu, tampouco existem o ser e o devir como meta.

A força do aforismo de Píndaro está exatamente em sua aparente irreconciliabilidade com o pensamento de Nietzsche. Sua interpre-

---

26 *Crepúsculo dos ídolos*, III, 5. São Paulo: Companhia das Letras, 2010.

27 *Schopenhauer als Erzieher*. Unzeigemässe Betrachtungen III; *Schopenhauer Éducateur*. Considérations Intempestives III. Coll. Bilingue des Classiques Allemands. Paris: Aubier, 1976.

tação precisa dar conta tanto da radicalidade da crítica à metafísica quanto da novidade de seu pensamento com vistas à transvaloração. A crítica às ficções – ser, eu – completa-se na proposição da noção de ação, à luz de sua doutrina da vontade de poder. O sujeito é um vício da linguagem que engana a razão e se propõe como substrato das ações. Não existe o sujeito, só existem as ações. Sendo assim, mais do que indagar sobre o eu penso, sobre o eu quero, a filosofia deve concentrar-se nas ações, nos efeitos: *o que* eu penso, *o que* eu quero. Aí não há a unidade do agente, já que eu penso e eu quero muitas coisas e mesmo coisas contraditórias. Multiplicidade exterior e conflituosa, cuja unificação em um eu deverá ser construída a partir da organização e da hierarquização da multiplicidade dos atos de pensar e querer.

O corpo – "fio condutor" – é a primeira forma de organização. Nele a diversidade simultaneamente se revela e se organiza sem conflitos, segundo suas necessidades e seus objetivos. No entanto, pensamentos, desejos e ações conduzem o corpo em várias direções, de diferentes maneiras, a cada momento. O eu seria uma configuração provisória (um caráter) a partir do caos de várias possibilidades – desejos, hábitos, traços particulares – em constante modificação ao longo do tempo. A unificação dessa multiplicidade díspar requer o imenso esforço de dar forma, ou dar ser, ao devir. A existência de um eu resulta desta imposição artística:

> Uma coisa é necessária. "Dar estilo" a seu caráter – uma arte grande e rara! É praticada por quem avista tudo o que sua natureza tem de forças e fraquezas e o ajusta a um plano artístico (...) Quando a obra está consumada, torna-se evidente como foi a coação de um só gosto que predominou e deu forma, nas coisas pequenas como nas grandes; se o gosto era bom ou ruim não é algo tão importante como se pensa – basta que tenha sido um só gosto![28]

---

28 NIETZSCHE, Friedrich. *A gaia ciência*, IV, 290. São Paulo: Companhia das Letras, 2002.

Ser e devir, tornar-se o que se é – esse é o processo árduo de unificação de repetidas apropriações e interpretações de experiências e ações. Essa criação de si não finaliza, mas apenas estabiliza, em uma forma provisória, o processo contínuo do devir. Criar essa forma, dominar a multiplicidade dos impulsos pela força de um único impulso, ou seja, construir seu próprio eu, é a mais alta manifestação da vontade de poder: "Imprimir ao devir o caráter de ser – é a suprema vontade de poder".[29] "Tornar-se o que se é" consiste então em identificar-se em todas as ações, saber que tudo o que se fez é o que se é. Ou seja, significa imprimir ser, dar forma – estilo – à dispersão anárquica que é uma vida, selecionando o que realçar, o que deixar em surdina, sem negação do que foi: *amor fati*. Tornar-se o que se é – tarefa exclusiva da escrita.

Mas a escrita é também um cuidado de si, assunto do corpo. No capítulo "Por que sou tão inteligente", Nietzsche introduz um tema correlato ao *amor fati*: *o amor de si*, como condição para a pesada missão da transvaloração. A resposta à questão de "como alguém se torna o que é" só é possível no espaço de uma "arte da preservação de si mesmo", do cuidado de si, que é um cuidado com o corpo. São as necessidades fisiológicas disfarçadas na objetividade de ideias que conduzem à filosofia entendida como arte de transfiguração de um estado de saúde, uma espécie de sintoma estilizado:

> (...) frequentemente me perguntei se até hoje a filosofia, de modo geral, não teria sido apenas uma interpretação do corpo e uma má compreensão do corpo (...) Um filósofo que percorreu muitas saúdes e sempre torna a percorrê-las passou igualmente por outas tantas filosofias: ele não pode senão transpor seu estado, a cada vez, para a mais espiritual forma e distância – precisamente esta arte da transfiguração é a filosofia.[30]

---

29 NIETZSCHE, Friedrich. *The Will to Power*, 617. Nova York: Vintage Books Editions, 1968.
30 Prólogo. In: *A gaia ciência*. São Paulo: Companhia das Letras, 2002.

É a partir da fisiologia que Nietzsche interpreta. Não há uma substancialidade *interna* no homem: "Eu sou todo corpo e nada além disso; e alma é somente uma palavra para alguma parte do corpo".[31] O pensamento racional é resultado do jogo total de forças corporais inconscientes, não racionais: ele "é apenas *uma certa relação dos instintos entre si* (...) a atividade do nosso espírito ocorre, em sua maior parte, de maneira inconsciente e não sentida por nós".[32] O pensamento consciente é uma "pequena razão", um instrumento da *grande razão* que é o corpo entendido como uma totalidade orgânica em constante luta na dinâmica dos impulsos. A "consciência" – ou "razão" – constitui a parcela mínima dessas forças corporais organizadas hierarquicamente na ação e transformadas em linguagem:

> Instrumento do teu corpo é, também, a tua pequena razão (...) a qual chamas de "espírito", pequeno instrumento e brinquedo da tua grande razão. Eu, dizes; e ufanas-te desta palavra. Mas ainda maior – no que não queres acreditar – é o teu corpo e a sua grande razão: esta não diz eu, mas faz eu.[33]

A partir dessa perspectiva, Nietzsche empreende a transvaloração dos valores metafísicos, ocupando-se provocativamente no *Ecce homo* do que chama de "casuística do egoísmo": "Essas pequenas coisas – alimentação, lugar, clima, distração – são inconcebivelmente mais importantes do que tudo o que até agora tomou-se como importante". Completamente estranha à filosofia moderna, a consideração dessa esfera do privado vai constituir não uma ética, mas uma minuciosa dietética. Nietzsche escreve no capítulo "Por que sou tão inteligente":

---

31 NIETZSCHE, Friedrich. *Von den Veraechtern des Leibes. Also Sprach Zaratustra*, I/ *Des contempteurs du corps. Ainsi parlait Zaratustra*, I. Bilíngue. Paris: Aubier; Flammarion, 1969.

32 *A gaia ciência*, IV, 333. São Paulo: Companhia das Letras, 2002.

33 *Von den Veraechtern des Leibes. Also Sprach Zaratustra*, I/ *Des contempteurs du corps. Ainsi parlait Zaratustra*, I. Bilíngue. Paris: Aubier; Flammarion, 1969.

Uma questão da qual depende mais a "salvação da humanidade" do que qualquer curiosidade de teólogos: a questão da *alimentação*. Para uso imediato, podemos colocá-la assim: "Como você deve alimentar-se para alcançar seu máximo de força, de *virtù* no estilo da Renascença, de virtude livre de *moralina*".

O espírito alemão é "uma indigestão, de nada dá conta", fruto de "entranhas enturvadas". Tampouco lhe agrada a cozinha francesa ou, pior, a inglesa. "A melhor cozinha é a do Piemonte". É preciso cuidar do corpo, achar a boa dieta, saber das condições de uma boa digestão: "Uma refeição forte é mais fácil de digerir do que uma ligeira demais. Que o estômago entre inteiro em atividade, primeira condição para uma boa digestão". Chá, somente de manhã; café obscurece; chocolate tem que ser espesso, sem gordura. Atenção à posição do corpo – "Ficar sentado o menor tempo possível: não dar crença ao pensamento não nascido ao ar livre, de movimentos livres – no qual também os músculos não festejem". Para finalizar o elenco de exemplos, a justificativa de ser a dietética uma preocupação incontornável para a filosofia: "Todos os preconceitos vêm das vísceras. A vida sedentária – eis o verdadeiro pecado contra o santo espírito".

No mesmo sentido, Nietzsche avalia qual o lugar e o clima ideal para o seu metabolismo. Lastima o desperdício de forças na juventude, a longa ignorância da fisiologia que o fez ser filólogo, "por que não médico, ao menos, ou alguma outra coisa própria para abrir os olhos?". Avalia as circunstâncias fisiológicas da elaboração de seus livros para entender o tipo de pensamentos neles produzido. Assim, uma "incessante dor de cabeça de três dias, acompanhada de penosa expectoração", está relacionada a uma "clareza dialética", pois a dialética é uma patologia, um sintoma de *décadence*, do qual Sócrates é o exemplo.

Diagnostica agora de qual doença padecia e a que saúde ela o conduziu, porque também as doenças são benéficas para o *amor fati*.

Faltava um sutil "cuidado de si", a tutela de um instinto imperioso, era um nivelar-se a qualquer um, uma "ausência de si", um esquecimento da distância própria – algo pelo que jamais me perdoo. Quando estava quase no fim, por estar quase no fim, pus-me a refletir sobre essa radical insensatez de minha vida – "o idealismo". Foi a *doença* que me trouxe à razão.[34]

Também faz parte do cuidado de si, como queriam os antigos, uma escolha profiláxica das leituras: ler os céticos, "o único tipo respeitável entre essa gente cheia de duplicidade – de quintuplicidade – que são os filósofos!". Propõe a regra de ouro de Montaigne, ler apenas os livros que nos dão alegria e saúde, fiel também à advertência de Sêneca contra a leitura interminável que conduz à *stultitia*.[35]

O *Ecce homo* é a retomada jubilosa da antiga tradição da *technê tou biou*, que, em Nietzsche, esgarça suas possibilidades no enfrentamento dos séculos metafísicos e permite dar um altivo piparote final na doença filosófica. Poucos meses depois de tê-lo concluído, sofre o colapso mental que silenciou os dez anos que ainda viveu. Fica a pergunta trágica: "Em quase toda parte, é a loucura que abre alas para a nova ideia, que quebra o encanto de um uso e uma superstição venerados. Compreendem por que tinha que ser a loucura?".[36]

[Publicado originalmente em Coleção Pequena Biblioteca de Ensaios. Rio de Janeiro: Zazie Edições, 2017.]

---

34 *Ecce homo ou como alguém se torna o que é.* São Paulo: Companhia da Letras, 1995.
35 Isso não significa qualquer acolhimento do autor latino em seus escritos. Ao contrário, Nietzsche não tem nenhuma simpatia por Sêneca, a quem chama de "toureador da virtude". In: *Crepúsculo dos ídolos*, IX, 1. São Paulo: Companhia das Letras, 2010.
36 NIETZSCHE, Friedrich. *Aurora*, 14. São Paulo: Companhia das Letras, 2004.

OS DIREITOS
DA IMAGEM
– MICHEL
FOUCAULT
E A PINTURA

Nas últimas páginas de *A arqueologia do saber*,[1] Foucault indica alguns caminhos possíveis para a análise arqueológica. Um deles é o de uma arqueologia da pintura, da qual apresenta as linhas gerais. Primeiramente, em um recorte negativo: ela não revelará, na superfície de linhas e cores, as intenções do pintor ou a sua filosofia; tampouco vai analisar na tela o que o pintor tomou das opiniões científicas da época. Uma arqueologia da pintura não vai procurar o que a pintura *diz* em uma linguagem sem palavras, cujas significações mudas seriam indefinidamente traduzidas pelas ulteriores interpretações. Recusando as análises fenomenológicas da pintura, Foucault indica brevemente a novidade dessa arqueologia:

> Ela vai pesquisar se o espaço, a distância, os volumes e os contornos não foram, na época visada, nomeados, enunciados, conceituados em uma prática discursiva; e se o saber ao qual essa prática discursiva deu lugar não foi talvez investido em teorias e especulações, em formas de ensino e em receitas, mas também em procedimentos, nas técnicas e quase no próprio gesto do pintor.[2]

A pintura, tal como Foucault então a concebe, está entrelaçada à positividade de um saber, isto é, a um regime discursivo específico e por isso será um elemento privilegiado na análise das práticas discursivas. É a essa concepção que se deve a bela análise de *Las meninas*, que abre a arqueologia das ciências humanas de *As palavras e as coisas*.

A pintura formula também a relação, problemática para Foucault, entre o discurso e o visível, entre palavras e coisas. Ou, como propusera em *As palavras e as coisas*, a grave questão da incompatibilidade total entre o dizer e o ver. É no horizonte desse problema que o tema da representação pictórica se impõe. Em uma resenha de dois livros de Panofsky – *Ensaios de iconologia* e *Arquitetura gótica e*

---

[1] Outras arqueologias. In: FOUCAULT, Michel. *L'archéologie du savoir*. Paris: Gallimard, 1969. p. 253.
[2] Ibidem, 253 (minha tradução).

pensamento escolástico – escrita em 1967, Foucault situa o problema, absolutamente fundamental para a sua obra, que ele encontra também no autor resenhado:

> Estamos convencidos, *sabemos*, que tudo fala em uma cultura: as estruturas da linguagem dão sua forma à ordem das coisas. Assim, (...) as formas plásticas eram textos investidos na pedra, nas linhas ou nas cores; analisar um capitel, uma iluminura, era manifestar o que "isto queria dizer": restaurar o discurso lá onde, para falar mais diretamente, ele havia se despido de suas palavras.[3]

O que Foucault encontra em Panofsky – e o que nele lhe interessa – é que, destituindo o discurso de seus privilégios, ele não elege a autonomia do universo plástico, mas mostra o caráter complexo das relações entre o que se vê e o que se diz. Pois o discurso não é, para Foucault, o fundo interpretativo comum a todos os fenômenos de uma cultura. Discurso e figura têm, cada um, o seu modo de ser e mantêm relações complexas e entrecruzadas cujo funcionamento recíproco deve ser analisado.

Foucault dá como exemplo a análise de Panofsky da função representativa da pintura ocidental, sempre mimética, até o final do século XIX, na relação com um determinado objeto. Afastando-se da oposição forma *versus* sentido, para a consideração do que julga essencial em uma obra, Panofsky empreende a análise de uma função representativa complexa que percorre, com valores diversos, toda a espessura formal do quadro e que fornece as regras de uma espécie de "sintomatologia das culturas", que determina uma sensibilidade, um sistema de valores. Nesse sentido, a obra de Panofsky "valeria como uma indicação, talvez como um modelo" para a análise das relações entre o discurso e as imagens. Se quando escreveu *As palavras e as coisas* Foucault ainda não havia lido Panofsky, o que a resenha sublinha é uma reconhecida afinidade de questões.

---

[3] FOUCAULT, Michel. *Dits et écrits*, I. Paris: Gallimard, 1994. p. 621 (minha tradução).

Sabe-se que *Las Meninas*, em *As palavras e as coisas*, não é considerado apenas um documento visual ou mera ilustração da época clássica. Trata-se da formulação de muitos dos problemas que atravessam o pensamento do autor. Foucault entende que a tela de Velásquez possa ser nada menos que "a representação da representação clássica e a definição do espaço que ela abre".[4] É nessa pintura que encontra os elementos para a interpretação da época clássica, isto é, da figura histórica da ordem do racionalismo, que, segunda a sua arqueologia, se funda na representação a partir de igualdades e diferenças. Ou seja, a profunda modificação em relação à hegemonia da semelhança, que organizava os discursos até o final do século XVI, ganha na tela do pintor barroco a sua imagem. A análise de Foucault não é uma interpretação do quadro, isto é, não busca recuperar o que ele quer dizer. Trata-se de determinar, na composição da tela, em seus jogos de luz, o espaço das visibilidades e das invisibilidades, o entrecruzamento do discurso e da forma plástica. Assim a representação, no reflexo no espelho, dos monarcas invisíveis para os quais toda a composição se dirige – uma visibilidade inacessível aos personagens da cena – entrecruza-se com o modo de ser do sujeito no discurso clássico. Como apontou Gilles Deleuze, a lógica presente na análise de *Las meninas* é a mesma que Foucault usa para a sua análise dos enunciados: como estes, "as visibilidades (…) podem não ser nunca escondidas, mas nem por isso são imediatamente vistas nem visíveis. Ao contrário, são mesmo invisíveis enquanto se fica nos objetos, nas coisas ou nas qualidades sensíveis, sem se elevar até a condição que abre estas visibilidades".[5] O "lugar excessivo" a que se refere a análise de Foucault, – isto é, aquele que, no exterior da tela, ocupa o lugar do espectador ao olhar para ela –, é também um lugar na visibilidade aberta pelo quadro: a visibilidade não é a maneira de ver do sujeito,

---

4 FOUCAULT, Michel. *Les mots et les choses*. Paris: Gallimard, 1966. p. 31 (minha tradução).

5 DELEUZE, Gilles. *Foucault*. Paris: Les Éditions de Minuit, 1986. p. 64 (minha tradução).

mas, ao contrário, o sujeito é, antes, um lugar, ou melhor, uma função da visibilidade.

Foucault vai encontrar em um outro pintor, Manet, o questionamento da representação clássica que abrirá o espaço da nossa contemporaneidade na pintura. É Manet que lhe dá acesso ao fascínio e à natureza intrigante da pintura:

> Há na pintura coisas que me fascinam e que me intrigam inteiramente, como Manet. Nele tudo me surpreende. A feiura, por exemplo. A agressividade da feiura, como em *Le balcon*. E também o caráter inexplicável de sua pintura, que fez com que ele próprio não dissesse nada sobre ela. Manet fez na pintura um certo número de coisas em relação às quais os impressionistas eram absolutamente regressivos. (…) Manet foi indiferente a cânones estéticos que estão tão ancorados em nossa sensibilidade que mesmo agora não se compreende por que ele fez isto e como ele o fez.[6]

Logo depois da publicação de *As palavras e as coisas*, Foucault chegou a assinar contrato com uma editora de Paris para escrever um livro sobre o pintor que se intitularia *Le noir et la surface – essai sur Manet*, no entanto, nunca escrito. Mas deixou-nos uma análise de sua pintura – na verdade de 13 telas – em uma bela conferência realizada em Túnis, 1971. Essa conferência só foi publicada em 2004, pela recuperação do registro sonoro do acontecimento em velhas fitas cassetes.[7] O livro sobre Manet foi, assim, transversalmente publicado. Discorrendo sobre o pintor, enquanto se passavam dispositivos das telas analisadas, Foucault poderia ser tomado por um banal professor de história da arte. O que estava em jogo, no entanto, era a elaboração de um discurso, por meio da história da arte e da estética, que

---

[6] Com o que sonham os filósofos?. In: *Dits et écrits*, II. Paris: Gallimard, 1975. p. 705-706.

[7] FOUCAULT, Michel. *La peinture de Manet, suivi de Michel Foucault, un regard*. SAISON, Maryvonne (Org.). Paris: Éditions du Seuil, 2004.

fazia do espaço de representação da pintura uma ocasião exemplar para analisar uma nova configuração do saber.[8] Mais especificamente, para analisar o surgimento da modernidade.

Os leitores de Michel Foucault conhecem o procedimento: problematizar os lugares-comuns da historiografia. No caso de Manet, o lugar-comum seria o de avaliar a sua importância para a história da arte por ter criado, por meio da modificação das técnicas e dos modos de representação da pintura, as condições para a grande novidade dos impressionistas. Perspectiva de uma história linear que aponta para as modificações somente para entrelaçá-las em uma cronologia contínua. Foucault, ao contrário, ressalta a descontinuidade na história da arte: a pintura de Manet é a ruptura da tradição clássica. Mais do que ser o precursor do impressionismo, Manet é quem inaugura o espaço no qual vai se desenvolver a arte contemporânea. Sua pintura é um incessante questionamento da representação, a ponto de promover um corte radical com a tradição. A análise de Foucault quer medir a profundidade do corte.

A pintura ocidental, desde o Renascimento, esforçava-se para criar, no espaço da representação, a ilusão tridimensional de um espetáculo que disfarçava a sua materialidade, isto é, o caráter bidimensional da tela, parede ou madeira em que era feita. Reforçava a ilusão pela técnica de representação de um ponto de luz, interior à tela, que negava a luz real que, do exterior, incidia sobre o retângulo da pintura. Essa materialidade do quadro era negada também pela atribuição de um lugar ideal para o espectador, assinalado na pintura: "o quadro representava um espaço profundo, iluminado por um sol lateral e que era visto como um espetáculo, a partir de um lugar ideal".[9] Manet é a ruptura da representação ilusionista da pintura:

---

8 SAISON, Maryvonne. Introduction; TRIKI, Rachida. Foucault en Tunisie. In: *La peinture de Manet, suivi de Michel Foucault, un regard*. Paris: Éditions du Seuil, 2004. p. 14, 51-63.

9 *La peinture de Manet, suivi de Michel Foucault, un regard*. Paris: Éditions du Seuil, 2004. p. 23 (tradução minha).

ele deixou aparecer, no próprio espaço da representação, aquilo que o quadro-espetáculo queria esconder, ou seja, as propriedades materiais da tela. Com seus grandes traçados que punham em evidência a superfície retangular, com uma iluminação real que não disfarçava a tela, com a possibilidade para o espectador de olhar a partir de qualquer lugar para a pintura, Manet inventou o que Foucault chama de "quadro-objeto". É a partir da consideração desses três aspectos da pintura de Manet, a saber, o tratamento do espaço da tela, da iluminação e do lugar do espectador, que Foucault analisa, em um conjunto de telas, a novidade de Manet.

Na análise desses quadros, Foucault mostra como Manet, que dominava a grande tradição da pintura, vai miná-la *de dentro*, no tratamento do espaço. Se a percepção na pintura tradicional devia repetir a percepção cotidiana de distância e profundidade, a pintura de Manet vai criar signos arbitrários que funcionam e ganham sentido unicamente na superfície da tela. Foucault vai analisar como, no jogo de traços horizontais e verticais, Manet vai conduzir a representação até que se evidencie, como em *Le port de Bordeaux*, pelo entrelaçamento desses traços, a própria tessitura da tela, antecipando o gesto que inventará, com Mondrian e Kandinsky, a pintura abstrata. A afirmação do espaço da tela se dá também, em Manet, pela problematização das dimensões do verso e do reverso, feita de maneira muito "viciosa, maliciosa e malvada" em quadros nos quais os personagens dirigem o olhar para diferentes pontos e para coisas que não estão representadas na pintura, como em *La serveuse de bocks* – eles olham para o invisível da representação, em um jogo divertido com o *recto* e o *verso* nunca ousado por qualquer pintor: "O que eles veem? Bem, isso não sabemos, não sabemos nada disso porque o quadro está cortado de tal maneira que o espetáculo que está lá, e para o qual esses olhares são atraídos, esse espetáculo, ele também, nos é roubado".[10]

---

10 Ibidem, p. 33.

O segundo aspecto da ruptura de Manet com a representação tradicional é o tratamento da iluminação por uma "técnica radical de supressão da iluminação interior e de sua substituição pela iluminação real exterior e frontal".[11] Essa característica de luz frontal determina que o olhar do espectador seja também o foco da iluminação. Olhar e iluminar são a mesma coisa. Em um dos momentos mais ricos de sua análise, Foucault considera que o escândalo do quadro *Olympia* está nessa técnica de iluminação da tela. Ao contrário da Vênus de Ticiano, da qual é a reprodução, a fonte de luz não está no quadro – no alto, à esquerda – incidindo suavemente sobre o corpo. Em *Olympia*, a fonte da luz frontal permite uma visibilidade plena, indiscreta e violenta. A coincidência da iluminação e do olhar do espectador determina a "indecência" da cena, a responsabilidade do espectador na nudez de *Olympia*:

> É para nós que ela está nua, já que somos nós que a desnudamos, e a desnudamos porque, olhando para ela, a iluminamos, pois, afinal de contas, nosso olhar e a iluminação são uma única e mesma coisa. Olhar um quadro e o iluminar é a mesma coisa em um quadro como esse e por isso nos encontramos – como todo espectador – necessariamente implicados nesta nudez e somos, até certo ponto, responsáveis por ela. Vejam como uma transformação estética pode, em um caso como esse, provocar um escândalo moral.[12]

Esse sistema de iluminação, a luz sempre exterior ao quadro, faz com que a profundidade da pintura tradicional se transforme em uma invisibilidade que captura, em diferentes direções, o olhar dos três personagens de *Le balcon*, por exemplo, um quadro que é a "explosão da própria invisibilidade".[13]

---

11 Ibidem, p. 37.
12 Ibidem, p. 40.
13 Ibidem, p. 43.

O último elemento da consideração sobre a profundidade da ruptura de Manet com a tradição, o tema do lugar do espectador, é tratado por Foucault, ao contrário dos outros dois aspectos, em apenas uma tela, *Un bar aux Folies-Bergère*, quadro que considerava como a inversão exata de *Las meninas,* de Velásquez.[14] Foucault encontra uma enigmática estranheza nesse quadro, e a sua análise procura as razões desse sentimento "de encanto e de mal-estar". Não seria o tema, habitual na tradição da pintura: a reprodução da personagem retratada em um espelho, secundário à cena principal, que mostraria ao espectador o dorso, por exemplo, do modelo central. Mas, certamente, é a desproporção desse elemento face ao seu uso clássico. O espelho de Manet – ao contrário do de Velásquez, que apenas se adivinhava no fundo da cena – ocupa quase todo o quadro, invertendo o uso tradicional porque, ao invés de criar uma profundidade, é responsável por uma radical negação da profundidade. O espelho é, aqui, o elemento que permite a Manet uma ruptura com as convenções óticas da representação. Manet não representa nenhum elemento que, na técnica clássica, deveria aparecer em seu reflexo e faz aparecer outros que, pelas leis da ótica, não poderiam estar ali.

Os outros dois procedimentos de ruptura com a tradição da pintura, que Foucault encontrara em Manet, também estão presentes nesse quadro exemplar: a ênfase na materialidade da tela, proporcionada pelos grandes eixos horizontais – a parede do espelho, o balcão – que organizam a representação; e a iluminação frontal que, do exterior do quadro, nega a iluminação interior dos elementos nele representados como fonte de luz – as lâmpadas "astuciosamente" representadas refletidas no espelho.

O espelho no *Un bar aux Folies-Bergère* é a astúcia de Manet para, por meio de uma série de distorções óticas, problematizar a representação. O ponto alto dessas distorções é o reflexo da personagem

---

14 Segundo informa Maryvonne Saison, a partir de uma observação de Daniel Defert. Ver informação em: *La peinture de Manet, suivi de Michel Foucault, un regard*. Paris: Éditions du Seuil, 2004.

central que, em um disparate de perspectiva, obrigaria o pintor (e o espectador) a ocupar dois lugares incompatíveis, segundo os códigos da representação. O espelho sugere também a presença de um personagem que se dirige à mulher, mas que não se reflete em sua superfície: paradoxo de um representado "não representado". Manet inventa uma representação que esgota as possibilidades da representação, criando um "sistema de incompatibilidades" que impede qualquer estabilidade para o olhar:

> Manet certamente não inventou a pintura não representativa porque tudo em Manet é representativo. Mas ele fez aparecer, na representação, os elementos materiais fundamentais da tela e estava em vias de inventar (...) o quadro-objeto, a pintura-objeto. E essa era uma condição fundamental para, finalmente um dia, desembaraçar-se da própria representação e fazer aparecer o espaço em suas propriedades puras simples, suas propriedades materiais.[15]

A análise da pintura de Manet – em especial do quadro *Un bar aux Folies-Bergère* – dá os pressupostos para uma reflexão sobre a relação entre as formas plásticas e o discurso na modernidade. Mas Foucault não a realiza. É em *As palavras e as coisas* que esse tema aparece privilegiadamente, trazendo para a cena um outro pintor, René Magritte.

Em maio de 1966, no calor da entusiasmada recepção de *As palavras e as coisas,* Magritte envia uma carta ao filósofo expondo algumas reflexões que a leitura do livro lhe suscitara. Segundo Didier Eribon,[16] a atitude do pintor foi, entre todas as reações ao livro, a que falou mais direto ao coração de Foucault. Com a carta, Magritte enviou uma série de desenhos. Entre eles, uma reprodução de *Ceci n'est pas une pipe*. No verso da folha dessa reprodução, Magritte escrevera "o título não contradiz o desenho, ele o afirma de outro modo". Na carta de agradecimento ao

---

15 *La peinture de Manet, suivi de Michel Foucault, un regard*. Paris: Éditions du Seuil, 2004. p. 47.

16 ERIBON, Didier. *Michel Foucault*. Coleção Champs. Paris: Flammarion, 1991. p. 198.

pintor, Foucault lhe pede um esclarecimento sobre uma de suas telas, feita a partir do quadro de Manet, *Le balcon,* pelo qual Foucault tinha um interesse especial. A correspondência entre ambos fornecerá o material para o estudo de Foucault, publicado em 1973, com o mesmo título do desenho do pintor: *Ceci n'est pas une pipe.*[17] As considerações de Magritte dizem respeito à distinção estabelecida em *As palavras e as coisas* entre as noções de "semelhança" e "similitude" (*ressemblance* e *similitude*). Magritte compreende que existem similitudes no mundo das "coisas". Elas serão visíveis, como a cor, a forma, a dimensão; ou invisíveis, como a natureza, o sabor, o peso. Já a semelhança pertenceria exclusivamente à dimensão do pensamento. É de semelhança a relação que se estabelece entre o pensamento e o mundo que se "vê, ouve ou conhece". E essa relação é invisível. A natureza da pintura introduz uma dificuldade nesta distinção. Nela, Magritte observa, "há o pensamento que vê e que pode ser descrito visivelmente". O pintor dá como exemplo o quadro *Las meninas*, de Velásquez, objeto da análise de Foucault. Para Magritte, está-se aí diante do que chama de a "imagem visível do pensamento invisível de Velásquez", no gesto enigmático de um pensamento que se constituiu exclusivamente por figuras visíveis.

Foucault dispõe de duas versões do *Ceci n'est pas...* Em um primeiro desenho, há a representação do cachimbo e, como uma legenda, a frase. É a partir de uma outra versão, mais complexa, que Foucault começa a sua resposta a Magritte. Nessa versão, o cachimbo e a frase, que provisoriamente se poderia chamar de sua legenda, estão delimitados pelo espaço de um cavalete ou quadro-negro escolar. Este se apoia precariamente sobre um chão de tábuas. No alto do espaço da folha, um cachimbo de proporções bem maiores meio que flutua, sem suporte ou delimitação. A variedade de questões sugeridas pelo descompasso entre o que o enunciado contesta e o desenho do cachimbo abre o espaço para a análise de Foucault: "Desconcerta o fato de ser inevitável relacionar o texto com o desenho (como no-lo convidam o demonstrativo, o sentido da palavra cachimbo, a

---

17 FOUCAULT, Michel. *Ceci n'est pas une pipe.* Paris: Fata Morgana, 1973.

semelhança da imagem) e ser impossível definir o plano que permitiria dizer que a asserção é verdadeira, falsa, contraditória".[18]

A análise é construída a partir de uma suposição – a de que Magritte recorrera a um estratagema, a uma "operação tornada invisível pela simplicidade do resultado". Um "caligrama secreto" teria sido previamente construído, depois desfeito, e ele ordenaria toda a composição do desenho que, em seus traços visíveis, constituiria os seus "restos irônicos".

Foucault analisa o papel tríplice do caligrama em sua tradição milenar. Em primeiro lugar, o caligrama pretenderia "compensar o alfabeto" pela ausência da figura, aproximando as linhas das formas do objeto referido e as linhas das letras do que se diz sobre ele. Em segundo lugar, o caligrama quer repetir sem o recurso da retórica, isto é, quer fazer com que o texto diga o que a figura representa. A sua terceira função seria a de duplicar a grafia da escrita e do desenho para capturar a "coisa". Assim, embora tautológico, o caligrama não está na mesma dimensão da retórica. Esta é alegórica, isto é, quer dizer coisas diferentes com a mesma palavra – o seu jogo é com o sentido. O caligrama joga com os elementos lineares das letras no espaço da página (isto é, figura a coisa) e com o caráter de sinal dessas letras no encadeamento das frases (isto é, fixa as palavras).

O caligrama quer ser o que Foucault chama de uma armadilha, na qual, pelo desenho, a forma visível – a coisa a que se referem as palavras – se dá ao mesmo tempo em que, pela nomeação, a aquisição da forma inscreve-se na significação do discurso: "O caligrama pretende apagar ludicamente as mais velhas oposições de nossa civilização alfabética: mostrar e nomear; figurar e dizer; reproduzir e articular; imitar e significar; olhar e ler".[19] Confundindo o ver e o dizer, o caligrama seria esse "duplo alçapão": se lemos o caligrama, a forma se dissipa; se o vemos perdemos o texto, o sentido – " por onde escapariam,

---

18 FOUCAULT, Michel. *Isto não é um cachimbo*. Trad. Jorge Colli. Rio de Janeiro: Paz e Terra, 1988. p. 21.

19 Ibidem, p. 23.

daqui para frente, o voo dos pássaros, a forma transitória das flores, a chuva que escorre?", pergunta-se Foucault.

O desenho de Magritte retoma estas três funções do caligrama para, no entanto, pervertê-las. Assim fazendo, vai questionar todas as relações tradicionalmente estabelecidas entre linguagem e imagem. Aparentemente, tudo estaria voltando a um lugar por assim dizer natural. Isto é, voltando à disposição anterior da relação entre palavras e imagens, a que o caligrama quisera confundir. São restabelecidos os lugares tradicionais do texto – outra vez em baixo, como legenda, suporte da imagem que agora volta a subir, livre de qualquer peso discursivo.

Só que, desse "caligrama desfeito" que supõe a análise de Foucault, ficariam os restos: as palavras são desenhadas – "texto em imagem" – o cachimbo tem o mesmo traçado das letras – "figura em forma de grafismo": "A prévia e invisível operação caligráfica entrecruzou a escrita e o desenho: e quando Magritte recolocou as coisas em seu lugar, tomou cuidado para que a figura retivesse em si a paciência da escrita e que o texto fosse apenas uma representação desenhada".[20]

No que diz respeito à segunda função do caligrama, a tautologia, Magritte parece também estar restaurando a autonomia entre imagem e legenda. Mas ele cria, neste movimento, um paradoxo, só nomeia para negar: "isto não é um cachimbo". Se a armadilha do caligrama visa confundir o mostrar e o dizer, para abolir a sua oposição, Magritte exacerba o seu caráter irreconciliável:

Apesar da aparência, o caligrama não diz, em forma de pássaro, de flor ou de chuva: "isto é uma pomba, uma flor, uma chuvarada que cai"; desde que se põe a dizê-lo, desde que as palavras se põem a falar e a fornecer um sentido, é que o pássaro já voou e que a chuva secou. Para quem o vê, o caligrama não diz, não pode ainda dizer: isto é uma flor, isto é um pássaro; está ainda demasiadamente preso na forma, demasiadamente sujeito à representação por semelhança para formular uma tal afirmação. E quando alguém o lê, a frase que se decifra ("isto

---

20 Ibidem, p. 25.

é uma pomba", "isto é uma chuvarada") não é um pássaro, não é mais uma chuvarada. Por astúcia ou impotência, pouco importa, o caligrama não diz e não representa nunca no mesmo momento; essa mesma coisa que se vê e se lê é matada na visão, mascarada na leitura".[21]

Na reflexão sobre esse tema, Foucault considera que Klee e Kandinsky teriam rompido com os dois princípios fundamentais, desde o século XV, da pintura ocidental: a separação entre a representação plástica e a referência linguística; e a equivalência entre o fato da semelhança e a afirmação de um laço representativo.

No que concerne ao primeiro princípio: o signo verbal e a representação visual não são jamais dados de uma vez só. A representação plástica, o registro do ver, se dá pela semelhança (com o objeto, na tradição da mimese) enquanto que a referência linguística, o registro do dizer, se dá a partir da diferença. Esses dois registros são irreconciliáveis; na pintura ocidental, não há maneira deles se fundirem. Sua relação é de subordinação: ou o texto é regrado pela imagem ou a imagem é regrada pelo texto. Foucault encontra em Paul Klee uma quebra dessa tradição e ressalta a força da ruptura opondo ao mundo da "representação", simbolizado por Velásquez, o mundo de Klee, que corresponderia à sensibilidade moderna. Em uma entrevista de 1967, reafirmando a importância dada a Klee, Foucault comenta:

> Klee foi quem trouxe à superfície do mundo toda uma série de figuras que valem como signos, e as orquestrou no interior do espaço da pintura conservando a forma e a estrutura de signos, isto é, mantendo o seu modo de ser de signos e os fazendo, ao mesmo tempo, funcionar de modo a não existir mais significação. E o que tenho em mim de não estruturalista, de não linguista, se extasia com uma tal utilização do signo: isto é, do signo em seu modo de ser de signo e não em sua capacidade de fazer aparecer o sentido.[22]

---

21 Ibidem, p. 27.
22 Quem é você, professor Foucault?, 1967. In: *Dits et écrits*, I. Paris: Gallimard, 1994. p. 601 a 620.

O que lhe interessa é como, na pintura de Klee, o princípio de separação entre imagem e texto é abolido pela justaposição das figuras e dos signos. Figuras em linhas de caderno ou de pautas musicais encontram-se com letras, com setas que indicam a direção por onde o barco se desloca, para onde deve ir o nosso olhar. Em Klee não se trata nem de caligrama, nem de colagens, tudo está no mesmo tecido – o espaço deste cruzamento não é o do quadro:

> Klee tecia, para dispor nele seus signos plásticos, um espaço novo. Magritte deixa reinar o velho espaço da representação, mas em superfície somente, pois não é mais do que uma pedra lisa, que traz figuras e palavras: embaixo não há nada. É a lápide de um túmulo: as incisões que desenham as figuras e as que marcaram as letras não comunicam senão pelo vazio, por esse não lugar que se esconde sob a solidez do mármore.[23]

Kandinsky rompe com segundo princípio da pintura ocidental: a pintura como relação indissociável entre a semelhança e a afirmação da representação, ou seja, a figura no quadro é isto que ela representa, seja esta visível ou invisível. "Kandinsky, com um gesto soberano e único, despediu a velha equivalência entre semelhança e afirmação; libertou a pintura de uma e de outra".[24] O que ele representa em seus quadros não são objetos mas o gesto que produziu a pintura: uma *composição*, uma *improvisação*; ou apenas o que está ali: *triângulos, linhas*; ou relações internas: *rosa determinante, centro amarelo*.

Ninguém, em aparência, está mais distante de Kandinsky e de Klee do que Magritte. Isso porque pode parecer, à primeira vista, que a sua pintura está ainda presa à semelhança. E, no entanto, a pintura de Magritte não é estranha ao projeto de Klee e de Kandinsky – ao contrário, ela lhe é oposta e complementar: "Magritte... mina em segredo um espaço que parece manter na disposição tradicional. Mas

---

23 *Isto não é um cachimbo*. Trad. Jorge Colli. Rio de Janeiro: Paz e Terra, 1988. p. 54.
24 Ibidem, p. 59.

ele o cava com palavras: e a velha pirâmide da perspectiva está carcomida a ponto de ruir".[25]

No que se refere ao primeiro princípio: separação entre representação plástica e signo linguístico (ou entre imagem e palavra ou entre figura e grafismo), Foucault encontra um procedimento de ruptura dessa tradição. Situa-o em duas obras – *Isto não é um cachimbo* e *A arte da conversação* – como extremos onde se desdobraria a sua pintura, em um jogo de palavras e de imagens. Na primeira, se dá a incisão do discurso na forma das coisas. Na segunda, as coisas autônomas falam: *Rêve, Trêve, Crève*; falam as pedras silenciosas para os pequenos tagarelas mudos. Para Foucault, é entre estes dois extremos – discurso-coisa, coisas que falam – que a pintura de Magritte desdobra o jogo das palavras e das imagens. Como reconhecera o próprio pintor: "Às vezes o nome de um objeto substitui uma imagem. Uma imagem pode tomar o lugar de uma palavra numa proposição.(...) Podem-se criar entre as palavras e os objetos novas relações e precisar algumas características da língua e dos objetos, geralmente ignoradas na vida cotidiana".[26]

Com relação ao segundo princípio, equivalência entre semelhança e representação, só aparentemente Magritte vai mantê-lo. E apenas para confundir inteiramente o princípio de equivalência: serão jogadas uma contra a outra, uma sem a outra. Analisando esse aspecto decisivo, Foucault recorre à carta que o pintor lhe enviara, com as considerações sobre as noções de semelhança e de similitude. Na pintura de Magritte, a semelhança, princípio da pintura clássica, seria substituída pela similitude. Nesse contexto, Foucault propõe a *semelhança* como uma noção que reitera sempre o padrão, o modelo a que se assemelharia, "o elemento original que ordena e hierarquiza a partir de si todas as cópias, cada vez mais fracas, que podem ser tiradas". Na *similitude*, porém, o que se encontram são as séries sem começo e sem fim, sem hierarquia, constituídas por pequenas diferenças repetidas.

---

25 Ibidem, p. 48.
26 Ibidem, p. 50.

Assim, a semelhança estaria no registro da representação, a similitude no da repetição: "A semelhança se ordena segundo o modelo que está encarregada de acompanhar e de fazer reconhecer; a similitude faz circular o simulacro como relação indefinida e reversível do similar ao similar".[27] Um ganho importante da similitude sobre a semelhança é que ela proporciona a visão do invisível. Isto é, a semelhança diria sempre o mesmo – isto é tal coisa – ou seja, ela reconhece o que é visível. Já a similitude permite que se veja o que a familiaridade dos objetos torna invisível, como nas telas "Representação", de 1962, e "Decalcomania", de 1966.

Neste momento da análise, Foucault se faz uma pergunta decisiva: expulsa do espaço do quadro pela similitude, para onde teria ido a semelhança? A resposta é dada na carta de Magritte – "Só ao pensamento é dado ser semelhante: ele assemelha sendo o que vê, ouve ou conhece; torna-se o que o mundo lhe oferece".[28] Para Foucault, é na conjunção dessa relação que se pode encontrar o espaço próprio da pintura: "A pintura está sem dúvida aí, nesse ponto onde vem se cortar na vertical um pensamento que está sob o modo da semelhança e das coisas que estão nas relações de similitude".[29]

* * *

A pintura não vai ter mais, na perspectiva do projeto genealógico, a importância dada nessas análises. Mas continuará tendo uma importância um tanto enigmática. Em uma entrevista de 1975,[30] por exemplo, Foucault revela que no ano anterior pudera realizar o que chama de sonho de sua vida ao comprar, com o dinheiro que ganhara na reedição de *A história da loucura*, um quadro de Mark Tobey, o

---

27 Ibidem, p. 60.
28 Ibidem, p. 82.
29 Ibidem, p. 64.
30 Com que sonham os filósofos?, 1975. In: *Dits et écrits*, II. Paris: Éditions Gallimard, 1994. p. 705-706.

expressionista abstrato americano. Nessa entrevista, a resposta à pergunta se ele seria mais sensível ao trabalho da pintura do que ao da literatura é surpreendente, se pensarmos em suas vigorosas análises literárias e no fascinante estilo de seus livros: "Sim, claramente. Devo dizer que nunca amei muito a escrita. A materialidade da pintura me fascina". No entanto, a reflexão sobre a pintura desaparece de sua obra: o livro sobre Manet não foi escrito, virou uma lenda.

Essa fascinação pela pintura é justificada de uma maneira muito peculiar pela sua "incapacidade profunda de sentir prazer". Ao que parece, o nosso filósofo das visibilidades, do ser-luz, na bela expressão de Gilles Deleuze,[31] tinha dificuldades com o "belo natural", como constata com ironia:

> Parece que na ponte Royal, às sete horas da noite, em setembro, quando há um pouco de bruma, é extraordinário. Mas eu de jeito nenhum consigo ver tudo isto, ocupo-me com os engarrafamentos, com os carros, sempre a relação de forças. Na contemplação dos quadros, essa incapacidade seria suspensa por uma espécie de coação para o olhar, de um repouso obrigatório, impostos pela pintura.[32]

O que teria mudado na relação de Foucault com a pintura desde aquelas páginas finais de *A arqueologia do saber*, quando propõe uma arqueologia da pintura? A pintura está fora da "relação de forças" e essa característica continua, na sequência da entrevista, a ser apontada por Foucault como um mérito, a razão da sua paixão. Assim quando se refere à pintura como "uma das raras coisas sobre a qual eu escrevo com prazer e sem disputar seja com quem for"; ou, então, quando afirma não ter "nenhuma relação tácita ou estratégica com a pintura".

O afastamento teórico da pintura seria apenas uma consequência secundária daquela fundamental mudança na orientação da obra de

---

31 *Foucault*. Paris: Les Éditions de Minuit, 1986. p. 64.
32 Com que sonham os filósofos?, 1975. In: *Dits et écrits*, II. Paris: Éditions Gallimard, 1994. p. 705.

Foucault a partir de *Vigiar e punir*, ou seja, a passagem de um projeto arqueológico de análise do discurso para a análise do poder e dos modos de subjetivação? Decorre de uma politização decidida de seu pensamento que abandonaria as questões suscitadas pela pintura em sua relação com a linguagem? No entanto, como não considerar a límpida afirmação, de 1973, de que "a pintura tem ao menos isso em comum com o discurso: quando ela transmite uma força que cria história, ela é política"?[33] Ou a pintura, ao liberar uma fruição sem a opressão das "relações de força", seria objeto não mais de reflexão, mas de uma experiência de outra ordem? O que é esse "prazer de olhar", de natureza corporal, mesmo sexual, a que se refere Foucault, respondendo à pergunta sobre o seu interesse em relação aos artistas contemporâneos, aos hiper-realistas? E, principalmente, o que pode sugerir essa "restauração dos direitos da imagem" tão entusiasticamente celebrada nessa resposta?

> Eu não tinha me dado conta do que neles me agradava. Sem dúvida, estava ligado a que eles têm a ver com a restauração dos direitos da imagem. E isto depois de uma longa desqualificação. Por exemplo, quando em Paris (...) foram expostas as telas de alguns *peintres pompiers*, como Clovis Trouille, eu ficava surpreso com o meu prazer de olhar para elas e do prazer das outras pessoas. Era a alegria! A corrente passava, corporalmente, sexualmente. Subitamente saltava aos olhos o incrível jansenismo que a pintura nos impusera durante dezenas e dezenas de anos.[34]

[Publicado originalmente em MURICY, Katia (Org.). *O que nos faz pensar*, 31 – especial sobre Michel Foucault. Rio de Janeiro: Departamento de Filosofia PUC-Rio, 2012.]

---

33 La force de fuir, 1973. In: *Dits et écrits*, II. Paris: Éditions Gallimard, 1994. p. 401.
34 Com que sonham os filósofos?, 1975. In: *Dits et écrits*, II. Paris: Éditions Gallimard, 1994. p. 706-707.

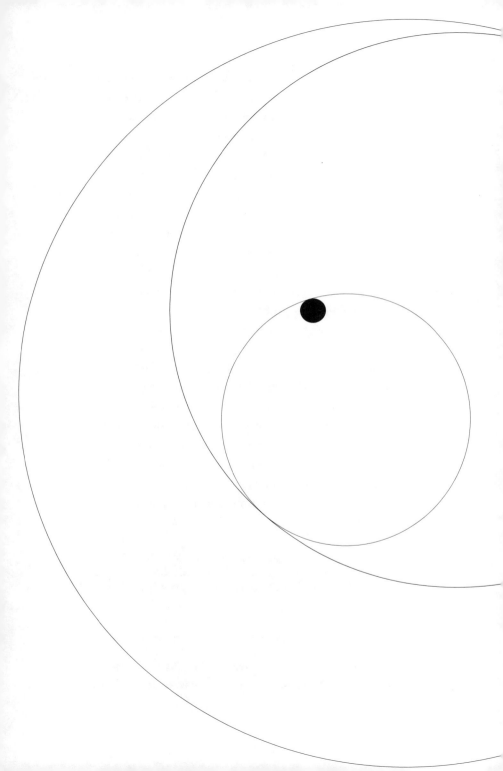

ALEGORIA
E CRÍTICA
DE ARTE

Mais do que a obra de qualquer outro filósofo contemporâneo, a de Walter Benjamin está direta e indissociavelmente ligada à arte, sendo mesmo, em muitos casos, unicamente conhecida pela sua dimensão de crítica literária e de reflexão estética. Isso porque grande parte de sua temática está relacionada à análise de obras de arte, sobretudo literárias: o romance de Goethe, a poesia de Hölderlin, o drama barroco alemão do século XVII, a lírica de Baudelaire, a obra de Proust, de Kafka, o surrealismo, as vanguardas artísticas do começo do século XX, o teatro de Bertold Brecht, e, ainda, as novas técnicas e linguagem artísticas da fotografia e do cinema são os objetos de uma atividade crítica intensa e, sem dúvida, das mais ricas que se conhece. Numerosas também são suas resenhas, que acompanham o movimento literário europeu da época. Benjamin era um crítico literário excepcional, com uma percepção acurada para o novo, para o imediato reconhecimento da importância do que estava ocorrendo em sua contemporaneidade. Assim, por exemplo, muito próximo ainda dos acontecimentos, soube reconhecer a importância do movimento surrealista, avaliado em um ensaio que se tornaria clássico como "o último instantâneo da inteligência europeia".[1] Atento às vanguardas estéticas, Walter Benjamin preocupava-se também com uma tradição ameaçada. Sua crítica, nesse aspecto "salvadora", voltava-se para aquelas obras cujo valor estava perdido no passado, soterrado pelos equívocos de uma crítica dogmática, como esses dramas barrocos alemães do século XVII. Os ensaios que escreveu sobre Baudelaire, nos anos 1930, testemunham essa preocupação: eles modificaram inteiramente a recepção da obra lírica do poeta, inaugurando uma vertente crítica das mais produtivas.

Toda a imensa riqueza da crítica literária de Walter Benjamin pode ser melhor dimensionada quando, quebrando a rigidez disci-

---

[1] O surrealismo. O último instantâneo da inteligência europeia. In: BENJAMIN, Walter. *Magia e Técnica, Arte e Política*. *Obras Escolhidas I*. São Paulo: Editora Brasiliense, 1985. p. 21-35.

plinar que distingue o espaço da crítica de arte do espaço da reflexão filosófica, leva-se a sério a afirmação de Walter Benjamin sobre o caráter eminentemente filosófico da crítica de arte tal como ele a concebe.[2] A filosofia, para ele, deve ser fiel ao singular, isto é, o seu compromisso não é com a abstração teórica, mas com a experiência concreta. Salvar os fenômenos dessa experiência, pela construção de ideias que lhe fornecem uma inteligibilidade, é a tarefa do filósofo. A verdade não é constituída pelas cadeias dedutivas dos processos mentais, mas se apresenta materialmente, no sensível: as obras artísticas são um espaço privilegiado dessa apresentação.

Em Walter Benjamin a arte não é um mero tema de reflexão, um objeto com o qual se ocupa o pensamento. A arte, a literatura em especial, é intrínseca à sua filosofia: não há uma relação de exterioridade entre ambas. A arte é a matéria e o meio de seu pensamento. Todo esse mundo de fenômenos artísticos que povoam a sua obra não é apenas objeto de uma análise crítica. É muito mais do que isto: a arte é o elemento do qual emergem as noções que estruturam a sua obra crítico-filosófica, tais como as ideias de alegoria, de "sem expressão", de aura, de "inconsciente ótico" e tantas outras. A partir do elemento da arte – literatura, fotografia, cinema – constitui-se um pensamento forte que vai modificar profundamente a concepção de historiografia, de crítica literária e, em especial, pela originalidade de sua concepção de linguagem e de tempo, a filosofia contemporânea.

Mais do que um pensamento *sobre* a arte, posição que a excluiria do âmago mais íntimo da reflexão, a arte é a condição de possibilidade do pensamento de Walter Benjamin. Só nessa relação visceral com a arte é que se pode apreender a natureza de sua filosofia. Essa característica é determinada pela importância da forma na sua concepção do que sejam a ideia e a verdade filosóficas. Retomando, de

---

2 Ver: Questões introdutórias de crítica do conhecimento. In: BENJAMIN, Walter. *Origem do drama barroco alemão*. São Paulo: Brasiliense, 1984. p. 49-79; *O conceito de crítica de arte no romantismo alemão*. São Paulo: Iluminuras; Edusp, 1993.

uma maneira muito peculiar, a doutrina das ideias de Platão, Walter Benjamin ressalta a convicção de que ideias são formas. Essa identificação permite-lhe privilegiar o lado sensível da verdade: não é em uma recôndita essência, a ser desvelada pelo trabalho de abstração do conhecimento, que se esconde o mistério dos fenômenos. Esse mistério está na superfície inocente do seu aparecer imediato. Presenças sensíveis, as obras de arte, em sua materialidade, permitem uma revelação da dimensão corpórea da verdade.

Apresentar a verdade nas obras de arte é a tarefa da filosofia. Isso significa que a verdade filosófica não resulta de um processo de abstração a partir da concretude dos objetos particulares, tampouco é fruto das representações mentais do sujeito. Este é o segredo: que a verdade se revele no sensível cambiante, celebrando a união indissolúvel entre forma e conteúdo. É nesse horizonte de compreensão da mútua determinação de forma e conteúdo – a verdade entendida como expressão dessa unidade – que se pode alcançar a extensão do elo entre ideia filosófica e obras de arte. Quando então também se pode avaliar a importância da arte na filosofia de Walter Benjamin.

A ALEGORIA BARROCA

A afirmação de Platão, expressa no *Symposeum*, "a verdade é o conteúdo essencial do belo", ou, a mais concisa "a verdade é bela" é o ponto de partida para Walter Benjamin elaborar, no prefácio de seu livro *Origem do drama barroco alemão* (1924), a base epistemológica de sua investigação sobre a dramaturgia protestante do século XVII. O eixo da reflexão é a convicção de que a verdade não entra em uma relação de exclusão com a beleza. Ao contrário do conhecimento, a verdade, como queria Platão, *salva* a beleza sensível da sua fugacidade sem a sacrificar à abstração do procedimento conceitual. Não se trata, nesse prefácio, de uma exposição metodológica de algo exterior aos dramas barrocos que serão analisados no livro. Como belamente adverte: "método é desvio". O "desvio" conduz o leitor para a opacidade dos séculos, onde jazem esses documentos de um gênero literário menor que queriam, sem conseguir, ser peças trágicas e inventaram, sem saber, uma novidade, a dramaturgia barroca alemã, apenas percebida pelo fôlego infatigável do crítico Walter Benjamin em sua missão salvadora: a tarefa da filosofia é a de garantir o ser da beleza. Desde muito cedo, Walter Benjamin dedicara seus estudos ao confronto de duas formas dramáticas: a tragédia clássica e o drama barroco. São de 1916 três ensaios fundamentais para a elaboração de sua tese: "Drama barroco e tragédia", "A compreensão da linguagem no drama barroco e na tragédia" e "Sobre a linguagem e sobre a linguagem humana".[3] A palavra alemã para "drama barroco" é *Trauerspiel*, composta por dois termos esclarecedores para a compreensão da natureza do gênero: *Trauer* significa luto, e *Spiel*, como o inglês *play*, significa peça de teatro e também jogo. Na estética barroca dominam os sentimentos de melancolia, de luto, mas também a dimensão lúdica a que alude o termo *Spiel*. A noção fundamental desta estética – a de alegoria – nasce da combinação paradoxal desses elementos antagônicos.

O livro sobre o drama barroco do século XVII é uma teoria da alegoria. É a partir da noção que Walter Benjamin situa a novidade dessas obras dos poetas barrocos que ficaram perdidas no tempo como um gênero menor, tanto mais enfraquecido em sua qualidade literária quanto a chave de sua compreensão – o seu caráter alegórico – era desprezado pela estética clássica. Salvar as peças barrocas desse esquecimento é, simultaneamente, reabilitar a noção de alegoria, livrando-a dos equívocos da leitura clássica e romântica.

Walter Benjamin abre a sua teoria da alegoria com a denúncia de uma distorção da filosofia da arte no que diz respeito à compreensão do conceito de símbolo. Sua preocupação em corrigir a compreensão deste que é o conceito-chave da estética romântica vai permitir pensar

---

3 BENJAMIN, Walter. *Trauerspiel und Tragödie*; *Die Bedeutung der Sprache in Trauerspiel und Tragödie*; *Über Sprache überhaupt und über die Sprache der Menschen*. Frankfurt am Main: Gesammelte Schriften; Suhrkamp Verlag, 1972/1982.

em novas bases o conceito de alegoria. As duas noções – símbolo e alegoria – serão redimensionadas em sua análise. A má compreensão do conceito de símbolo está relacionada a uma "impotência crítica" que mantém dicotômicas forma e conteúdo e que, "por falta de rigor dialético perde de vista o conteúdo, na análise formal, e a forma, na estética do conteúdo".[4] Essa separação entre forma e conteúdo determina a compreensão redutora da obra de arte como manifestação sensível de uma ideia, da qual seria símbolo. A unidade forma/conteúdo, sensível/suprassensível, um axioma para a estética de Walter Benjamin, se degradaria em uma relação de termos antitéticos, aparência e essência. Nessa antinomia, ele vê uma hostilidade à vida: o sensível, o mundo dos fenômenos, seria inferior à essência, às ideias. Essa concepção da estética romântica é dominante na filosofia da arte e terá como efeito posterior, para Walter Benjamin, "o empobrecimento teórico da moderna crítica de arte".[5] Compreendida como manifestação sensível de uma ideia, a obra de arte, por extensão, também será entendida como manifestação da perfeição divina, permitindo a confusão entre estética e ética, dominante na tradição clássica e romântica. Haveria, segundo Walter Benjamin, uma "imanência do mundo da ética no mundo do belo".[6] Essa imanência aparece na concepção clássica do personagem de perfeição ética e estética, uma "apoteose da existência", a "bela alma" dotada de uma interioridade não contraditória e cuja harmonia seria, para Walter Benjamin, a eliminação do sujeito ético diluído no estético. A essa "bela existência" clássica, não contraditória e íntegra – cultivada também no romantismo – Walter Benjamin opõe a interioridade quebrada, contraditória e descentrada da "apoteose barroca", oscilante entre os extremos dialéticos que a constituem.

---

4 *Origem do drama barroco alemão*. São Paulo: Brasiliense, 1984. p. 182.
5 Ibidem, p.182.
6 Ibidem, p.182.

A correção do conceito de símbolo da estética romântica se dá pela reconciliação do sensível e do suprassensível, na reabilitação proposta por Walter Benjamin do "paradoxo do símbolo teológico", que mantém unidos os dois elementos. É no horizonte teológico que encontra uma concepção autêntica de símbolo a partir da qual vai procurar restaurar, na filosofia da arte, não só o lugar de uma compreensão mais rica de símbolo, como também a de alegoria. Isso porque tanto quanto o conceito de símbolo, o conceito de alegoria foi deformado na estética clássica. O conceito de "alegórico" surgiu no classicismo como uma contrapartida ao conceito de simbólico. Sua definição foi sempre em negativo, em contraste com a de símbolo, como que constituindo "o fundo escuro contra o qual o mundo simbólico pudesse realçar-se".[7]

O classicismo viu a alegoria como a ilustração de um conceito, portanto inferior ao símbolo, que seria a expressão de uma ideia. Por isso, não a reconheceu como forma de arte – compreensão depreciativa que se encontra em Goethe, em Schiller e em Schopenhauer. Este, no entanto, ainda que a julgando negativamente, foi o único a perceber a verdadeira natureza da alegoria ao compreendê-la como uma *escrita*: "uma relação convencional entre uma imagem ilustrativa e sua significação". O efeito da obra de arte alegórica sobre o espectador é o mesmo, para Schopenhauer, que teria uma inscrição, uma palavra escrita. A alegoria da fama, no exemplo que dá, causaria o mesmo efeito que a palavra "fama" escrita em uma parede. Sendo uma forma de ilustração e não uma forma de expressão artística, aludindo à significação e não à totalidade e à autonomia da ideia, a alegoria não teria a dignidade estética do símbolo. Diferente do símbolo que expressa plasticamente uma totalidade harmônica, a alegoria é visual e fragmentada como a escrita. Ela não é sonora, mas se atém à materialidade visual da escrita. Referindo-se à literatura barroca, Walter Benjamin observa: "Essa poesia era de fato incapaz de liberar em sons

---

7 Ibidem, p. 183.

a profundidade encarcerada na imagem escrita. Sua linguagem permanece presa à matéria. Nunca houve uma poesia menos alada. (...) Som e escrita mantêm entre si uma polaridade tensa. Essa relação funda uma dialética que justifica o estilo 'bombástico' como um gesto linguístico plenamente intencional e construtivo".[8]

Elaborar uma teoria da alegoria que demonstre não ser uma mera técnica de ilustração, mas uma expressão artística peculiar, contrapondo-se à visão que o classicismo e o romantismo transmitem a sua atualidade, é a tarefa a que se propõe Walter Benjamin. Para isso vai procurar a "força da intenção alegórica" nos textos originais barrocos encobertos pelos preconceitos teóricos dessa tradição. Sua análise mostra o elo da alegoria barroca com a história, isto é, com a dimensão temporal e orgânica do humano e, portanto, com a experiência da morte:

> (...) a alegoria mostra ao observador a *facies hippocraticada* da história como protopaisagem petrificada. A história com tudo o que nela desde o início é prematuro, sofrido e malogrado, se exprime num rosto – não, numa caveira.(...) Nisto concerne o cerne da visão alegórica: a exposição barroca, mundana, da história como história mundial do sofrimento, significativa apenas nos episódios de declínio.[9]

O século XVII foi a época de uma visão desolada do mundo, percebido, na crise advinda das concepções teológicas trazidas pela Reforma, como despovoado da Graça divina. A figura medieval do soberano íntegro, como representante do poder secular e do poder divino, apaga-se para dar lugar à incerteza de um poder secular arbitrário e à comoção das guerras religiosas. Esse mundo em ruínas encontra na forma alegórica a sua expressão. Ao contrário do culto do classicismo à integridade da forma bela e sensual, a alegoria barroca

---

8 Ibidem, p. 223.
9 Ibidem, p. 188.

é a forma do destroçado. Nela impera o excesso, uma dramaturgia de exageros que encena a morte e povoa a cena com sangue, cadáveres, destruição. O olhar melancólico do poeta barroco transforma esse mundo em uma alegoria cuja significação está em seu poder. Detentor do poder de dar significações ao mundo dos objetos, ele constrói a sua arte: a alegoria barroca é também, na bela expressão de Walter Benjamin, uma "ostentação construtivista".[10] A estética de ruínas transmuta-se em uma estética da construção – o jogo lúdico com o luto, proposto no palavra *Trauerspiel*. Em uma atividade que se quer combinatória, as ruínas, os fragmentos, serão a matéria nobre. A criação barroca constitui uma nova sensibilidade artística que questiona profundamente a compreensão da obra de arte. Nesta nova arte se eclipsam os valores da estética clássica, como os de criação e de originalidade da obra. A sensibilidade construtivista barroca retoma a tradição artística como ruína para, com os seus elementos quebrados, construir o novo. Na sua arte combinatória, o poeta barroco deixa aparente a natureza quebrada da tradição, sem se preocupar com a integridade do todo, "como uma parede de alvenaria num prédio que perdeu o reboco".[11] A concepção de arte da literatura barroca não se funda na representação de uma harmonia da natureza e na estabilidade do sentido. Ao contrário, é no esfacelamento dessa harmonia, e na apropriação melancólica de um mundo de coisas de significação instável, que o alegorista move as pedras de seu jogo. Por um lado, o luto – o sentido das coisas se perdeu; por outro, o lúdico – o jogo com uma exuberância de significações ao bel-prazer do poeta, na "volúpia com que a significação reina, como um negro sultão no harém das coisas".[12] Em um fragmento do final do século XVIII, do poeta romântico alemão Novalis (1772/1801), Walter Benjamin encontra o que chama de uma profunda compreensão da essência da alegoria:

---

10 Ibidem, p. 201.
11 Ibidem, p. 201.
12 Ibidem, p. 206.

Poemas bem-soantes e cheios de belas palavras, mas sem sentido e coerência – somente algumas estrofes que sejam compreensíveis – fragmentos das coisas variadas. No máximo, a poesia autêntica pode ter um sentido alegórico e exercer um efeito indireto, como a música etc. A natureza é portanto puramente poética, e também o gabinete de um mágico ou de um físico, um quarto de criança, um sótão, uma despensa.[13]

As alegorias são construções que fixam a significação dada pelo poeta, em desrespeito à autonomia expressiva das coisas: elas dizem o que ele quer dizer, elas constituem a sua escrita do mundo em imagens. Esse caráter de escrita por imagem produz uma fragmentação no grafismo da obra alegórica: nela, "palavras, sílabas e letras se apresentam como pessoas". A obra de arte alegórica vê o mundo como se lesse os fragmentos de um texto o qual deve decifrar. A obra alegórica tem, ao mesmo tempo, um vínculo extremo com o seu tempo e uma existência breve: o mundo, texto a ser decifrado, está sempre a lhe propor os enigmas. Em seu afã interpretativo o artista alegórico multiplica os sentidos e abre um nicho para a crítica.

O CONCEITO DE CRÍTICA

A noção de alegoria proposta por Walter Benjamin no livro sobre o barroco é decisiva também na elaboração de seu conceito de crítica. Juntando-se às ideias desenvolvidas no Prefácio e às do ensaio de 1922, "Sobre as afinidades eletivas de Goethe", a compreensão da noção de alegoria pode elucidar a fórmula enigmática de Walter Benjamin, que define a crítica como mortificação da obra.

Em um trecho, sempre citado, deste ensaio sobre o romance de Goethe, Walter Benjamin propõe, para definir o alcance da crítica em

---

13 NOVALIS (Friedrich von Hardenberg). *Schriften*. Iena, 1907. Citado em *Origem do drama barroco alemão*. São Paulo: Brasiliense, 1984. p. 209, com referência à p. 270.

relação aos limites do comentário, um par de conceitos – *Wahrheitgehalt* e *Sachgehalt* – traduzidos em português por teor de verdade e teor coisal ou por conteúdo de verdade e conteúdo material. A partir desses conceitos, na distinção do trabalho do comentador e do crítico, ele estabelece a sua concepção de crítica:

> Se, por força de um símile, quiser-se contemplar a obra em expansão como uma fogueira em chamas vívidas, pode-se dizer então que o comentador se encontra diante dela como o químico, e o crítico semelhantemente ao alquimista. Onde para aquele apenas madeiras e cinzas restam como objetos de sua análise, para este tão somente a própria chama preserva um enigma: o enigma daquilo que está vivo. Assim, o crítico levanta indagações quanto à verdade cuja chama viva continua a arder sobre as pesadas achas do que foi e sobre a leve cinza do vivenciado.[14]

Walter Benjamin não está opondo o trabalho do crítico ao do comentador. Indica, ao contrário, o caráter complementar e indissociável dos dois procedimentos, proposto a partir de uma justificativa epistemológica: o comentário visa o teor coisal ou material da obra, a crítica, o teor de verdade. Há uma prioridade, por assim dizer, metafísica na tarefa do crítico: complementando o comentário, a crítica alcança um grau superior de conhecimento: o da vida da obra de arte.[15] Com o termo teor coisal (*Sachgehalt*), Benjamin se refere às condições particulares da obra em relação à época, ao contexto histórico.

---

14 Goethes Wahlverwandtschaften, 1921/1922; As afinidades eletivas de Goethe. In: BENJAMIN, Walter. *Ensaios reunidos*: escritos sobre Goethe. São Paulo: Duas Cidades; Editora 34, 2009. p. 112.

15 Vida ou sobrevida da obra de arte: Walter Benjamin usa os termos *Überleben* e *Fortleben* (sobrevivência, pervivência) em "A tarefa do tradutor", "Die Aufgabe des Übersetzers" (1921), em que se encontram importantes considerações sobre a historicidade específica da obra de arte. The task of the translator. In: BULLOCK, Marcus; JENNINGS, Michael W. (Eds.). *Walter Benjamin. Selected Writings*. Trad. Rodney Livingstone. v. I, 1913-1926. Belknap/Harvard, 1997. p. 253.

O teor de verdade (*Wahrheitgehalt*) é a vida da obra – a sua historicidade específica – para além das circunstâncias da época em que surgiu. Assim, considerando-se apenas o teor coisal, teremos uma análise da conjuntura histórica exterior à obra. Considerando-se o teor de verdade, a que só se tem acesso por meio do teor coisal, obtém-se esse grau superior de conhecimento em que a obra de arte aparece como ideia, ou seja, como origem de sua própria historicidade. Essa historicidade própria da obra de arte inaugura e redireciona o tempo fora da linearidade cronológica a ela exterior: a concepção de crítica de Benjamin está às antípodas das concepções que se fundamentam em análises da conjuntura histórica.

É nesse contexto que Benjamin pode propor uma alternativa ao impasse forma e conteúdo e, consequentemente, elaborar um novo conceito de crítica de arte. A tarefa da crítica não é a revelação da harmonia entre forma e conteúdo na obra de arte, tarefa redundante e dispensável, como Goethe já indicara. Não é, tampouco, a de revelar o conteúdo verdadeiro sob a aparência da obra, no horizonte metafísico da oposição sensível/inteligível, ou aparência/verdade.

O enigma da obra de arte, para o qual se dirige o crítico, é a vida da obra. Mas ele só a alcança em um trabalho que violenta a obra. A fórmula de Benjamin – a crítica é "mortificação das obras de arte" – refere-se à destruição da harmonia forma e conteúdo, da bela aparência, ou seja da fenomenalidade da obra. A crítica não é exterior à obra de arte, mas, como sabiam os primeiros românticos, nela imanente, como seu acabamento. Mortificação da bela aparência, da ilusão de totalidade orgânica da estética clássica, a crítica se revela também como fratura: é no residual, nos restos da obra destruída – madeira e cinzas – que se encontra esse enigma em relação ao qual a crítica não é a solução, mas a sua reiteração na persistência de algo sem expressão na obra.

É para a dimensão do "sem-expressão" (*das Ausdruckslose*) que se orienta a crítica. Contra uma estética do belo como reconciliação da vida e da aparência, Benjamin elabora uma doutrina do "sem-expressão". A arte não é "vivificação ilusionista", mas, ao contrário, "petrificação, paralisação e despedaçamento crítico da beleza viva".[16] O "sem-expressão" é a destruição da aura que envolve a bela aparência, a irrupção da verdade na dimensão do mito – ou seja, é a palavra mortificante do crítico como ideia, o elemento reflexivo que suspende a aparência e garante a vida da obra de arte. Em um pequeno texto de 1920, "Sobre a aparência", relacionado ao ensaio sobre a novela de Goethe, o "sem-expressão" é analisado a partir de uma reflexão sobre a aparência (*Schein*) e sobre o aparecer (*erscheinen*). Na relação desses termos, elabora-se a crítica à tradição estética do belo: "Nenhuma obra de arte aparece completamente viva sem que se torne mera aparência e cesse de ser obra de arte".[17]

Contra uma estética da harmonia, Benjamin invoca o poder do "sem-expressão" que destrói a beleza íntegra da aparência, a ilusão de vida que a arte cria. Se a aparência é o mistério da obra, a verdade resulta da mortificação deste mistério na fragmentação do Absoluto a que alude a articulação beleza/aparência, representada na totalidade do símbolo, noção fundamental da estética clássica. A verdadeira natureza da arte está além da categoria do belo: nela não se reconciliam bela aparência e vida, mas, ao contrário, a obra de arte é o espaço de um conflito entre a bela aparência e a sua mortificação. Nela a vida é, antes, paralisada. O "sem-expressão" é a categoria para falar dessa paralisação – a morte – que é condição para a existência da obra de arte. Pela interferência "paralisante" do "sem-expressão", a verdade da obra de arte – a sua vida – pode aparecer. Esse "sem-expressão" é o elemento reflexivo da obra que espera a palavra mortificante e, ao mesmo tempo, salvadora da crítica. Com ela, a aura mítica que envolve a bela aparência se rompe para que a obra viva, seja salva, no domínio da ideia. Esta é a exigência – a tarefa impossível – feita por

---

16 Wahlverwandtschaftenessay, 1921-22. As afinidades eletivas de Goethe. In: *Ensaios reunidos*: escritos sobre Goethe. São Paulo: Duas Cidades; Editora 34, 2009. p. 112.

17 On Semblance; The task of the translator. In: *Walter Benjamin. Selected writings*, I. Belknap/Harvard, 1997. p. 223.

Benjamin à crítica: "Diante, portanto de todo belo, a ideia do desvelamento converte-se naquela impossibilidade de desvelamento. Esta é a ideia da crítica de arte...".[18]

A ALEGORIA NA MODERNIDADE

O conceito de alegoria, nascido do estudo sobre o drama barroco alemão, sempre teve a intenção mais ampla de se apresentar como ideia e a ideia, como origem inaugural de uma historicidade específica, rompe a continuidade cronológica.[19] A alegoria é uma dessas ideias-origem que pode emergir em outros contextos históricos como, no século XIX, na lírica de Charles Baudelaire, ou nas vanguardas do início do século XX.

As formas artísticas atuais são muito diversas das formas dos séculos XVII, XIX ou mesmo do início do século XX. Mas a questão não se resolve no âmbito do contexto histórico. Há uma afinidade de formas, de questões, uma continuidade dispersa, não linear, de certas tradições que não seguem nenhuma cronologia e para a qual a história da arte não fornece explicações filosoficamente convincentes. Há uma temporalidade das obras de arte que estabelece elos intensivos, e não extensivos, entre elas.[20] A ideia de alegoria é capaz de estabelecer esses elos entre obras de contextos históricos diversos. Como ideia, é autônoma em relação a esses contextos e detém uma legitimidade explicativa para a compreensão da estética contemporânea.

---

18 Wahlverwandtschaftenessay, 1921-22. As afinidades eletivas de Goethe. In: *Ensaios reunidos*: escritos sobre Goethe. São Paulo: Duas Cidades; Editora 34, 2009. p. 112.

19 O ser das ideias. In: MURICY, Katia. *Alegorias da dialética*: imagem e pensamento em Walter Benjamin. Rio de Janeiro: Relume Dumará, 1998. Aí se procede uma análise do Prefácio do *Trauerspielbuch*.

20 Carta a F.C. Rang, de 9 de dezembro de 1923. In: BENJAMIN, Walter. *Correspondance I*. Paris: Aubier-Montaigne, 1979.

Suas características estão presentes na arte e na literatura modernas: a alegoria é essencialmente fragmentária, distante da perspectiva harmônica e totalizante do símbolo, ou de uma estética do belo. O alegorista arranca uma parte, fragmenta o todo, desrealiza o mundo das coisas, destituindo-as de sua função original. Com esse gesto destrutivo[21] torna-se possível uma libertação da hegemonia do símbolo, para a construção, nas ruínas, nos fragmentos, de novas linguagens e novos sentidos: o processo alegórico se completa. O importante é que este trabalho de construção não pretende – seria absolutamente contraditório com sua estética – restaurar um todo. Na criação de novos sentidos, há uma liberdade que resulta menos da intenção do artista do que de uma exigência da ruína, do fragmento em permanecerem fiéis a si mesmo, como testemunhos da natureza inapresentável do todo.

O processo artístico do alegorista é o de um jogo com a ruína – para Walter Benjamin, único divertimento do melancólico. O olhar do alegorista petrifica o objeto, isto é, destitui-lhe de um sentido para depois tomá-lo como material inerte, a ser "reanimado" pela construção alegórica. O alegorista se constitui sob o luto dos objetos que mata e recria. A alegoria, na produção das obras – seja pelo uso fragmentado dos materiais, seja pela construção com esses fragmentos de novos contextos estéticos – apresenta-se como uma configuração limite da obra de arte. Nas ruínas, escreve Benjamin no livro sobre o barroco, aninha-se o sentido – forma e conteúdo se esclarecem mutuamente. O procedimento alegórico une o artista e o crítico: ambos se confundem em um mesmo mundo de luto dos valores tradicionais e de criação artificial e veloz de novas experiências estéticas.

Nos ensaios sobre a modernidade estética, dos anos 1930, mudanças importantes aparecem na concepção de crítica sem que, no entanto, Walter Benjamin se afaste, no essencial, da compreensão ela-

---

21 Ver o ensaio "O caráter destrutivo". In: BENJAMIN, Walter. *Obras escolhidas II*. São Paulo: Brasiliense, 1987.

borada nas décadas anteriores de sua produção. Ao contrário, toda a riqueza desses ensaios só poderá ser avaliada pela leitura de sua teoria da alegoria, exposta no livro sobre o barroco, das ideias do ensaio "Sobre as afinidades eletivas de Goethe" e, principalmente, da teoria da linguagem do texto de 1916, "Sobre a linguagem e sobre a linguagem humana". Ignorar esse período fundamental reduziria os ensaios de 1930 a teses sociológicas, perdendo-se o seu alcance filosófico e crítico. Esses ensaios – os principais sobre literatura e cinema – respondem, de maneira geral, às necessidades da análise do fenômeno a que Walter Benjamin chama de "mudança na estrutura da experiência".[22] Na articulação das noções de experiência e vivência constitui-se o par conceitual dessas análises da modernidade. A experiência (*Erfahrung*) é relacionada à memória individual e coletiva, ao inconsciente e à tradição. A vivência (*Erlebnis*) relaciona-se à existência privada, à solidão, à percepção consciente. Nas sociedades modernas, o declínio da experiência corresponderia a uma intensificação da vivência. A experiência se tornaria definitivamente problemática e a sua possibilidade passaria a depender de uma construção vinculada à escrita.

"Experiência e pobreza" (*Erfahrung und Armut*),[23] um pequeno ensaio de 1933, é exemplar para delimitar as novas exigências para a arte e para a crítica. Benjamin anuncia a ruptura radical com o passado cultural como exigência da contemporaneidade e saúda, com euforia iconoclasta, o advento de uma "nova barbárie". O texto é uma espécie de prática das disposições do "caráter destrutivo", o tipo descrito por Benjamin em 1931, figuração apolínea do crítico alegórico, dotada de vigor para uma decisão sobre o que merece ser destruído e para manter, com as ruínas resultantes de seu gesto, uma relação enérgica, diversa do jogo melancólico do alegorista do livro sobre o

---

22 Cf. Sobre alguns temas em Baudelaire. In: BENJAMIN, Walter. *Charles Baudelaire:* um lírico no auge do capitalismo. Obras escolhidas III. São Paulo: Brasiliense, 1989. p. 104. Ver também O narrador: considerações sobre a obra de Nikolai Leskov. In: *Obras escolhidas I*. São Paulo: Brasiliense, 1986. p. 197-221.

23 *Obras escolhidas I*. São Paulo: Brasiliense, 1986. p. 114.

Trauerspiel: "O caráter destrutivo não vê nada de duradouro. Mas eis precisamente por que vê caminhos por toda parte. (...) o que existe ele converte em ruínas, não por causa das ruínas, mas por causa do caminho que passa através delas".[24]

A barbárie proposta por Benjamin é aquela da "estirpe de construtores",[25] esses homens que, em todos os tempos, foram capazes do gesto destrutivo que instaura a tábula rasa para o novo: Descartes, Einstein, Newton. São esses tipos – cientistas, engenheiros, homens da prancheta – as personificações do caráter destrutivo, cujo lema é criar espaço, desobstruir caminhos. Desvinculado da tradição, entendida como a experiência comunicável e coletiva, o patrimônio cultural torna-se um fardo morto, um obstáculo à construção do novo. Seu movimento não abre nenhum caminho: condenado à repetição mítica, é uma pantomima do mesmo ou, nos termos da sétima tese de "Sobre o conceito de história", despojos do cortejo triunfal da história.[26]

Benjamin constata como a segunda década do nosso século assistiu, estupefata e impotente, à queima geral da tradição. Sua liquidação derradeira – a guerra mundial – deixou como herança uma extrema miséria de experiências comunicáveis. Benjamin se refere àquela "geração que ainda fora à escola num bonde puxado por cavalos" e que assistirá, nos campos de batalha, ao aniquilamento de experiências acumuladas ao longo de gerações. Na paisagem destruída da guerra de 1914, não sucumbe apenas o "frágil e minúsculo corpo humano", exposto a uma tecnologia inesperada: morre também a já declinante capacidade comunicativa da experiência. Esses homens que voltam "mais silenciosos" das trincheiras, incapazes de narrar a horrível experiência são os homens da modernidade. Destituídos da sabedoria – "o

---

24 O caráter destrutivo. In: *Obras escolhidas II*. São Paulo: Brasiliense, 1987. p. 237.

25 Experiência e pobreza. In: *Obras escolhidas I*. São Paulo: Brasiliense, 1985. p. 116. Para as demais citações deste artigo, p. 114-119.

26 Ibidem, p. 225.

lado épico da verdade" – que lhes foi arrancada pela ruptura abrupta com um passado de "experiências transmissíveis de boca em boca", resta-lhes a assunção de sua pobreza.

Livrar-se do "homem tradicional, solene, nobre, adornado com as oferendas do passado", para tomar nos braços o "contemporâneo nu, deitado como um recém-nascido nas fraldas sujas de nossa época", é a tarefa da atualidade. Essa pobreza assumida é a barbárie saudada por Benjamin. O que chama de "conceito novo e positivo de barbárie" supõe, por um lado, como impulso para a ruptura com o passado cultural, "uma desilusão radical com o século". Supõe também, por outro, uma "total fidelidade a esse século", um compromisso definitivo do homem moderno com a sua precária atualidade. Estar despossuído do passado significa não só constatar a pobreza do presente, mas também, principalmente, a urgência em inventar, em construir o novo. A miséria será a honestidade e a esperança desse homem moderno destituído de tradição. Na terra devastada da época moderna, a "nova barbárie" é uma promessa de renascimento. Anunciam essa "nova barbárie" o teatro de Bertold Brecht, a arquitetura de Adolf Loos e de Le Corbusier, a arte dos cubistas e, exemplarmente a pintura de engenheiro de Paul Klee:

> (...) as figuras de Klee são por assim dizer desenhadas na prancheta, e, assim como num bom automóvel a própria carroceria obedece à necessidade interna do motor, a expressão fisionômica dessas figuras obedece ao que está dentro. Ao que está dentro, e não à interioridade: é por isso que elas são bárbaras.[27]

Essa barbárie positiva é uma apropriação crítica das conquistas tecnológicas, uma ruptura no curso do destino fatídico da cultura. Sem essa interrupção, o homem moderno sucumbiria ao sono temerário da falsa continuidade de uma tradição moribunda, do qual

---

27 Ibidem, p. 116.

só despertaria pela catástrofe de uma barbárie incontrolável. Poucos anos mais tarde, concluindo "A obra de arte na era de sua reprodutibilidade técnica" (1935-1936), Benjamin condensa em uma imagem a barbárie inscrita no desenvolvimento da cultura burguesa, ao se referir à guerra como convergência de uma estetização da política. O fascismo permitiu às massas proletárias o acesso à expressão de sua natureza: nos desfiles, comícios e espetáculos esportivos registrados pelos aparelhos de filmagem, "a massa vê o seu próprio rosto".[28] Barrou-lhes, no entanto, a expressão de seus direitos, isto é, a transformação das relações de produção. Esse esteticismo conduz à barbárie – à dissolução da cultura burguesa no grande espetáculo da guerra, única ocasião para pôr em cena todos os recursos técnicos disponíveis, sem a alteração das relações de produção. Nas teses "Sobre o conceito da história" (1940), o termo barbárie é correlato ao de cultura – o seu negativo permanente e necessário –, ambos circunscritos pela cultura do ponto de vista dos vencedores. Mais que isso, a barbárie é a verdade da cultura, revelada pelo historiador materialista ao escovar a história a contrapelo: "Nunca houve um monumento da cultura que não fosse também um monumento da barbárie".[29]

A exigência, que justifica a proposta da "barbárie positiva", isto é, de um conceito capaz de dar conta dessa pobreza liberadora dos tempos modernos, será respondida na análise crítica da modernidade dos importantes textos dos anos 1930. Mas alegria iconoclasta de "O caráter destrutivo" e a barbárie positiva de "Experiência e pobreza" continuarão sendo a aposta de Benjamin contra a barbárie da cultura burguesa. O crítico "bárbaro" é o mesmo alegorista que, pela mortificação imposta à "bela aparência", arrancava a obra de arte de uma falsa totalidade para mostrar a sua verdade fragmentada: a tarefa

---

28 A obra de arte na era de sua reprodutibilidade técnica. In: *Obras escolhidas I*. São Paulo: Brasiliense, 1985. p. 194.

29 Sobre o conceito da história. In: *Obras escolhidas I*. São Paulo: Brasiliense, 1985. p. 225.

iconoclasta que destrói a tradição justifica-se na tarefa salvadora que descobre em suas ruínas possibilidades de construção de uma nova experiência. Essa é a concepção de crítica que vai guiar as análises de Benjamin das tentativas de construção de uma verdadeira experiência, na época desolada da vivência e do choque. Nas produções estéticas, nas novas formas artísticas derivadas do desenvolvimento tecnológico, ele encontrará a expressão de verdade da época moderna.

Se a guerra é o exemplo extremo de quebra da continuidade da experiência, tal perda não é um acontecimento abrupto. É, antes, um declínio, longo processo que se estende do surgimento da burguesia ao florescimento das sociedades industrializadas modernas. A ruptura com a tradição, a assunção da pobreza da atualidade, é um dar-se conta dessa lenta perda. O ensaio de 1936, "O narrador", descreve o processo a partir do declínio de um gênero literário, a narrativa. A arte de narrar teve os seus representantes no camponês sedentário – o que transmite a sabedoria de outros tempos – e no navegador – o que traz a sabedoria de outras terras. Figuras do narrador, desvanecidas no horizonte da modernidade, cuja ausência relembra-nos que fomos privados de "uma faculdade, que nos parecia segura e inalienável: a faculdade de intercambiar experiências".[30]

Essa perda da experiência comunicável acarreta o divórcio entre os interesses interiores do homem e os de sua vida coletiva. A realidade histórica desse fenômeno encarna-se na figura do burguês citadino, dotado de uma privacidade, de uma cultivada e solitária interioridade: o "homem-estojo" a quem o "caráter destrutivo" elege como adversário: "O caráter destrutivo é o adversário do homem-estojo. O homem-estojo busca sua comodidade, e sua caixa é a síntese desta. O interior da caixa é o rastro revestido de veludo que ele imprimiu no mundo".[31] A expressão literária da perda da experiência trans-

---

30 O narrador: considerações sobre a obra de Nikolai Leskov. In: *Obras escolhidas I*. São Paulo: Brasiliense, 1985. p. 198.
31 O caráter destrutivo. In: *Obras Escolhidas II*. São Paulo: Brasiliense, 1987. p. 237.

missível é o romance, cujo aparecimento, no início da era moderna, marca o começo do declínio da narrativa. Desvinculado da tradição oral que se liga ao caráter transmissível da experiência, o romance depende essencialmente do livro. O romancista está exilado da experiência coletiva em uma singularidade irredutível, de que o romance é a expressão. O lugar de nascimento do romance, escreve Walter Benjamin, é "o indivíduo isolado"[32] – e ele se endereça à solidão do leitor que solitariamente o lerá. No romance, o tempo, tomado em seus matizes psicológicos, é constitutivo. É um tempo fragmentado e descontínuo que corresponde à experiência temporal da era industrial. Essa temporalidade rompe com a memória – "a mais épica de todas as faculdades"[33] – que está vinculada a um tempo artesanal ou orgânico, aquele em que, trabalhando em seus teares, os homens podiam, junto ao fogo, ouvir e contar histórias nas quais reconheciam a sua experiência.

É em "Sobre alguns temas em Baudelaire" (1939) que se encontra o essencial de uma reflexão filosófica sobre a memórias em Benjamin. Bergson é aí uma referência importante, por sua consideração, em *Matière et mémoire*, do caráter decisivo da estrutura da memória para a estrutura filosófica da experiência. É também, enquanto objeto de uma crítica incisiva, a ocasião para Benjamin distinguir a sua reflexão das propostas de recuperação de uma experiência autêntica, das "filosofias da vida" do final do século XIX. Para Walter Benjamin, a consideração filosófica da memória e da experiência não pode estar desvinculada da consideração da dimensão histórica que as constitui. Como essas filosofias – da mesma forma que Dilthey, Klages e Jung –, Bergson ignorou as condições históricas da experiência. Como elas, rejeitou a vida desnaturada das sociedades industriais e não ousou olhar de frente para a sua época. Furtou-se à modernidade e criou

---

32 *O narrador:* considerações sobre a obra de Nikolai Leskov. In: *Obras escolhidas I.* São Paulo: Brasiliense, 1985. p. 201.

33 Ibidem, p. 210.

dela uma imagem distorcida contra a qual ergueu, a partir de um modelo biológico, a ilusão de uma experiência verdadeira da vida, relacionada à experiência da memória como *durée*. Por isso, em seu livro *Matière et mémoire*, a compreensão da experiência como *durée* a limita definitivamente ao âmbito da experiência privada. Para Walter Benjamin, essas teorias de Bergson serão postas à prova por um escritor, Proust:

> Pode-se considerar (...) *Em busca do tempo perdido*, como a tentativa de reproduzir artificialmente, sob as condições sociais atuais, a experiência tal como Bergson a imagina, pois cada vez se poderá ter menos esperanças de realizá-la por meios naturais.[34]

Em Proust, a recuperação da experiência – no caso, as lembranças da infância – se dá na construção do romance, ou seja, é objeto da escrita. Benjamin, na consideração dos limites da experiência em Proust, distingue a lembrança (*Erinnerung*) da rememoração (*Eingedenken*). Não há, em Proust, a rememoração, associada por Benjamin à articulação entre passado individual e passado coletivo, que caracteriza a experiência no sentido estrito (*Erfahrung*). Na experiência moderna, isto é, na vivência (*Erlebnis*) entendida como dimensão privada, a lembrança não é mais diretamente acessível. Ela está submersa no inconsciente da memória (*Gedächtnis*). A noção de *mémoire involontaire*, de Proust, refere-se a essa dimensão adormecida da memória, cujo despertar o escritor atribui a um acaso, como no famoso exemplo da *madeleine*, cujo sabor devolve ao narrador as lembranças da infância ocultadas na opacidade da memória, inatingíveis até então por qualquer esforço para lembrar-se, isto é, inacessíveis à memória da inteligência. A dependência ao acaso restringe a experiência, em Proust, ao privado. Assim, o conceito de *mémoire involontaire*,

---

34 Sobre alguns temas em Baudelaire. In: *Obras escolhidas III*. São Paulo: Brasiliense, 1989. p. 105.

sobre o qual se estrutura a teoria da memória em Proust e a partir do qual se edifica a sua tentativa de restaurar a experiência na atualidade, limita-lhe a tarefa:

> Os oito volumes da obra de Proust nos dão ideia das medidas necessárias à restauração da figura do narrador para a atualidade. Proust empreendeu a missão com extraordinária coerência, deparando-se, desde o início, com uma tarefa elementar: fazer a narração de sua própria infância. Mensurou toda a dificuldade da tarefa ao apresentar, como questão do acaso, o fato de poder ou não realizá-la. No contexto dessas reflexões forja o termo *mémoire involontaire*. Esse conceito traz as marcas da situação em que foi criado e pertence ao inventário do indivíduo multifariamente isolado.[35]

A experiência, que se constitui "menos com dados isolados e rigorosamente fixados na memória, do que com dados acumulados, e com frequência inconscientes, que afluem na memória",[36] está ligada aos traços mnêmicos. Sua atrofia no mundo moderno decorre de um estado de alerta da percepção às múltiplas e constantes possibilidades de choques que nele existem. Os corpos dos indivíduos modernos testemunham o trauma. Exemplos da realidade do choque encontram-se na vida cotidiana das grandes cidades; o transeunte em meio às massas anônimas que enchem as ruas, sobressaltado, esbarrando aos trancos, agudamente atento à sinalização, aos movimentos de outros homens que o seu olhar não pode, no entanto, individualizar. Outro exemplo, o operário submetendo seus movimentos corporais ao automatismo da máquina, em uma eloquente submissão do tempo orgânico ao tempo industrial. É essa percepção do choque que, incorporada ao inventário da lembrança consciente, transforma-se

---

35 Ibidem, p. 107.
36 Ibidem, p. 105.

em vivência (*Erlebnis*) e é, como escreve Benjamin, "esterilizada para a experiência poética".

O declínio da experiência equivale ao processo de perda da "aura", entendida como o conteúdo de experiência da obra de arte. A noção de aura unifica certas características essenciais da obra de arte tradicional, destruídas pelo advento dos meios técnicos de reprodução. O cinema é o exemplo mais completo de arte pós-aurática, já que a reprodução técnica não é uma possibilidade, mas a condição de sua existência: a recepção do choque dá a sua regra, e a percepção intermitente o seu princípio formal.

Uma estética do choque dirige a poesia de Baudelaire, "que paira no céu do Segundo Império como 'um astro sem atmosfera'".[37] Ela é a mais grandiosa das tentativas de construção de uma experiência capaz de conciliar passado individual e passado coletivo pela rememoração (*Eingedenken*). Essa poesia abre as portas para a compreensão crítica da modernidade. Nela, o conceito ganha uma aparente ambivalência que o tornará mais rico: a modernidade não é só a repetição do idêntico, é a consciência dos artistas que a expressam criticamente: "Baudelaire sabia como se situava, em verdade, o literato: como *flâneur* ele se dirige à feira; pensa que é para olhar, mas, na verdade, já é para procurar um comprador".[38]

A visão alegórica é própria das épocas de desvalorização do mundo dos fenômenos, como aconteceu no século XVII barroco. No século XIX, essa desvalorização tem causas e formas muito particulares, expressas exemplarmente na lírica de Baudelaire. O sentimento de catástrofe permanente, o *spleen*, encontra na melancolia heroica de Baudelaire uma resposta: a sua poesia como a "mímese da morte". Seu luto se condensa no verso dolorosamente belo: "*Le vieux Paris*

---

37 Ibidem, p. 145. Benjamin cita Friedrich Nietzsche, *Unzeitgemässe Betrachtungen*. t. 1, 2. ed. Leipzig, 1893. p. 164.

38 Paris do Segundo Império. In: *Obras escolhidas III*. São Paulo: Brasiliense, 1989. p. 30.

n'est plus (la forme d'une ville/change plus vite, hélas! Que le coeur d'un mortel)".[39]

Se ressurgem as condições de articulação do efêmero com o eterno, como no período barroco, há uma nova função da visão alegórica. A melancolia moderna não encontra a sua expressão alegórica corporificada no cadáver, como a melancolia barroca, mas interiorizada na lembrança: "*J'ai plus de souvenirs que si j'avais mille ans*",[40] escreve Baudelaire. O que Benjamin quer enfatizar, a serviço da sua teoria da experiência, é como a beleza moderna, ligada à busca do novo, está paradoxalmente ligada à morte. Essa morte é a da memória – o desaparecimento da experiência – em benefício da descontinuidade das "lembranças", que se multiplicam e se desligam da linearidade da memória como instantâneos "fotografados" nas alegorias da poesia de Baudelaire, o impecável crítico da modernidade.

[Publicado originalmente em HADDOCK-LOBO, Rafael (Org.). *Os filósofos e a arte*. Rio de Janeiro: Rocco, 2010.]

---

39 "A velha Paris não existe mais (a forma de uma cidade/Que pena! muda mais rápido que o coração de um mortal)". Tableaux parisiens. In: BAUDELAIRE, Charles. *Les Fleurs du Mal*. Oeuvres Complètes, Pleiade, NRF. Paris: Gallimard, 1975/1976. p. 85.

40 "Tenho mais lembranças que se tivesse mil anos". Spleen, Spleen et Idéal. In: *Les Fleurs du Mal*. Oeuvres Complètes, Pleiade, NRF. Paris: Gallimard, 1975/1976. p. 73.

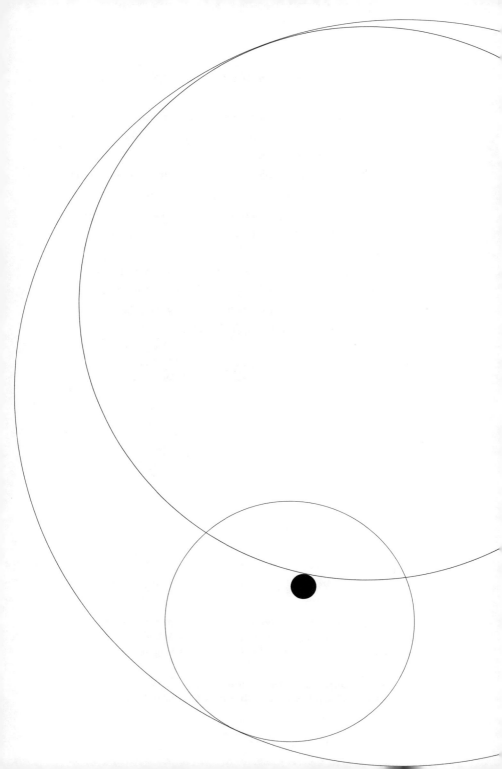

A NATUREZA FILOSÓFICA DA CRÍTICA LITERÁRIA

Entendo como ironia o fato de que o crítico fale sempre das questões últimas da vida, mas deixando acreditar que só se trata de livros e de quadros.

Georg Lukács[1]

A consideração filosófica da crítica literária ou, de maneira geral, da crítica de arte, concerne à determinação da sua natureza específica e remete às cruciais questões da teoria do conhecimento que sustenta essa determinação. Pode-se dizer, nesse sentido, que a crítica ou é filosófica ou não é crítica. Pensar que a crítica possa trazer uma compreensão essencial ou, mesmo mais modestamente, revelar aspectos importantes para a recepção de uma obra, abre um horizonte de indagações sobre a sua fundamentação epistemológica, sobre a sua relação com a verdade. A convicção de que há uma verdade da obra e de que ela não se manifesta na espontaneidade de sua apreensão imediata já obriga a uma incursão metafísica que concerne, por exemplo, aos limites do sensível ou às complexidades do sentido.

A condição de possibilidade da crítica é o declínio de uma concepção metafísica de verdade. Supondo que existisse, no interior de cada sujeito, aquela razão universal, fonte de toda a verdade, a adequação entre o julgamento crítico e a obra estaria legitimada na demonstração de um método eficaz para garanti-la. Como dizia um filósofo do século XVII,[2] é a razão "que deve me ditar o que eu devo vos dizer". Na perspectiva metafísica, o ideal de um conhecimento verdadeiro reside na identificação do pensamento e do objeto, isto

---

1 LUKÁCS, Georg. *Die Seele und die formen, 1911. L'Âme et les formes.* Trad. Guy Haarscher. Paris: Éditions Gallimard, 1974.

2 MALEBRANCHE, Nicolas de. *Entretiens sur La métaphysique*, I. Paris: Folio essais, 1995.

é, na adequação entre a representação e uma realidade exterior ao conhecimento. Já na análise crítica do conhecimento, que funda a filosofia moderna e tem a sua melhor formulação em Kant, a questão da verdade será conduzida nos limites do conhecimento: trata-se de um acordo deste consigo mesmo, independentemente de um ser a ele exterior.

É só neste momento, no final do século XVIII – justamente no prestígio do criticismo kantiano –, que se pode falar em crítica. Não se pode falar de crítica senão ali onde entra em crise uma concepção de verdade como adequação entre conhecimento e coisa exterior. É sob o signo da perda dessa convicção e de tudo o que ela representa que pôde nascer algo como a crítica de arte. Lá onde oscilam as certezas da representação, onde o sentido desliza e se multiplica, lá a crítica encontra o seu espaço. Essa instabilidade é a marca de nascimento da crítica e revela a sua natureza e a sua relação com a verdade.

O nascimento se dá por volta dos últimos anos desse século, entre 1796 e 1801, em Iena, no círculo de poetas, escritores e filósofos alemães agrupados em torno de uma publicação ímpar – a *Athenäeum*. A esse acontecimento de enorme importância para a história do pensamento e, em especial, da literatura, deu-se posteriormente o nome de "primeiro romantismo". Cosmopolitas e revolucionários, esses que se propunham ser os arautos de uma nova época conjugaram a herança kantiana, por intermédio de Fichte, com a Revolução Francesa e a estética do *Sturm und Drang* revisitada,[3] em um movimento que se queria de vanguarda e cujo ideário determinou a nossa compreensão contemporânea de crítica.

O termo "crítica", até a época do primeiro romantismo, era entendido no sentido dado pelo criticismo: referia-se à "revolução copernicana" de Kant que liberara a investigação filosófica da obser-

---

3 "A Revolução Francesa, a doutrina da ciência de Fichte e o Meister de Goethe são as maiores tendências da época". SCHLEGEL, Friedrich. *Athänäeum*, 216. *O dialeto dos fragmentos*. Trad. Márcio Suzuki. São Paulo: Iluminuras, 1997. p. 83.

vação do mundo exterior, encaminhando-a para a consideração das estruturas da consciência que condicionam a experiência de conhecimento desse exterior. O intelecto constitui o conhecimento pelas formas ou categorias que lhe são próprias e que são, consequentemente, infalíveis no limite da experiência, tanto quanto são sem valor fora dela. O romantismo de Iena fez uma revolução análoga: a obra de arte se libera da servidão mimética a uma dada realidade e, abandonando o princípio da representação – cópia da natureza ou narrativa histórica – em benefício da liberdade de criação do intelecto, passa a ser considerada como uma construção determinada pelas regras propostas por esse intelecto, dotada de uma organização espacial e temporal diversa da que rege a realidade natural.

Nesse contexto, o termo "crítica" passou a ter, com os primeiros românticos, a compreensão de apreciação fundamentada de obras literárias ou artísticas, sentido incorporado desde aí à linguagem corrente. Para os românticos, a crítica é um certo experimento com a obra de arte, capaz de despertar nela a reflexão constitutiva da formação da obra, vista como necessariamente inacabada. A intensificação da consciência da obra é a tarefa infinita da crítica. Infinita porque, para os românticos, a crítica confronta sempre o caráter limitado de cada obra de arte com a dimensão infinita da arte.

A obra de Walter Benjamin, escrita na primeira metade do século passado, é fonte inesgotável da melhor parcela da crítica contemporânea. A sua tese de 1921, *O conceito de crítica de arte no romantismo alemão*, afirma que o princípio inaugural da compreensão moderna de crítica é o enunciado romântico: na crítica a própria obra se julga. Com a conceituação da obra de arte a partir de critérios imanentes de construção da própria obra, Schlegel teria assegurado, no campo da arte, a autonomia que Kant conferira à faculdade de julgar.

Nas considerações finais dessa tese, ao indicar a divergência decisiva entre os românticos e Goethe a respeito da possibilidade de existência da crítica de obras de arte, Benjamin abre espaço para situar a sua concepção de crítica. A possibilidade de existência da crítica

– indispensável na concepção dos românticos e desnecessária para Goethe – implica um problema eminentemente filosófico que concerne às diferentes relações das duas posições com a questão da verdade. A novidade e a riqueza da concepção de crítica de Walter Benjamin se fundam na originalidade de sua resposta a esse problema filosófico.

As categorias de *ideia* e *ideal* esclarecem as posições divergentes dos românticos e de Goethe. Para os românticos, a reflexão artística se dá na forma, e a *ideia* – entendida como *medium* que unifica as formas de exposição infinitamente múltiplas da arte – é a categoria fundamental de sua concepção. A *ideia* é o "*a priori* de um método",[4] isto é, ela assegura a possibilidade de diversas formas artísticas conviverem em um *medium* unificador onde conseguem, simultaneamente, delimitar a sua singularidade, misturar-se com outras e conectar-se na infinidade totalizadora da arte.

Para Goethe, a noção fundamental é a de *ideal*, o "*a priori* de um conteúdo".[5] Como a noção de ideia dos românticos, a noção de ideal também é um princípio unificador, só que, ao contrário daquela, acolhe puros conteúdos que não estão nas obras de arte, mas são arquétipos existentes na natureza. Obras de arte, como objetos da percepção, são aproximações daqueles conceitos puros que, embora existentes na natureza, não se apresentam à percepção. Isso que está invisível na natureza, escondido nas aparências do mundo fenomênico, torna-se visível na arte, revelando uma "natureza verdadeira", intuída no que Goethe designa como "fenômeno originário".[6] Esse invisível presente na natureza são os arquétipos, os conteúdos puros que se unificam na noção de ideal a que aspiram as obras singulares.

---

4 BENJAMIN, Walter. *Der Begriff der Kunstkritik in der Deutschen Romantik. O conceito de crítica de arte no romantismo alemão.* Trad. Marcio Seligmann-Silva. São Paulo: Iluminuras/Edusp, 1993. p. 115.

5 Ibidem, p. 115.

6 Urphänomen. GOETHE, Johann Wolfgang von. *Farbenlehre*, 1840. *Doutrina das Cores*. Trad. Marco Giannotti. São Paulo: Nova Alexandria, 1993.

Reduzindo a questão da forma à noção secundária de estilo, Goethe se restringirá, nesse aspecto a considerações apenas normativas. A crítica se torna supérflua e, mesmo, impossível. Apenas o artista poderia ter julgamentos críticos acerca da maior ou menor perfeição da obra, visto que só ele viu o invisível, isto é, teve a intuição do arquétipo a que sua obra procura se elevar. Equivalente à concepção platônica de ideia, o ideal de Goethe é um incondicionado que escapa à história e à mudança constituindo um cânone a que as obras singulares apenas aludem – "em relação ao ideal a obra singular permanece como um torso"[7] – condenadas que estão a nunca se apresentarem como totalidades autônomas.

Fazer a obra superar essa condição de torso é, para os românticos, a tarefa da crítica, vista por eles como acabamento da obra. As obras são momentos em movimento, configurações passageiras que, no entanto, se completam e se eternizam pela crítica. Essa distinção conceitual entre *ideal* e *ideia* fornece os fundamentos epistemológicos da polêmica, por exemplo, dos românticos contra Goethe a respeito do caráter ideal e, portanto, canônico da arte grega. O caráter modelar da arte grega não poderia ser aceito pelos românticos, já que, para eles, a antiguidade não seria um dado, mas uma criação da época que a reconhece, modificável de acordo com essa recepção.[8]

Na sua tese sobre os românticos, Walter Benjamin observou que as noções de ideia e de ideal retomam a problemática da relação forma e conteúdo. Para ele, nem Goethe, nem os românticos souberam dar uma solução satisfatória ao problema. A esse impasse responde a sua teoria da crítica. Em um trecho do ensaio "As afinidades eletivas de Goethe", de 1922, propõe, para definir o alcance da crítica em

---

[7] *O conceito de crítica de arte no romantismo alemão.* Trad. Marcio Seligmann-Silva. São Paulo: Iluminuras/Edusp, 1993. p. 118.

[8] "Viver classicamente e realizar praticamente em si a antiguidade é o ápice e a meta da filologia. Seria isto possível sem nenhum cinismo?", *Athenäum*, 148, São Paulo: Iluminuras, 1997. p. 71.

relação aos limites do comentário, um par de conceitos – *Wahrheitsgehalt* e *Sachgehalt* – traduzidos em português por teor de verdade e teor coisal ou por conteúdo de verdade e conteúdo material.[9] A partir destes conceitos, na distinção do trabalho do comentador e do crítico, ele estabelece a sua concepção de crítica:

> Se, por força de um símile, quiser-se contemplar a obra em expansão como uma fogueira em chamas vívidas, pode-se dizer então que o comentador se encontra diante dela como o químico, e o crítico semelhantemente ao alquimista. Onde para aquele apenas madeiras e cinzas restam como objetos de sua análise, para este tão somente a própria chama preserva um enigma: o enigma daquilo que está vivo. Assim, o crítico levanta indagações quanto à verdade cuja chama viva continua a arder sobre as pesadas achas do que foi e sobre a leve cinza do vivenciado.[10]

Benjamin não está opondo o trabalho do crítico ao do comentador. Indica, ao contrário, o caráter complementar e indissociável dos dois procedimentos, proposto a partir de uma justificativa epistemológica: o comentário visa o teor coisal ou material da obra, a crítica o teor de verdade. Há uma prioridade, por assim dizer, metafísica na tarefa do crítico: complementando o comentário, a crítica alcança um grau superior de conhecimento: o da vida da obra de arte.[11] Com o termo teor coisal (*Sachgehalt*), Benjamin se refere às condições par-

---

9 A primeira solução é de Jeanne Marie Gagnebin, em *Walter Benjamin, cacos da história*. São Paulo: Brasiliense, 1983. A segunda é de Sérgio Paulo Rouanet em sua tradução de *A origem do drama barroco alemão*. São Paulo: Brasiliense, 1985.

10 Goethes Wahlverwandtschaften 1921/1922. As afinidades eletivas de Goethe. In: BENJAMIN, Walter. *Ensaios reunidos*: escritos sobre Goethe. São Paulo: Duas Cidades; Editora 34, 2009. p. 112.

11 Vida ou sobrevida da obra de arte: Walter Benjamin usa os termos *Überleben* e *Fortleben* (sobrevivência, pervivência) em "A tarefa do tradutor", *Die Aufgabe des Übersetzers* (1921), onde se encontram importantes considerações sobre a historicidade específica da obra de arte.

ticulares da obra em relação à época, ou melhor, àquilo que se chama de contexto histórico.

O teor de verdade (*Wahrheitsgehalt*) é a vida – a historicidade específica – da obra para além das circunstâncias da época em que surgiu. Assim, considerando-se apenas o teor coisal, teremos uma análise da conjuntura histórica exterior à obra. Considerando-se o teor de verdade, a que só se tem acesso considerando o teor coisal, obtém-se esse grau superior de conhecimento em que a obra de arte aparece como ideia, ou seja, como origem de sua própria historicidade. Essa historicidade própria da obra de arte inaugura e redireciona o tempo fora da linearidade cronológica a ela exterior: a concepção de crítica de Benjamin está às antípodas das concepções que se fundamentam em análises do contexto histórico. Há uma carta de Benjamin a Florens Christian Rang, de 9 de dezembro de 1923, com um trecho muito elucidativo para que se compreenda a tarefa da crítica na vida das obras, isto é, a sua relação com a historicidade própria delas:

> A reflexão que me ocupa diz respeito à relação das obras de arte com a vida histórica. Tenho como certo que não há história da arte (...). Do ponto de vista que lhe é essencial, a obra de arte é a-histórica. Inseri-la na trama da vida histórica não abre nenhuma perspectiva sobre a sua natureza mais profunda. Obras de arte não têm nada que as ligue umas às outras, ao mesmo tempo, de modo extensivo e a título essencial (...). O elo essencial das obras de arte entre si se dá de modo intensivo (...). A historicidade específica das obras de arte... não se descobre em um "história da arte" mas somente em uma interpretação.[12]

É nesse contexto que Benjamin pode propor uma alternativa ao impasse forma e conteúdo e, consequentemente, um novo conceito

---

12 BENJAMIN, Walter. *Correspondance I*, 1910-1928. Paris: Aubier Montaigne, 1979.

de crítica de arte. A tarefa da crítica não é a revelação da harmonia forma e conteúdo na obra de arte, tarefa redundante e dispensável como Goethe já indicara. Não é, tampouco, a de revelar o conteúdo verdadeiro sob a aparência da obra, no horizonte metafísico da oposição sensível/inteligível, ou aparência/verdade.

O enigma da obra de arte, para o qual se dirige o crítico, é a vida da obra. Mas ele só a alcança em um trabalho que violenta a obra. A fórmula de Benjamin – a crítica é "mortificação das obras de arte" – refere-se à destruição da harmonia forma e conteúdo, da bela aparência, ou seja, da fenomenalidade da obra. A crítica não é exterior à obra de arte, mas, como sabiam os primeiros românticos, nela imanente, como seu acabamento. Mortificação da bela aparência, da ilusão de totalidade orgânica da estética clássica, a crítica se revela também como fratura: é no residual, nos restos da obra destruída – madeira e cinzas – que se encontra esse enigma em relação ao qual a crítica não é a solução, mas a sua reiteração como o sem-expressão na obra.

É para a dimensão do sem-expressão (*das Ausdruckslose*) que se orienta a crítica. Contra uma estética do belo como reconciliação da vida e da aparência, ela evidencia que arte não é "vivificação ilusionista" mas, ao contrário, "petrificação, paralisação e despedaçamento crítico da beleza viva".[13] O "sem-expressão" é a destruição da aura que envolve a bela aparência, a irrupção da verdade na dimensão do mito – ou seja, é a palavra mortificante do crítico como ideia, o elemento reflexivo que suspende a aparência e garante a vida da obra de arte. Em um pequeno texto de 1920, "Sobre a aparência", relacionado ao ensaio sobre a novela de Goethe, o inexpressável é analisado a partir de uma reflexão sobre a aparência (*Schein*) e sobre o aparecer (*erscheinen*). Na relação destes termos, elabora-se a crítica à tradição estética do

---

13 Wahlverwandtschaftenessay, 1921-22. As afinidades eletivas de Goethe. In: *Ensaios reunidos*: escritos sobre Goethe. São Paulo: Duas Cidades; Editora 34, 2009. p. 112.

belo: "Nenhuma obra de arte aparece completamente viva sem que se torne mera aparência e cesse de ser obra de arte".[14]

Contra uma estética da harmonia, Benjamin invoca o poder do sem-expressão que destrói a beleza íntegra da aparência, a ilusão de vida que a arte cria. Se a aparência é o mistério da obra, a verdade resulta da mortificação desse mistério na fragmentação do Absoluto a que alude a articulação beleza/aparência, representada na totalidade do símbolo, noção fundamental da estética clássica. A verdadeira natureza da arte está além da categoria do belo: nela não se reconciliam bela aparência e vida, mas, ao contrário, a obra de arte é o espaço de um conflito entre a bela aparência e a sua mortificação. Nela a vida é, antes, paralisada. O sem-expressão é a categoria para falar dessa paralisação – a morte – que é condição para a existência – para a vida – da obra de arte. Pela interferência "paralisante" do sem-expressão, a verdade da obra de arte – a sua vida – pode aparecer. Ele é o elemento reflexivo da obra que espera a palavra mortificante e, ao mesmo tempo, salvadora da crítica. Com ela, a aura mítica que envolve a bela aparência se rompe para que a obra viva, seja salva, no domínio da ideia. Esta é a exigência – a tarefa impossível – feita por Benjamin à crítica: "Diante, portanto, de todo belo, a ideia do desvelamento converte-se naquela impossibilidade de desvelamento. Essa é a ideia da crítica de arte…".[15]

A permanência, na obra posterior de Benjamin, do essencial dessa concepção de crítica se evidencia quando, mesmo no âmbito do embate resolutamente político do que nomeia "crítica polêmica", denuncia a inconsistência da crítica sociológica marxista: "Não pode ser reconhecida nenhuma crítica que não se solidarize, num qualquer

---

14 On Semblance; The task of the translator. In: BULLOCK, Marcus; JENNINGS, Michael W. (Eds.). *Walter Benjamin. Selected Writings*. Trad. Rodney Livingstone. v. I, 1913-1926. Belknap/Harvard, 1997. p. 224 (tradução).

15 As afinidades eletivas de Goethe. In: *Ensaios reunidos*: escritos sobre Goethe. São Paulo: Duas Cidades; Editora 34, 2009. p. 112.

aspecto, com a verdade que se esconde na obra, apenas se preocupando com aspectos exteriores. Infelizmente, é esse o caso de quase toda crítica que entre nós ficou conhecida como crítica marxista".[16]

[Originalmente publicado em OLINTO, Heidrun Krieger; SCHOLLHAMMER, Karl Erik (Orgs.). *Literatura e Crítica*. Rio de Janeiro: 7 Letras, 2009.]

---

16 Falsa crítica (1930/1931). In: BENJAMIN, Walter. *Linguagem, Tradução, Literatura*. Belo Horizonte: Autêntica Editora, 2018.

OS ESPAÇOS ALEGÓRICOS

Nenhum pensador atribuiu ao espaço urbano tanta dignidade filosófica quanto Walter Benjamin. Talvez se possa mesmo afirmar que, a partir da segunda metade dos anos 1920, as cidades passam a ser o objeto principal de sua reflexão. Nesse período, ele escreve uma série de fragmentos sobre cidades: Nápoles, Marselha, São Geminiano, Ibiza, Moscou, Weimar, Mar do Norte. São paisagens em miniaturas, retratos urbanos construídos em uma linguagem de imagens, na permanente tensão entre coisas e nomes.[1] Esse procedimento ganha uma forma mais acabada na construção surrealista dessa topografia aforística da Europa que é o *Rua de Mão Única*, publicado em 1928. É de 1930 o livro de reminiscências sobre a sua cidade natal, *Infância em Berlim por volta de 1900*. Nesse período e até o fim de sua vida, Benjamin vai escrever o livro sobre Paris, o lendário trabalho sobre as *Passagens*. Em todos estes textos, desdobra-se a compreensão do espaço urbano com uma riqueza de significações inesperadas: a cidade é o espaço onírico que se propõe à decifração e também a memória topográfica que permite a construção de uma experiência temporal capaz de abolir o caráter irrevogável do passado. Como tal, cidades são o espaço de inflexão do arcaico e do novo, território sombrio das fantasmagorias e de iluminações profanas. Mas cidades são também entidades filosóficas, imagens do pensamento, ou melhor, ideias, *imago mundi*. Testemunham, enquanto tais, a fidelidade ao singular e ao concreto, característica do pensamento de Walter Benjamin.

É Paris, em especial, a cidade de importância decisiva na obra de Benjamin. Na série de "imagens urbanas", figura entre outras cidades, mas com a sua superioridade afirmada em uma declaração esclarecedora: "De todas as cidades não há nenhuma que se ligue mais intimamente ao livro que Paris... Paris é um grande salão de biblioteca

---

1 Cf. SZONDI, Peter. Prefácio de *Städtbilder*, Walter Benjamin. Frankfurt am Main, 1963; Walter Benjamin's City Portraits. *On Textual Understanding and Other Essays*. University of Minnesota Press, 1986.

atravessado pelo Sena".[2] Essa relação de Paris com o livro não se dá apenas pelas referências literárias de seus monumentos, praças e ruas, mas porque "nela mesma atua um espírito aparentado ao livro". Paris é obra cuidadosa de um "novelista experiente", suas "imensas praças vazias, ilustrações de página inteira da história mundial". Mas não é a literatura a chave para a decifração dessa escrita que é Paris. Bastaria uma imagem: o mapa de suas ruas – esse *Plan Taride*, um fetiche para Benjamin – para se conseguir um conhecimento instantâneo do detalhe e do todo:

> (…) bairros inteiros revelam o seu segredo nos nomes de suas ruas. Na grande praça em frente à Estação St Lazare tem-se ao redor de si metade da França e metade da Europa. Nomes como Havre, Anjou, Provença, Ruão, Londres, Amsterdã, Constantinopla, percorrem ruas cinzentas como fitas cambiantes através de seda cinza.[3]

O mapa, imagem da cidade, ganha uma espessura epistemológica que alegoriza Paris. Na caracterização de Paris, a literatura é mais um reflexo da fisionomia urbana. Refletida em mil olhos e objetivas, no céu, na atmosfera, nos anúncios luminosos, no asfalto das ruas, nas vidraças dos bistrôs, nos milhares de espelhos decorativos, no Sena, que devolve fragmentadas as imagens que a cidade lhe lança, Paris é uma cidade no espelho. Na multiplicação especular de suas imagens refletem-se as escolas literárias: "Como espelhos, que devolvem rapidamente todos os reflexos, apenas deslocados simetricamente, assim também faz a técnica dos chavões das comédias de Marivaux: espelhos lançam no interior de um café o exterior agitado – a rua –,

---

[2] Paris, a cidade no espelho. In: BENJAMIN, Walter. *Obras escolhidas II*. Trad. Rubens Rodrigues Torres Filho e José Carlos Martins Barbosa. São Paulo: Brasiliense, 1987. p. 195.

[3] Ibidem, p. 96.

tal qual um Hugo, um Vigny gostavam de captar ambientes e situar suas narrações diante de um fundo histórico. Os espelhos que, nos bistrôs, pendem turvos e desalinhados são o símbolo do naturalismo de Zola; como se refletem um ao outro numa sequência imensa, um equivalente da infinita lembrança na qual se transformou a vida de Marcel Proust sob sua própria pena".[4]

Cidade feita de nomes de ruas, de multifacetados reflexos, de imagens fragmentadas, a Paris descrita nesse texto revela, nas entrelinhas, a natureza do trabalho filosófico para Benjamin. Se Baudelaire não aparece na enumeração, certamente é porque a sua relação com Paris é tão mais importante que vai ser tema do trabalho mais ambicioso de Benjamin, sobre as Passagens. É a partir de Paris – "capital mundial" – que Benjamin pretende construir a sua filosofia material da história. Paris é a "capital do século XIX", o microcosmo que apresenta a modernidade ao mesmo tempo como uma "teologia do inferno" e como uma *féerie* dialética, na bela fórmula do título provisório do seu livro: "Passagens parisienses. Uma cena de fadas dialética" (*"Pariser Passagen. Eine dialektische Feerie"*).

Há, nesse livro, uma afirmação que se poderia tomar como ponto de partida para medir o alcance filosófico da compreensão do espaço urbano em Benjamin e para a convicção de que esse decorre de uma teoria da linguagem. Está na sequência de suas reflexões sobre o conhecimento e o progresso:

> O *pathos* deste trabalho: não há épocas de decadência (*Verfallszeiten*). Tentativa de ver o século XIX de maneira tão positiva quanto procurei ver o século XVII no trabalho sobre o drama barroco. Nenhuma crença em épocas de decadência. Assim também (...)

---

[4] Ibidem, p. 96.

qualquer cidade, para mim, é bela; e por isso, não acho aceitável qualquer discurso sobre o valor maior ou menor valor das línguas.[5]

Benjamin apresenta, neste fragmento, indicações importantes para as concepções da história e da linguagem que vão construir o seu trabalho. Tanto não há decadência ou progresso na história, quanto não há hierarquia entre as diversas línguas. O que surpreende no fragmento é que essa relação entre história e linguagem, por si só densa de significações, está articulada à afirmação da beleza irredutível de qualquer cidade. A comparação entre o seu trabalho sobre as passagens parisienses e o livro sobre o barroco torna-se necessária para avaliar a dimensão filosófica da cidade no texto de Benjamin.

Em *Origem do drama barroco alemão*, no prefácio, Benjamin defende a superioridade do ensaio, como a forma mais adequada para a filosofia, em relação à forma totalizadora do sistema conceitual. O ensaio saberia se manter fiel à descontinuidade própria do sensível, dando conta da dimensão sensória da verdade, sacrificada pela natureza abstrata do sistema. No livro sobre as Passagens, a preocupação com a forma de apresentação da verdade ganha a sua expressão radical no resoluto abandono do conceito, na exigência de um conhecimento imediato, capaz de preservar a singularidade concreta do objeto, e na opção pela construção de um pensamento por imagens. A crítica de Benjamin à redução da filosofia ao trabalho conceitual é complementar à distinção entre conhecimento e verdade, ou seja, à determinação do espaço próprio das ideias. As ideias só serão fiéis a sua natureza – realizando a tarefa filosófica enunciada por Platão como salvação dos fenômenos – se não eliminarem o sensível na abstração do conceito. A esfera da filosofia se delimita nas duas asserções de Platão, no *Banquete*: "a verdade é o conteúdo essencial do belo" e

---

5 BENJAMIN, Walter. *Das Passagen Werk. Passagens,* N, 1,6. Belo Horizonte: Editora UFMG, 2018. p. 760.

"a verdade é bela". Para que exista filosofia, a verdade não pode entrar em uma relação de exclusão com o sensível, com a beleza.

A fórmula "toda cidade é bela" pode ser entendida à luz das questões epistemológicas do livro sobre o barroco: é bela como verdade, cuja apresentação cabe à filosofia.[6] Essa fórmula possibilita um desdobramento: "toda cidade é ideia", ou seja, é linguagem, melhor: "toda cidade é nomes". A leitura da cidade a partir dos nomes de suas ruas, como no texto "Paris, a cidade no espelho", repete-se no livro sobre as Passagens. A cidade aí se reconstrói na espacialidade do texto, que produz um conhecimento da modernidade sob uma forma peculiar de escrita, a alegórica.[7] O metrô de Paris é um entrecruzamento de nomes, mas também uma entrada para o inferno:

> (...) à noite as luzes se acendem rubras, indicando o caminho ao Hades dos nomes. "Combat", "Elysée", "George V", "Étienne Marcel", "Solferino", "Invalides", "Vaugirard" arrancaram as correntes humilhantes da rua, da praça e tornaram-se aqui, na escuridão entrecortada por lampejos fulgurantes e apitos estridentes, deuses informes das cloacas, fadas das catacumbas. Este labirinto abriga em seu interior não um, e sim dúzias de touros cegos, enfurecidos, em cuja goela é preciso lançar não uma virgem tebana por ano, e sim, a cada manhã, milhares de jovens operárias anêmicas e caixeiros sonados... aqui embaixo, nada mais do choque, do entrecruzamento de

---

6 O termo "apresentação" (*Darstellung*) tem um sentido técnico extremamente importante na filosofia de Walter Benjamin e indica a sua convicção a respeito do caráter decisivo da forma do texto filosófico e a sua distância da tradição da filosofia moderna, voltada para a valorização do conteúdo das representações mentais do sujeito do conhecimento.

7 Considerando a incompreensão da tradição estética em relação à noção de alegoria, Benjamin observa que, ainda que para desvalorizá-la por esta característica, Schopenhauer indicou, acertadamente, a sua natureza de escrita. Para a teoria da alegoria de Benjamin, esta é a sua essência: "(...) alegoria não é frívola técnica de ilustração por imagens, mas expressão, como a linguagem, e como a escrita". *Origem do drama barroco alemão*. Trad. Sérgio Paulo Rouanet. São Paulo: Brasiliense, 1984. p. 183-184.

nomes que formam a rede linguística na superfície. Cada um mora solitário aqui, o inferno é sua corte.[8]

É o nome,[9] enquanto dimensão da linguagem livre de qualquer fenomenalidade e de qualquer intenção significativa, que define o modo de ser das ideias. No nome se revela uma dimensão em que as palavras ainda não estavam presas aos sortilégios dos juízos cognitivos, mas expressavam o frescor de uma primeira nomeação. A dimensão expressiva ou simbólica da linguagem é um resquício da paradisíaca transparência de palavras e coisas da linguagem adâmica dos nomes, que guardava a força criadora da palavra divina. A dimensão utilitária é a da queda da linguagem na confusão de sentido, no julgamento e na comunicação de conteúdos. É ao elemento simbólico da palavra, irredutível à palavra decaída da comunicação de significações, que Benjamin identifica a ideia.

A tarefa da filosofia seria a de apresentar essa dimensão simbólica ou, mais exatamente, restaurar, sob a opacidade dos conteúdos significativos da linguagem decaída, a expressividade transparente da palavra adâmica. Menos que resgatar a linguagem primitiva do paraíso, trata-se, para a filosofia, de restaurar, na linguagem decaída das significações, a "percepção original das palavras" (*das urprüngliche Vernehmen der Worte*) que evoca a harmonia paradisíaca destas com as coisas. A tese de que a percepção original permanece no nome determina um privilégio da dimensão imagética da linguagem.

Essa identificação da ideia à imagem, no nome, fundamenta a proposta da filosofia como tarefa infinita de restauração da percepção original, constantemente oscilando em uma dialética entre o sensível

---

8 *Das Passagen Werk. Passagens.* C,1 a, 2. Belo Horizonte: Editora UFMG, 2018. p. 168.
9 A teoria da linguagem de Walter Benjamin é desenvolvida no texto de 1916, "Sobre a linguagem em geral e sobre a linguagem humana". Trad. portuguesa de Maria Luz Moita e Maria Amélia Cruz, Manuel Alberto. In: *Sobre arte, técnica, linguagem e política*. Lisboa: Relógio d'Água Editores, 1992.

e o inteligível, ou seja, entre a apresentação da imagem e do que dela se furta, de uma visibilidade e de uma não visibilidade, do que pode ser expresso e do não expresso. No ensaio sobre a linguagem de 1916,[10] Benjamin propusera as ideias como "nomes primordiais", os elementos da linguagem adâmica. Nesse sentido, as ideias são origem, entendida não como uma noção que se refere ao princípio de uma continuidade temporal, mas à emergência, como ruptura apropriada à descontinuidade temporal de seu ser. Nessa descontinuidade, a origem é restauração, renovação da força da linguagem na história. A tarefa da filosofia seria renomear, ou seja, recuperar a dimensão imagética da palavra, o poder do nome. Se Benjamin identifica ideia e nome, é na fórmula imagem do mundo que as duas noções se encontram: "Toda ideia encerra a imagem do mundo. A apresentação da ideia impõe como tarefa, portanto, nada menos que a descrição microscópica do mundo".[11] Os nomes que se entrecruzam no traçado das ruas do mapa de Paris desdobram o conhecimento concreto da capital e do século XIX, de forma imediata.

Quando Benjamin define a ideia como imagem, está retomando Platão ironicamente: se o artista, cujo elemento é o sensível, produz imagens-cópias do mundo das ideias, o filósofo apresenta o mundo, nas ideias, como imagens. A ideia como *imago mundi* é um desdobramento do mundo em miniatura, visão que dominou a cultura do período barroco e que encontrou sua formulação filosófica em Leibniz, na noção de mônada. A mônada é *imago mundi*, isto é, contém, ao mesmo tempo, a concretude histórica do mundo e a inteligibilidade atemporal da ideia. Entendida como imagem, através da noção de mônada, a ideia perde, em Benjamin, o caráter abstrato sem perder a dimensão de totalidade universal. E, por sua vez, mantém-se como totalidade, sem sacrificar, como é o caso do conceito, o caráter singular e não idêntico do mundo fenomenal.

---

10 Ibidem.
11 *Origem do drama barroco alemão*. Trad. Sérgio Paulo Rouanet. São Paulo: Brasiliense, 1984. p. 70.

Se capturar a verdade exige uma "imersão no pormenor do conteúdo material",[12] esse abandono ao concreto é o que possibilita a diluição de uma epistemologia fundamentada na representação e edificada a partir das categorias de sujeito/objeto e da questão do método. A verdade não se confunde com o conhecimento e não é produto da consciência reflexiva. A verdade, que se apresenta no recinto das ideias como "interpretação objetiva da história", apresenta-se também como ser, em que sujeito e objeto se dissolvem. Enquanto contraste entre uma estrutura fechada e a totalidade, a ideia é mônada. A partir da noção de Leibniz, Benjamin propõe que, na ideia como mônada, tanto "reside (…) a apresentação do fenômeno, como sua interpretação objetiva" quanto se encontra "o restante do mundo das ideias".[13] A realidade, em seus aspectos mais insignificantes, pode ser apresentada na ideia como "interpretação objetiva do mundo".[14] Ou, em outras palavras, a filosofia como apresentação (*Darstellung*) ocupa-se com a descrição, não dos fenômenos, mas da ideia como imagem abreviada do mundo, como expressão do ser do mundo dos fenômenos.

Pretendendo construir a sua filosofia material do século XIX, Benjamin apresenta a cidade de Paris como uma mônada, *imago-mundi* e empreende a sua microscópica descrição:

> Construir a cidade topograficamente, dez vezes ou cem vezes, a partir de suas passagens e suas portas, seus cemitérios e bordéis, de suas estações (…), assim como antigamente ela se definia por suas igrejas e seus mercados. E as figuras mais secretas, mais profundamente recônditas da cidade: assassinatos e rebeliões, os nós sangrentos no emaranhado das ruas, os leitos de amores e incêndios.[15]

---

12   Ibidem, p. 51.

13   Ibidem, p. 70.

14   Ibidem, p. 70.

15   *Das Passagen Werk. Passages*, C, 1,8. Belo Horizonte: Editora UFMG, 2018. p. 167.

Na apresentação de Paris como mônada, respeitando a natureza das ideias como interpretação objetiva desvencilhada de uma consciência reflexiva, Benjamin quer que a cidade mesma, sem interferência de um sujeito reflexivo, se apresente como um texto tornado legível pelo trabalho filosófico.

Em uma anotação contemporânea à redação do Prefácio, considerando o livro sobre o barroco, Benjamin deixa nítida a oposição de sua noção de objetividade filosófica à noção convencional de objetividade das ciências particulares.[16] Não há, afirma, verdade *sobre* um objeto, isto é, a objetividade não pode ser medida na relação do objeto com a verdade, porque esta não é nunca exterior a ele. A verdade está *no* objeto. Para um ponto de vista que concebe a verdade como exterior ao objeto, como intenção cognitiva *sobre* o objeto, as suas múltiplas e contraditórias formas na história seriam excludentes. Para a perspectiva do filósofo, a desavença não existe. A objetividade dessa verdade não intencional é oposta ao conceito habitual de objetividade porque, longe de se pretender uma adequação atemporal da intenção ao objeto, ela é histórica na pluralidade das formas temporais, nas quais o próprio objeto mostra a sua verdade. O filósofo – este "observador intensivo" capaz de discernir a temporalidade da verdade – não tem o olhar intencional que a metodologia habitual das ciências dirige ao objeto. Ao contrário, o filósofo deixa-se entrar no objeto, ser tomado por este e encontra, ao final, algo que não seria obtido pela intenção cognitiva, algo que é distinto de qualquer objeto empírico, a verdade não intencional *no* objeto, a única objetividade capaz de garantir autoridade à filosofia. O mergulho meticuloso no objeto, a imersão nas suas várias formas de aparecer, a atenção permanentemente voltada ao minúsculo, é decisivo para essa objeti-

---

16 On the topic of individual disciplines and Philosophy, 1923. In: BULLOCK, Marcus; JENNINGS, Michael W. (Eds.). *Walter Benjamin. Selected Writings*. Trad. Rodney Livingstone. v. I, 1913-1926. Belknap/Harvard University Press, 1997. p. 404.

vidade. Tais pressupostos estão presentes em seu livro sobre Paris – aí o espaço da verdade é o da cidade reconstruída ou, antes, renomeada no texto.

Para que essa objetividade seja alcançada, Benjamin propõe uma revolução na maneira habitual – conceitual – de se pensar, a partir de uma concepção figurativa, espacial, do tempo e da história, em que o elemento visual destitui os privilégios dos processos de abstração: "Educar em nós o *medium* criador de imagens para um olhar estereoscópico e dimensional para a profundidade das sombras históricas".[17] É a adoção de um pensamento por imagens que determina, no livro sobre Paris, a opção metodológica da montagem: "Método deste trabalho: a montagem literária. Não tenho nada a dizer. Somente a mostrar".[18]

A preocupação em "mostrar" retoma, em termos surrealistas, as concepções sobre a natureza da filosofia, do livro sobre o barroco. Aí, na conhecida comparação do Prefácio, a construção da verdade assemelha-se à construção dos mosaicos, onde o todo resulta do descontínuo, das diferenças de elementos materiais justapostos: "Tanto o mosaico como a contemplação justapõem elementos isolados e heterogêneos, e nada manifesta com mais força o impacto transcendente, quer da imagem sagrada, quer da verdade. O valor desses fragmentos de pensamento é tanto maior quanto menor a sua relação imediata com a concepção básica que lhes corresponde, e o brilho da representação depende da qualidade do esmalte".[19]

A montagem de fragmentos e de citações no livro das passagens retoma, em uma formulação mais profana, este princípio. O termo, filosoficamente denso, "contemplação", despe-se de qualquer pom-

---

17 *Passagen Werk. Passages*, N, 1,8. Belo Horizonte: Editora UFMG, 2018. p. 760/761 (Benjamin, citando Rudolf Borchardt, *Epilegomena zu Dante*, 1923).

18 Ibidem, p. 764.

19 *Origem do drama barroco alemão*. Trad. Sérgio Paulo Rouanet. São Paulo: Brasiliense, 1984. p. 51.

pa no prosaico "mostrar". Mostrar, para Benjamin, significa fornecer uma visibilidade (*Anschaulichkeit*) específica. Não se trata de uma visão integral, totalizadora, mas de uma visão segmentada pelo recorte filosófico que permite ao historiador construir a imagem dialética, ou seja, o objeto histórico. Essa noção de imagem dialética é a grande novidade da epistemologia exposta no livro. Ela se constitui pela articulação temporal que Benjamin percebe nas alegorias de Baudelaire – o encontro do antigo e do moderno. A imagem dialética é a projeção, na atualidade, das fantasias e desejos da humanidade – o encontro do Outrora (*Gewesene*) e do Agora (*Jetzt*). A imagem é ambivalente: é o sonho e o despertar, o arcaico e o atual. A tarefa do historiador é a de tornar dialética essa relação, transformando a imagem arcaica, ou onírica, em conhecimento, sem, no entanto, suprimi-la, mas, ao contrário, mantendo-a na convivência dos extremos sobre a qual se constrói a dialética de Benjamin.

Na imagem dialética, a relação entre o passado e o presente se dá fora da continuidade temporal. A temporalidade desta dialética estática (*Dialektik im Stillstand*) é de natureza sincrônica: é uma dialética espacial, o tempo imobilizado na imagem do pensamento. Não há o desenrolar de um processo, mas um *flash* que imobiliza o tempo. Nessa imobilização, simultaneamente se constituem o objeto histórico e o conhecimento imediato dele:

> Pensar não inclui apenas o movimento das ideias, mas também sua imobilização. Quando o pensamento para, bruscamente, numa configuração saturada de tensões, ele lhes comunica um choque, através do qual essa configuração se cristaliza enquanto mônada. O materialista histórico só se aproxima de um objeto histórico quando o confronta enquanto mônada.[20]

---

20 Sobre o conceito de história. In: BENJAMIN, Walter. *Obras escolhidas I*. Trad. Sérgio Paulo Rouanet. São Paulo: Brasiliense, 1985. p. 231.

Benjamin já observara, a propósito de Baudelaire, que é característica da intenção alegórica a "destruição de contextos orgânicos". A concepção de tempo, própria da visão progressiva da história, fundamenta-se em um modelo biológico, orgânico. As imagens dialéticas, ao contrário, são ruínas de um tempo extensivo, densas de temporalidade intensiva. Elas quebram a linearidade temporal, para obter os instantâneos com os quais se constituem e se oferecem, como alegorias, à interpretação. "A história é objeto de uma construção cujo lugar não é o tempo homogêneo e vazio, mas um tempo saturado de 'agoras' (*jetztzeit*)".[21]

A ruptura da extensão temporal, que inaugura a imagem dialética como objeto histórico espacial, assemelha-se ao gesto do colecionador, que arranca o objeto de sua função primitiva, para manter com ele uma relação despida de qualquer utilitarismo. Benjamin dá uma grande importância à "arte de colecionar", na qual encontra analogias com a sua concepção de pensamento. A atitude do colecionador em relação aos seus objetos seria de natureza semelhante à contemplação "desinteressada" de Kant e de Schopenhauer, graças à qual "o colecionador consegue lançar um olhar incomparável sobre o objeto, um olhar que vê mais e enxerga diferentes coisas do que o olhar do proprietário profano, e que deveria ser melhor comparado ao olhar de um grande fisiognomonista".[22] Esse é o olhar do historiador que Benjamin pretende alcançar no livro sobre Paris: "Escrever a história significa dar às datas a sua fisionomia".[23]

A razão da acuidade visual do colecionador é que, como o filósofo alegorista, ele encontra, em cada objeto de sua coleção, não só a presença do mundo, mas a certeza de que o mundo é esse objeto. Se as ideias são descontínuas e intermitentes, é no ritmo do pensamento, que toma fôlego e volta sempre às coisas, como propusera no

---

21 Ibidem, p. 229-230.
22 *Passagen Werk. Passages*, H, 2,7. Belo Horizonte: Editora UFMG, 2018. p. 351.
23 *Passagen Werk. Passages*, N, 11,2. Belo Horizonte: Editora UFMG, 2018. p. 788.

livro sobre o barroco, que Benjamin pode formular a sua concepção sobre a "arte de colecionar", em uma esclarecedora superposição à de pensamento:

> É uma grandiosa tentativa de superar o caráter totalmente irracional de sua mera existência através da integração em um sistema histórico novo, criado especialmente para este fim: a coleção. E para o verdadeiro colecionador, cada uma das coisas torna-se neste sistema uma enciclopédia de toda a ciência da época, da paisagem, da indústria, do proprietário do qual provém. O mais profundo encantamento do colecionador consiste em inscrever a coisa particular em um círculo mágico onde ela se imobiliza enquanto a percorre um último estremecimento (o estremecimento de ser adquirida). Tudo o que é lembrado, pensado, consciente, enquadramento, pedestal, cofre torna-se suporte, pedestal, moldura, fecho de sua posse. Não se deve pensar que o *tópos hyperouranios*, que, segundo Platão, abriga as imagens primevas e imutáveis das coisas, seja estranho para o colecionador.[24]

Como o colecionador, o pensador quer fazer frente à dispersão das coisas no mundo. A figura do alegorista, que participa da mesma "comoção passional" diante do espetáculo de confusão do mundo, é a expressão da tentativa de lhe revelar algum sentido. Há uma diferença importante entre o alegorista, que encontra nas ruínas a significação das coisas, e o colecionador que, ao contrário, só lhes encontra o sentido quando as tira da dispersão e as reúne na coleção: "No que concerne ao colecionador sua coleção nunca está completa; e se lhe falta uma única peça (*Stück*) tudo o que colecionou não passará de uma obra fragmentária (*Stückwerk*), tal como são as coisas desde o princípio para a alegoria".[25] A combinação das duas figuras parece

---

24 *Passagen Werk. Passages*, H, 1a,2. Belo Horizonte: Editora UFMG, 2018. p. 348.
25 *Passagen Werk. Passages*, H, 4a,1. Belo Horizonte: Editora UFMG, 2018. p. 358.

estar na concepção que sustenta o conjunto de citações e a montagem do livro das Passagens, compreendida no jogo de palavras com que Benjamin sublinha as afinidades desse com a coleção (*Sammlung*), sendo como que "um despertador", que sacode o *kitsch* do século anterior, chamando-o à reunião (*Versammlung*)".[26]

A matéria-prima de construção das imagens dialéticas serão os fenômenos da vida social aparentemente insignificantes – os fatos da vida cotidiana, da alimentação, do vestuário, das habitações, dos costumes familiares, do direito privado, das relações na sociedade – que o historiador tradicional negligencia. A visibilidade desses fenômenos não se limita à alcançada por uma sociologia fenomenológica: não se trata de uma visão natural dos fenômenos, mas de uma visão alegórica que permite "ver" no antigo o atual, isto é, a que estabelece uma correspondência figurativa entre o passado e o presente. Isso se torna possível a partir de uma dupla atividade que une o alegorista e o colecionador: por um lado, a confecção de elementos singulares, "elementos minúsculos recortados com clareza e precisão"; por outro, a edificação, com esses elementos, de grandes construções, isto é, o momento de "descobrir na análise do pequeno momento singular o cristal do acontecimento total".[27]

Mosaico ou montagem, são os elementos materiais que apresentam a verdade. Mas se é nesta dialética parada, espacial, que o Outrora e o Agora se encontram, escreve Benjamin, como em um relâmpago, o domínio onde isso se torna possível é o da linguagem: são as palavras que constroem as imagens dialéticas. Estabelecer uma correspondência, uma afinidade do antigo com o atual, é o objetivo da construção. A correspondência se fará por meio daqueles fenômenos que "são para os outros desvios" e que, para Benjamin, orientam o percurso. São esses fenômenos, por exemplo, a arquitetura, as Passagens, em especial, as tapeçarias, os objetos e os edifícios do século

---

26 *Passagen Werk. Passages*, H, 1a,2. Belo Horizonte: Editora UFMG, 2018.
27 *Passagen Werk. Passages*, N, 2,6. Belo Horizonte: Editora UFMG, 2018. p. 765.

XIX, "formas esquecidas e aparentemente secundárias", os "detritos" depositários das "substâncias vitais", onde a atualidade se reconhece no conhecimento do passado.

É para elaborar um conhecimento do presente, de sua atualidade, que Benjamin se debruça sobre o século XIX, com o interesse de "ler o real como um texto".[28] O que torna possível ler uma realidade histórica por meio de imagens é a visibilidade alcançada em uma época determinada, no momento crítico, na hora perigosa de um presente ameaçado: "a imagem lida – quer dizer, a imagem no agora da cognoscibilidade – carrega, no mais alto grau a marca do momento crítico, perigoso, subjacente a toda leitura".[29] Interessam-lhe os fenômenos habitualmente negligenciados pelos historiadores porque encontra neles uma relação com o atual – tais fenômenos atraem porque revelam não só o próprio passado que testemunham, mas também, no presente, os nossos desejos neles concentrados: "queremos reconhecer, nas formas aparentemente secundárias e perdidas daquela época, a vida de hoje, as formas de hoje".[30] No século XIX, determinado pelo desenvolvimento inusitado da técnica, ocorreu um acúmulo enorme de coisas mortas, isto é, objetos fora de uso, fora de circulação. Afastadas do uso corrente, essas coisas ganharam significações múltiplas, estranhas a sua primitiva finalidade, ganharam aquela vitalidade significativa para a nossa época a que se refere Benjamin. Essas formas, inesperadas e involuntárias "coleções", proporcionam à atualidade, que lhes atribui novas significações, o encontro do passado com o presente; fornecem o exemplo e a matéria-prima com a qual se constrói, na alegoria, o objeto histórico.

Considerando a relação modernidade/antiguidade em Baudelaire, Benjamin introduz, em sua análise do século XIX, a questão

---

28 *Passagen Werk. Passages*, N, 4,2. Belo Horizonte: Editora UFMG, 2018. p. 770.
29 *Passagen Werk. Passages*, N, 3,1. Belo Horizonte: Editora UFMG, 2018. p. 770.
30 *Passagen Werk. Passages*, N, 1,11. Belo Horizonte: Editora UFMG, 2018. p. 761.

da forma alegórica que trabalhara no contexto do drama barroco. A compreensão de alegoria, central para a sua interpretação do poeta, revela-se também essencial na constituição de seu próprio pensamento. Para Benjamin, a visão alegórica é própria das épocas de desvalorização do mundo dos fenômenos, como no século XVII, mas também, em suas formas muito particulares, no século XIX. "A alegoria se instala mais duravelmente onde o efêmero e o eterno coexistem mais intimamente".[31] A beleza moderna, ligada à busca do novo, está paradoxalmente ligada à morte. O sentimento de catástrofe permanente, o *spleen*, encontra na melancolia heroica de Baudelaire uma resposta: a poesia como a "mimese da morte". Se ressurgem no século XIX as condições de articulação do efêmero e do eterno, a função da visão alegórica é nova. A melancolia moderna não encontra a sua expressão alegórica no cadáver barroco, mas interiorizada na lembrança – "*J'ai plus de souvenirs que si j'avais mille ans*".[32] Benjamin vê, nas alegorias de Baudelaire, a verdade da modernidade como luto.

A "mimese da morte" é a expressão radical do sentimento de transitoriedade, pelo qual o moderno é aproximado do antigo. Benjamin nos fornece a imagem espacial desta proximidade: a Paris moderna, nas novas edificações das reformas urbanas de Haussman, revela também as ruínas alegóricas de sua caducidade. Como a passante de luto que suscitara, em um só movimento a paixão e a perda, a edificação da moderna Paris revela a morte em seus escombros. A modernização da cidade faz aparecer uma inesperada antiguidade e torna Paris alegórica. Nos *Tableaux parisiens*, Paris aparece como ruína antiga. Assim, no poema *Le Cygne*, a melancolia do poeta diante de Paris destruída encontra sua forma clássica – a sua angústia é a de Andrômaca no exílio. Nas ruínas da velha Paris, mas também nas obras das

---

[31] *Origem do drama barroco alemão*. Trad. Sérgio Paulo Rouanet. São Paulo: Brasiliense, 1984. p. 247.

[32] Spleen, Spleen et Idéal. In: BAUDELAIRE, Charles. *Les Fleurs du Mal*. Oeuvres Complètes I, Bibliothèque de la Pleiade. Paris: Gallimard, 1976. p. 73.

novas avenidas que se abrem, revela-se a verdade do moderno como catástrofe e morte. Para Benjamin o poema é exemplar: "O *Cygne* possui o movimento de um berço que balança entre a modernidade e a Antiguidade".[33] É por uma correspondência com a antiguidade – a imagem clássica do exílio de Andrômaca – que o poeta dá forma ao seu exílio na Paris moderna. Quando revela dialeticamente, no mosaico de suas imagens, uma alegoria da morte como a verdade da modernidade, Paris é a capital do século XIX.

Nas alegorias de *As flores do mal*, as lembranças se multiplicam e se desligam da linearidade da memória como instantâneos fotográficos. "O interesse original pela alegoria não é linguístico, mas ótico, observa Benjamin, citando Baudelaire: "*Les images, ma grande, ma primitive passion*".[34] Não há dúvida de que esta paixão também é a de Benjamin. Como Baudelaire, ele só as transferiu para a linguagem mediante uma rarefação desta à dimensão imagética. O heroísmo do poeta da modernidade intensifica-se em Benjamin. Para ele, trata-se de construir, nos nomes, um pensamento por imagens, de unir as pontas do sensível e da ideia, do passado e do presente, em alegorias filosóficas. Só nesse sentido a filosofia de Benjamin identifica-se a uma filosofia da linguagem. Nomes e coisas se relacionam sem a interferência determinante de um sujeito, de uma consciência reflexiva. Ao contrário, o que está aqui em jogo é uma concepção de pensamento em que a instância do sujeito é diluída na escrita, como no seu elemento material. Um pensamento composto de "irreflexões" acolhidas no imediato de sua manifestação: "tudo em que estamos durante um trabalho no qual estamos imersos deve ser-lhe incorporado a qualquer preço. Seja pelo fato de que sua intensidade aí se manifesta, seja porque os pensamentos de antemão carregam consigo

---

33 *Passagen Werk. Passages*, J,72,5. Belo Horizonte: Editora UFMG, 2018. p. 589.
34 Parque Central. In: BENJAMIN, Walter. *Obras escolhidas III*. Trad. José Carlos Martins Barbosa e Hemerson Alves Baptista. São Paulo: Brasiliense, 1989. p. 176.

um télos em relação a esse trabalho".[35] Essa concepção, que tem grandes afinidades com as propostas dos românticos do círculo de Iena, encontra na escrita automática dos surrealistas, o seu método.

É grande a importância do surrealismo na construção do trabalho das passagens. As experiências da poética surrealista relacionadas à valorização do mundo onírico expressam, para Benjamin, a mudança da estrutura da percepção na modernidade. No mundo do acelerado desenvolvimento da técnica, realidade e sonho se confundem, revelando as forças arcaicas presentes na experiência moderna. A cidade é o espaço sonambúlico do tédio e da melancolia: "O tédio é um tecido cinzento e quente, forrado por dentro a seda de cores mais variadas e brilhantes. Nele nós nos enrolamos quando sonhamos. Estamos em casa nos arabescos de seu forro. Porém, sob essa coberta, o homem que dorme parece cinzento e entediado. E quando então desperta e quer relatar o que sonhou, na maioria das vezes ele nada comunica além desse tédio. Pois quem conseguiria com um só gesto virar o forro do tempo do avesso? E, todavia, relatar sonhos nada mais é do que isso. E não podemos falar das passagens de outro modo. São arquiteturas nas quais revivemos em sonhos a vida de nossos pais, avós, como o embrião dentro do ventre da mãe revive a vida dos animais. A existência nesses espaços decorre sem ênfase, como sonhos. O flanar é o ritmo desta sonolência".[36]

A modernidade imersa nas brumas do sono – a novidade tecnológica revelando-se como mito arcaico – faz do século XIX um espaço de sonho. Ocupar-se desses espaços oníricos da cidade é a tarefa de interpretação dos sonhos. Benjamin joga com os termos *Zeitraum*, espaço de tempo, período, e *Zeit-traum*, sonho de tempo: "O século XIX, um espaço de tempo, um sonho de tempo, no qual a consciência individual se mantém cada vez mais na reflexão, enquanto que a consciência coletiva se afunda em um sono cada vez mais profundo.

---

35 *Passagen Werk. Passages*. N, 1,3. Belo Horizonte: Editora UFMG, 2018. p. 759.
36 *Passagen Werk. Passages*. D, 2ª,1. Belo Horizonte: Editora UFMG, 2018. p. 202.

Ora, assim como aquele que dorme – e que nisso se assemelha ao louco – dá início à viagem macrocósmica do seu corpo, e assim como os ruídos e sensações de suas próprias entranhas – como a pressão arterial, os movimentos peristálticos, os batimentos cardíacos e as sensações musculares – que, no homem sadio e desperto, se confundem no murmúrio geral do corpo saudável – produzem, graças à inaudita acuidade de sua sensibilidade interna, imagens delirantes ou oníricas que traduzem e explicam tais sensações, assim também ocorre com o coletivo que sonha e que, nas passagens, mergulha em seu próprio interior. É a ele que devemos seguir, para interpretar o século XIX, na moda e no reclame, na arquitetura e na política, como consequência de suas visões oníricas".[37]

O despertar e a tarefa de interpretação dos sonhos – os sonhos coletivos, as imagens de desejo de uma época – são uma exigência dessa dialética de caráter figurativo: "A utilização dos elementos do sonho ao despertar é o cânone da dialética. Tal utilização é exemplar para o pensador e obrigatória para o historiador".[38] No despertar, interrompe-se a continuidade do sono, sem se estar ainda na continuidade da consciência. Nesse momento de estranhamento do familiar – cujo modelo é o despertar do narrador de *Em busca do tempo perdido* – os olhos são novos, aptos a ver configurações insuspeitadas, como aquele olhar do colecionador que inaugura uma relação inusitada com o mundo das coisas. Como Proust, que inicia a história de sua vida pela descrição da percepção oscilante do espaço de quem desperta, Benjamin pretende que "toda a apresentação da história deve começar com o despertar; no fundo, ela não deve tratar de outra coisa".[39] É quando a ideia, nos termos do Prefácio do livro sobre o barroco, pode se apresentar como origem e interpretação objetiva do mundo. A imagem onírica desfaz o seu sortilégio neste momento

---

[37] *Passagen Werk. Passages.* K, 1,4. Belo Horizonte: Editora UFMG, 2018. p. 661.
[38] *Passagen Werk. Passages.* N, 4,4. Belo Horizonte: Editora UFMG, 2018. p. 771.
[39] *Passagen Werk. Passages.* N, 4,3. Belo Horizonte: Editora UFMG, 2018. p. 770.

preciso quando a "humanidade, esfregando os olhos, percebe como tal justamente esta imagem onírica. É nesse instante que o historiador assume a tarefa da interpretação dos sonhos".[40] As imagens de desejo e de felicidade de uma época desprendem-se das fantasmagorias e revelam-se como conhecimento crítico imediato: "o momento do despertar seria idêntico ao 'agora da cognoscibilidade' no qual as coisas mostram o seu rosto verdadeiro – o surrealista".[41] A topografia das *Passagens*, uma "fisiognomonia materialista" de Paris, é uma dobra no "forro do tempo", a verdade capturada na tensão dos extremos como um campo de forças polarizadas. Na *féerie* de suas imagens, o mito cede lugar à história.[42]

[Publicado originalmente em MARGATO, Izabel; GOMES, Renato Cordeiro. *Espécies de Espaço*. Belo Horizonte: Editora UFMG, 2008.]

---

40 *Passagen Werk. Passages*. N, 4,1. Belo Horizonte: Editora UFMG, 2018. p. 770.
41 *Passagen Werk. Passages*. N, 3a,3. Belo Horizonte: Editora UFMG, 2018. p. 769.
42 "Trata-se aqui da dissolução da 'mitologia' no espaço da história". *Passagen Werk. Passages*. N, 1,9. Belo Horizonte: Editora UFMG, 2018. p. 761.

O SUBLIME, A ALEGORIA E A IDEIA DE ARTE MODERNA

A oposição à modernidade se dá dentro da modernidade. Criticá-la é uma das funções do espírito moderno e mais ainda: é uma maneira de realizá-lo. O tempo moderno é o tempo da cisão e da negação de si mesmo, o tempo da crítica... Hoje somos testemunhos de outra mudança: a arte moderna começa a perder seus poderes de negação. Já há anos suas negações são repetições rituais: a rebeldia transformou-se em procedimentos, a crítica em retórica, a transgressão em cerimônia. A negação deixou de ser criadora. Não digo que vivemos o fim da arte: vivemos o fim da ideia de arte moderna.

Octavio Paz[1]

Aqueles fenômenos da arte chamados de vanguarda, característicos das primeiras décadas de nosso século, são hoje documentos históricos. Não há um artista principiante, um crítico de última hora, que não tenha há muito decretado, com segurança, o fim das vanguardas artísticas. Com a impossibilidade de uma vanguarda estética atual expressiva, liquida-se seu valor como movimento crítico construtor de um novo conceito de arte e de uma problematização ímpar do estatuto de arte na modernidade.[2] Dar conta conceitualmente desses movimentos significa recuperar um sentido fundamental para a compreensão daquele momento decisivo de reconceituação ampla do campo da reflexão artística e de suas inter-relações com as demais instâncias da vida social. Mas significa muito mais: restituir à nossa atualidade uma questão crucial – a da arte e de sua inserção no mundo atual – a partir de uma teoria crítica que pense a possibilidade de sua autonomia hoje.

---

1 PAZ, Octavio. *La casa de la presencia. Obras Completas*. Barcelona: Galaxia Gutenberg; Circulo de Lectores, 1999.

2 Como núcleo do já clássico debate sobre o tema, cf. LYOTARD, Jean-François. *A Condição Pós-Moderna*. Rio de Janeiro: José Olympio, 1998. E também HABERMAS, Jürgen. *O discurso filosófico da modernidade*. São Paulo: Martins Fontes, 2000.

Muitos ideais de comungar a vida à arte – à dimensão propriamente política, como se pode encontrar exemplarmente no surrealismo – foram pelo ralo da hostil e incontornável realidade do mercado. Os ingênuos ideais comunitários dos *happenings* só deixaram os artistas mais reclusos na solidão dos mecanismos de mercado. No entanto, um conceito – o de arte de vanguarda – impôs-se como um marco, sem retorno e sem diluição. Com ele, a arte abandonara o seu horizonte representativo, a sua concepção de harmonia imediata entre o particular e o geral, o que Adorno chamou de "obra redonda". Recolhendo-se em si mesma, por um movimento reflexivo, a arte debruçava-se sobre o seu próprio universo. Seria a sua realidade material ou formal, sua regra, sua específica historicidade – sua característica, "monadológica", diria Walter Benjamin – que agora iriam reter e sustentar o olhar da crítica. A realidade da obra de arte não seria mais a sua representação, o seu conteúdo simbólico, mas as cores, as linhas, as estruturas, os materiais, os suportes etc. – e é nessas materialidades que se passaria a dar a sua relação com o mundo. O todo harmônico, que continha as partes que compunham a obra e lhe garantiam um sentido, diluía-se na ausência de sentido das partes que anarquicamente faziam perecer o todo e naufragar o sentido da representação. A obra de arte de vanguarda tampouco daria o cetro da significação à intenção de elucidação. O receptor já não contava com os recursos tradicionais de leitura. Instaurando-se no paradoxo de um autoquestionamento a rigor destrutivo, as obras de vanguarda instalavam-se também no lugar crítico por excelência.

É nesse espaço que se daria um questionamento – o mais radical da história da arte – que poria em xeque também a figura do indivíduo criador, a quintessência da concepção burguesa de arte. Esse questionamento ultrapassava a consideração do fenômeno artístico para se lançar em um questionamento sociocultural enormemente amplo, instaurando uma instabilidade sem precedentes no campo cultural. Todos os movimentos de vanguarda artística do início do século XX não questionavam, sabe-se, apenas uma tradição determinada, mas toda a tradição artística e cultural. E esse questionamento que, é fundamental dizer, não foi feito a partir de nenhuma metalinguagem, mas nas suas próprias linguagens formais, incluíra o mercado, as instituições culturais, os museus (distribuição e exposição das obras) e também a recepção (do espectador ao crítico).

Para além do sucesso ou do fracasso das propostas de vanguarda, o que persiste como elemento incontornável para a crítica filosófica é a categoria de vanguarda artística, como conceito para a reflexão sobre a arte, vista como depositária de conteúdos de verdade. A ideia de "vanguarda", abstraída de um contexto histórico específico, poderia ser estratégica contra o reducionismo estético de uma perspectiva mercantilista e consumista dos fenômenos artísticos. Os fenômenos caracterizados como de vanguarda, que já se petrificaram na cronologia de uma "história da arte", encontram, talvez, a salvação filosófica de sua vitalidade crítica na categoria estética do sublime. Esta é a suposição de Jean-François Lyotard[3] que, tomando a noção da "Crítica do Juízo", de Kant, dá a ela uma importância bem mais ampla. Como se sabe, Kant ocupara-se aí prioritariamente com a analítica do belo.

O livro de Edmund Burke, de 1756 – *A philosophical Enquiry into the Origin of Our Ideas of the Sublime and Beautiful* –[4] abria um campo diverso daquele concernente às investigações do belo para a subjetividade estética. A perspectiva era muito diversa da de Longino que, no início da nossa era, escrevera em *Sobre o Sublime*, a respeito de um desejo humano de transcendência, de infinitude e do sentimento que provocava nos homens – um sentimento de orgulho. A beleza sublime, para Longino, articulava-se ao sentimento de orgulho face à possibilidade de se dirigir à incomensurabilidade cósmica.

---

3 Este artigo apresenta algumas questões fundamentais para a reflexão filosófica contemporânea, desenvolvidas por Jean-François Lyotard em seus livros: *Le postmoderne explique aux enfants*. Paris: Éditions Galilée, 1986; e *Leçons sur l'Analytique du sublime*. Paris: Éditions Galilée, 1991.

4 Aqui na tradução francesa de Baldine Saint Girons. Paris: Librairie Philosophique J.Vrin, 1990.

Há uma "orgulhosa exaltação na alma, que se enche de uma alegria soberba".[5] Para Burke, ao contrário, o sentimento de sublime estava associado ao terror, à percepção de uma ameaça de morte. Expressa uma ideia de dor, de perigo: tudo o que é terrível "é uma fonte do sublime".[6]

Kant retoma a noção de sublime de forma diversa, ainda que, de certa forma, próxima a análise de Burke. Em 1764, escreve um pequeno ensaio *Observações sobre o sentimento do belo e do sublime*. O opúsculo, de cunho psicológico tanto quanto o livro de Burke, arrolava as características respectivas dos dois sentimentos. Mais tarde, na terceira Crítica, Kant vai sistematizar e tratar de forma crítica uma analítica do sublime. Afirma que o prazer das formas, da natureza ou da arte, não está relacionado à finalidade dos objetos submetidos a esse acordo com a faculdade de julgar reflexionante. Ao contrário, o acordo se dá com referência ao conceito de liberdade, uma finalidade do sujeito em relação aos objetos, tanto na sua forma quanto na sua ausência de forma. Assim é que o julgamento de gosto não diz respeito só ao belo (a forma), mas também a esta espécie de sentimento do espírito, ao sublime. A análise do sublime supõe um outro nível da análise do gosto: "O sublime, com o qual o sentimento de comoção está ligado, requer, porém, um critério de ajuizamento diverso daquele que o gosto põe como seu fundamento".[7]

O julgamento do belo relaciona o prazer a conceitos, ainda que indeterminados. O conceito – ainda que na indeterminação, ainda que não constituindo um conceito de conhecimento – é necessário para assegurar a pretensão dos julgamentos singulares à universalidade do gosto. No julgamento do belo, a imaginação mantém, ainda que

---

5 LONGINO, Dionísio. *Du Sublime*, VII, 2. Tradução de Lebègue. Paris: Les Belles Lettres.

6 *Du Sublime*, I, 6.

7 KANT, I. *Crítica da faculdade de julgar*. Trad. Valério Rohden e Antônio Marques. Rio de Janeiro: Forense Universitária, 1993. p. 27 (tradução modificada).

nesses termos, um vínculo com o entendimento. No sublime, isso se dá de uma outra forma. Por um lado, persiste a necessidade da referência a um conceito que, indeterminado, aludiria à possibilidade de um julgamento de validade universal (consensual). É ainda a conceitos que o sublime se relaciona. Mas, aqui, os conceitos acrescentam à indeterminação indicada o fato de serem conceitos da razão e não do entendimento. Isto é, são ideias da razão. A imaginação, no sublime, dá as mãos à razão e abraça toda uma nova dimensão que fornece aquelas características que o distinguem do belo.

Enquanto o belo representa o domínio da forma, dos limites da mensurabilidade, o sublime é a ausência de forma, representação do ilimitado e pensamento da totalidade. O prazer do belo é jubilatório face à vida e nasce deste sentimento. O prazer do sublime é ambíguo: uma emoção em que o espírito se sente, ao mesmo tempo atraído e repelido pelo que experimenta. A beleza harmoniza-se com a finalidade que a capacidade de julgar alcança em sua apreciação. O sublime não encontra finalidade e esta ausência é experimentada como violência. No entanto, o sublime, tanto quanto o belo, mantém o caráter estético e reflexionante – uma "finalidade subjetiva que não repousa sobre um conceito de objeto".[8] Um objeto da natureza pode exemplificar o sublime – e Kant enumera as montanhas, a tempestade etc. – mas o sublime não tem forma sensível, é um sentimento que está totalmente no espírito, uma ideia da razão. O sublime, assim entendido, põe em cena sempre uma inadequação entre o apresentável (o sensível que representa o sublime) e o inapresentável (a ideia que, como tal, não se satisfaz no objeto sensível). "Podemos descrever o sublime desta maneira: é um objeto (da natureza), cuja representação faz com que o espírito conceba o caráter inatingível da natureza como uma apresentação das ideias (da razão)".[9]

---

8 Ibidem. Prólogo (tradução modificada).
9 Ibidem, p. 23 e ss. (tradução modificada).

Em resumo, se o sentimento do belo nos concilia com a natureza e suas leis, o sublime nos aprisiona em nosso próprio espírito: ele não é uma "maneira de apreender", mas uma "maneira de pensar". É exatamente essa a característica que proporciona uma aproximação com o tema da alegoria. A noção de sublime abre a perspectiva de uma estética desrealizada, que busca se voltar a si própria, a sua "maneira de pensar", sem a categoria de sujeito criador, de artista, mas na imanência da própria obra.

No sublime, tenta-se representar um malogro, já que as ideias, apenas reguladoras, são inatingíveis. No belo, o objeto – apresentado – significa o conceito. No sublime, a relação com o objeto é inatingível – o que Lyotard chama de o "inapresentável". Nesse malogro, a inapresentabilidade das ideias constitui uma proposta estética específica.

Entre as complexas características do sublime indicadas por Kant, a de seu elo com a grandeza matemática é preciosa. A satisfação que o sublime aí proporciona é de uma ordem singular: "é um sentimento de desprazer que a faculdade de julgar estética relaciona a um objeto; desprazer que, no entanto, aí se encontra, ao mesmo tempo, representado como final, porque a impotência do sujeito (a imaginação é conduzida ao fracasso pela imensidade) lhe faz tomar consciência". O sublime é o "absolutamente grande", não comparável, indeterminado – "o que, em comparação, tudo é pequeno". O sublime tampouco existe na natureza: é um sentimento que responde à necessidade da imaginação de progredir ao infinito e à prerrogativa da razão de exigir uma totalidade absoluta. O desprazer no sublime consiste na sensação de impotência do sujeito: o fracasso da imaginação em lhe fornecer o objeto que representaria esse inatingível. Mas há também um prazer – a consciência do poder ilimitado da sua razão. O sentimento estético do sublime consiste na satisfação de tal poder.

Para Lyotard, a noção de belo esgotou as suas possibilidades críticas para explicar os fenômenos artísticos das vanguardas de nosso século. O caráter híbrido da categoria do sublime em Kant – uma afecção que provoca, ao mesmo tempo, prazer e dor – é enfatizado pela leitura de Lyotard: ele observa que no sublime de Kant o prazer decorre da dor. Sentimento masoquista, patológico mesmo. De qualquer maneira, um sentimento conflituoso, já que resulta de um antagonismo entre as faculdades de um sujeito – a faculdade de conceber algo, e a faculdade de representar (*darstellen*) este algo.

No sentimento do belo, a sensibilidade proporcionada por uma obra de arte ou por "algo belo" encontra, sem nenhuma determinação conceitual, um sentimento de prazer desinteressado (isto é, ele não é agradável, nem moral, nem útil etc.). Esse sentimento desinteressado é capaz de causar um consenso universal – ainda que seja esta apenas uma possibilidade. Nesse caso, vê-se que, a partir da capacidade de conceber e da capacidade de "apresentar" um objeto correspondente ao conceito concebido, sem nenhum interesse exterior ao jogo das faculdades, surge um julgamento reflexivo que se dá sob o modo de prazer. Ora, o que acontece com o sentimento do sublime é, antes, um fracasso. A imaginação se quebra na tentativa de apresentar o objeto concebido, fracassa diante do conceito. A experiência do sublime é a da quebra, a da fragmentação, a da impossibilidade. O sublime relaciona-se não com o conceito, mas com a ideia e a ideia, já se disse, não faz acordos com a experiência. O conflito crucial é que a ideia não encontra representação em um objeto sensível. A ideia da totalidade do mundo, do imensurável, do branco ou do silêncio total – todas experiências, de algum modo, familiares das propostas estéticas contemporâneas – não encontra o objeto que a "apresente", que a torne visível. O que pode se tornar visível, o que pode se apresentar, aparece como sofridamente insuficiente. No domínio das ideias, não há também o acordo livre das faculdades – há, antes, o desacordo, onde nasce essa combinação de prazer e dor, o sentimento do sublime.

Lyotard vê no sublime um impasse que impede a "formalização e estabilização do gosto". As ideias que nutrem o sublime e das quais não há apresentação possível, ele as designa, como já indicamos, de "inapresentáveis". Moderno e pós-moderno definem-se a partir dessa categoria. Não se trata de uma partilha entre o belo (moderno) e o sublime (pós-moderno). Ao contrário: é na insustentável oscilação do sublime que nasce o moderno, como tentativa de "apresentar o que há de inapresentável". A pintura moderna se constrói sobre a impossibilidade de mostrar o não mostrável, isto é, sobre a contradição de propor algo que é possível conceber, na impossibilidade mesmo de mostrá-lo. Paradoxo supremo: tornar representável o que não pode ser representado, o que Kant chamaria de "representação negativa". Essa representação do inapresentável é o informe, a ausência de forma, a abstração vazia. É a partir do impasse, indicado por Kant, que Lyotard encontra a sua chave de compreensão para a modernidade artística.

A estética da pintura moderna é sublime no sentido que ela quer representar negativamente: "ela será branca como um quadro de Malévitch, ela só fará ver impedindo de ver, ela só dará prazer causando dor",[10] escreve Lyotard. Em resumo, a arte moderna quer representar o não representável – ela o faz, nas alusões ao caráter contraditório estruturante da experiência do sublime, em tentativas múltiplas e diversas de desrealização das suas linguagens.

O pós-moderno, para Lyotard, é o "moderno dito de outro modo". O que é especialmente interessante no uso que o autor faz dessas categorias é o seu desprezo pela cronologia sugerida pelo prefixo pós: o pós-moderno, para ele, antecede mesmo o moderno. Tudo se decide não em função de uma determinação cronológica, cuja insuficiência para a história da arte e para a compreensão do fenômeno artístico Walter Benjamin já afirmara. Quando Lyotard abre mão de uma causalidade progressiva em história da arte, esquema geracional que situaria Cézanne, por exemplo, no espaço de uma derivação impressionista, a sua leitura estabelece um diálogo produtivo, ainda que não intencional, com certos princípios da estética e da crítica de Benjamin. Assim é, por exemplo, quando escreve: "uma obra não pode se tornar moderna se ela não for inicialmente pós-

---

10 Ibidem, p. 27 (tradução modificada).

-moderna. O pós-modernismo assim entendido não é o modernismo no seu fim, mas no seu estado nascente, e este estado é constante"[11] – isso ecoa diretamente na noção de origem, capital para a construção da teoria de alegoria em Benjamin. Para Lyotard, o que caracteriza a modernidade é esta "retração do real"; e o hiato intransponível, e sempre desafiante, entre o concebível e o representável, é o pós-moderno. Se uma certa melancolia domina o processo, isto é, "se a ênfase for posta sobre a impotência da faculdade de representação", temos um modo de relação sublime do concebível com o representável. Mas se a ênfase não for posta na impotência da representação (na estética da "representação do inapresentável") e sim na potência, na capacidade da sensibilidade e da imaginação humana conseguirem representar o concebido, algo diverso se passará. Nesse caso, o que aparece em primeiro plano é a invenção de novas regras artísticas, novas linguagens. É uma questão, diz Lyotard, de modulação, de modos musicais de diferenças ínfimas. E, principalmente, são modos que podem coexistir quase indiscerníveis, na mesma obra. Apesar desta nuance mínima, Lyotard considera que é no seu reduzido espaço que se decide a sorte da tentativa jubilatória ou da nostálgica.

Lyotard exemplifica essa diferença sutil com a obra de Proust e com a de Joyce. Ambas, é claro, estão no espaço de uma estética do sublime. Mas, enquanto em Proust a identidade da consciência se dilui no tempo – é o não representável – em Joyce é a própria identidade da literatura que se dilui no livro ou na literatura. Em Proust, o não representável comparece em uma língua que conserva sua sintaxe e seu léxico intactos. Se há uma transgressão em relação à herança literária dos romancistas franceses – Balzac ou Flaubert – esta ocorre na figura de um herói que não é personagem, mas a consciência interior do tempo, determinada pela voz da narrativa. Para Lyotard, a unidade do livro e a identidade da escrita consigo mesma garantem uma

---

[11] Ibidem, p. 30 (tradução modificada).

unidade que, em Joyce, se pulveriza. Isso porque é no significante que Joyce quer representar o não representável, é na escrita que quer mostrar o não mostrável: a narrativa, os recursos estilísticos, a quebra da unidade do todo, os experimentos linguísticos, a gramática, o vocabulário literário – tudo aí foge aos códigos tradicionais.

Quais as consequências que Lyotard retira dessa pequena e decisiva diferença entre o moderno e o pós-moderno, ambos pertencentes a uma estética do sublime? Há, na estética moderna, o movimento nostálgico que alude ao não representável como a um conteúdo ausente, mas que consola dessa impotência da representação na forma, que é reconhecível pelo espectador ou pelo leitor. De certo modo, trata-se de um sublime "impuro" pois alivia, consola da dor do seu fracasso: "o prazer de que a razão excede qualquer representação, a dor de que a imaginação ou a sensibilidade não estejam à altura do conceito"[12]. Já na estética pós-moderna, o não representável é trazido para o interior da representação. É, de certa forma, um contrassenso, pois recusa as boas formas, o consenso de gosto que aludiria à nostalgia da representação, no moderno. O pós-moderno multiplica as tentativas de novas formas de representação não para provocar o prazer, mas para "mostrar" o não representável.

Esses temas de Lyotard aproximam-se de certas concepções de Walter Benjamin.[13] A ideia de alegoria não é só uma noção fundamental para a compreensão do *Trauerspiel* ou dos fenômenos artísticos da vanguarda do começo do século. Ela também é convocada para a cena filosófica de representação de algo que foge à representação: a alegoria como tal noção está no cerne de sua compreensão da linguagem e da escrita, em especial da escrita filosófica.[14] Há, no texto

---

12 Ibidem, p. 32 (tradução modificada).
13 Para os temas aqui desenvolvidos, sobre a noção de alegoria, cf. BENJAMIN, Walter. *Origem do drama barroco alemão*. Rio de Janeiro: Brasiliense, 1984.
14 Cf. MURICY, Katia. *Alegorias da dialética*: imagem e pensamento em Walter Benjamin. Rio de Janeiro: Relume Dumará, 1999.

filosófico, uma aventura, uma experimentação linguística: sem regras prévias, cânones e categorias estabelecidas. A obra filosófica estabelece as suas próprias regras e as suas categorias. É no texto escrito que o filósofo as constrói, como o artista as constrói na obra. Lyotard faz uma observação interessante sobre a temporalidade do texto. Quando o autor constrói suas regras, no momento de escrita do texto, é como se elas chegassem tarde demais – ou, o que dá no mesmo, cedo demais. Há uma quebra temporal intransponível, de tal forma que as regras e categorias nunca normatizam, nunca pontificam. É no caráter de ensaio que a filosofia se encontra com a literatura, com a obra de arte. É essa tentativa de se construir, construindo as suas próprias regras, o desafio comum da arte e da filosofia, em nossa época.

O que se impõe para o crítico é uma reflexão sobre esses impasses imensos da arte e da literatura contemporâneas que duplicam, de certo modo, os impasses da própria filosofia. O conceito de alegoria de Walter Benjamin é de grande importância para essa reflexão, porque não se limita a considerar a produção estética a partir de uma metalinguagem exterior, a partir, por exemplo, de uma crítica ideológica. Importante também porque a noção de alegoria não é exterior às obras, como um universal abstrato que seria ou não adequado às singularidades. O conceito de alegoria – como procedimento artístico e, sobretudo, crítico – tem o mérito de poder dar conta do *modus operandi* tanto do caráter formal das obras de arte e de sua inserção histórica, quanto do seu caráter de conteúdo. Duas categorias, fundamentais para a teoria do conhecimento e para o conceito de crítica, entrecruzam-se aí. A alegoria permite evidenciar aquilo que na obra de arte simultaneamente se apresenta: o seu conteúdo de verdade (*Wahrheitsgehalt*) e o seu conteúdo material (*Sachgehalt*). Em um ensaio de 1922, "Sobre as afinidades eletivas de Goethe",[15] Benjamin fundamenta neste par de conceitos a sua distinção entre comentá-

---

15 BENJAMIN, Walter. *Goethe's Elective Affinities*. Trad. Stanley Corngold. v. I. Cambridge: Harvard University Press, 1997.

rio e crítica. O conteúdo de verdade se constitui na interpretação crítica das obras como inauguração de uma temporalidade diversa daquela a que se chama de contexto histórico, ou seja, das condições determinadas pela época que as viu nascer. A esse contexto se refere o conteúdo material das obras, objeto não da crítica, mas do comentário. Inseparáveis – como também são inseparáveis comentário e crítica – esses conteúdos se tornam mais evidentes na "mortificação" da obra, quando ela é arrancada de sua historicidade extensiva, cronológica (isto é, do contexto histórico ou das intenções do artista) para mostrar a sua específica historicidade como origem, ideia. O procedimento crítico será assim alegórico, no sentido próprio dado por Benjamin. O conceito de alegoria, ainda que criado no estudo do drama barroco do século XVII, sempre teve a intenção mais ampla de se apresentar como ideia e a ideia, como origem inaugural de uma historicidade específica, transcende o contexto histórico.[16] A alegoria é uma dessas ideias-origem que podem emergir em outros momentos históricos como, no século XIX, na lírica de Charles Baudelaire, ou nas vanguardas do início do século XX.

As formas artísticas atuais são muito diversas das formas dos séculos XVII, XIX, ou mesmo do início do século XX. Mas a questão não se resolve no âmbito do contexto sócio-histórico. Há uma afinidade de formas, uma continuidade dispersa, não linear, de certas tradições que não seguem nenhuma cronologia e para a qual a história da arte não fornece explicações filosoficamente convincentes. Há o que Benjamin indicou como uma temporalidade das obras de arte que estabelece elos intensivos, e não extensivos.[17] A ideia de alegoria é capaz de estabelecer esses elos entre obras de contextos históricos diversos. Como ideia,

---

16 Cf. O ser das ideias. In: MURICY, Katia. *Alegorias da dialética*: imagem e pensamento em Walter Benjamin. Rio de Janeiro: Relume Dumará, 1998. Aí se procede uma análise do Prefácio do *Trauerspielbuch*.

17 Carta a F. C. Rang, de 9 de dezembro de 1923. In: BENJAMIN, Walter. *Correspondance I*. Paris: Aubier-Montaigne, 1979.

é autônoma em relação a esses contextos e detém uma legitimidade explicativa para a compreensão da estética contemporânea.

A alegoria é essencialmente fragmentária, distante de qualquer perspectiva harmônica e totalizante do símbolo, ou de uma estética do belo. O gesto crítico por excelência é o do alegorista que arranca uma parte, fragmenta o todo, desrealiza o mundo das coisas, destituindo-as de sua função original. Com esse gesto destrutivo[18] torna-se possível uma libertação da hegemonia paralisante do símbolo totalizante, para a construção, nas ruínas, nos fragmentos, de novas linguagens e novos sentidos: o processo alegórico se completa. O importante é que este trabalho de construção não pretende – seria absolutamente contraditório com sua estética – restaurar um todo. Na criação de novos sentidos, há uma liberdade que resulta menos da intenção do artista do que de uma exigência, da ruína e do fragmentário, de permanecer fiéis a sua incompletude, como testemunhos da não representabilidade do todo. Esse é um dos aspectos que se pode relacionar à análise de Lyotard, para uma mútua problematização e um mútuo enriquecimento das duas propostas conceituais. O processo artístico do alegorista é o de um jogo com a ruína – único divertimento para o melancólico, segundo Benjamin. O olhar do alegorista petrifica o objeto, mata-o. Isto é, destitui-lhe de um sentido para depois tê-lo como material inerte a ser "reanimado" pela sua construção alegórica. O alegorista se constitui sob o luto dos objetos que mata e recria. A alegoria é esse luto dos objetos mortos e recriados. A alegoria, na produção das obras – seja pelo uso fragmentado dos materiais, seja pela construção, com esses fragmentos, de novos contextos estéticos – apresenta-se como uma configuração limite da obra de arte. Nas ruínas, diria Benjamin no livro sobre o barroco, aninha-se o sentido – e forma e conteúdo se esclarecem mutuamente. Por sua vez, o artista e

---

18 Cf. o ensaio "O Caráter Destrutivo". In: BENJAMIN, Walter. *Obras escolhidas II*. Trad. Rubens Rodrigues Torres Filho e José Carlos Martins Barbosa. São Paulo: Brasiliense, 1987.

o receptor se confundem em um mesmo mundo de luto dos valores tradicionais e de criação artificial e veloz de novas experiências estéticas.

Peter Bürger[19] elege uma noção – montagem – para dar conta de dois aspectos da ideia de alegoria de Benjamin. Para Bürger, o artista classicista (ou o que produz obras de arte orgânicas, tradicionais) relaciona o material à vida e ao significado que esta materialidade vital lhe garante. Já para o vanguardista (o artista que, na sua terminologia, produz obras de arte inorgânicas), o material é apenas material, algo morto. Compete mesmo ao artista de vanguarda arrancá-lo de um "organismo", de uma "vitalidade" qualquer, violentando a forma em que se inscrevia na sua naturalidade, para reduzi-lo à inércia morta de material. Essa é uma descrição exata do procedimento alegórico, que passa a ter a posse dos significados ou, mesmo, da impossibilidade de qualquer significado.

A obra alegórica, que não se constitui como um todo orgânico dotado de um sentido, requer um dado decisivo sem o qual a sua caracterização teórica ficaria comprometida. A obra alegórica requer a interpretação. O artista alegorista é intérprete e é essa condição que explica a sua característica ontológica – a melancolia. Mas como aproximar o alegorista barroco, preso em seus códigos rígidos e em sua especificidade teológica, ou mesmo Baudelaire com sua estética aristocrata do fim do século passado, do alegorista de vanguarda do nosso século? O mútuo desencantamento com o mundo, com o sentido, com a história, os aproxima.

Mais decisivamente, o sentimento melancólico dessas perdas articula-se com o que Bürger descreve como um "fervor pelo singular". A essa devoção ao singular – tão semelhante à dos alegoristas da literatura barroca – corresponderia a convicção de que a realidade é um fluxo contínuo, efêmera e inapreensível. O sentimento barroco é o mesmo misto de prazer e dor da estética do sublime, que se

---

19 BÜRGER, Peter. *Teoria da vanguarda*. Lisboa: Vega, 1993.

circunscreve na experiência do malogro e da percepção do tempo como fugacidade e ausência de sentido.

A relação que permite Bürger aproximar a sua noção de montagem da noção de alegoria de Benjamin repousa no dado, por assim dizer mais empírico, da arte da vanguarda: o seu caráter de fragmentação da realidade, de crítica radical à aparência de totalidade. Bürger não pretende dar um sentido mais amplo a sua categoria. Ela é assumidamente derivada da alegoria benjaminiana: "É importante esclarecer (...) que o conceito de montagem não introduz nenhuma categoria nova, alternativa ao conceito de alegoria; trata-se antes de uma categoria que permite estabelecer com exatidão um determinado aspecto do conceito de alegoria". Para definir a sua noção, Bürger distingue a compreensão de montagem como técnica, meio operatório – é o caso do cinema – da montagem como princípio artístico, opção estética.

Assim, o princípio artístico da montagem no cubismo destrói, conscientemente, o sistema de representação vigente desde o Renascimento. No cinema o meio técnico quer, quase sempre, criar uma ilusão naturalista de continuidade. A novidade no cubismo, em relação ao espaço pictorial do Renascimento, é a introdução de fragmentos de realidade na pintura. Mais importante: esses materiais não foram elaborados pelos artistas. Para Bürger esse é um gesto revolucionário, pois afasta do artista o poder absoluto sobre a elaboração da obra de arte: "Assim se destrói a unidade da obra como produto absoluto da subjetividade do artista".[20] O problema aqui é que, no mesmo movimento, se destrói também a possibilidade de uma reconciliação entre o homem e a natureza – apanágio da arte orgânica, da arte simbólica.

Adorno fizera, da montagem, um gesto essencialmente político em arte. Para ele, o procedimento era a confissão de impotência da arte diante do capitalismo tardio. Quando, entre outras definições que dá de montagem, afirma que ela é "a negação da síntese como princípio de criação", quer indicar a renúncia da arte em conciliar o ho-

---

20 Ibidem, p. 128.

mem e a natureza: nas *collages* cubistas o princípio não é o de síntese, mas o de construção.

A uma obra de arte orgânica corresponde uma unidade dialética do todo e das partes. Esse modelo, "estrutural e sintagmático", segundo Bürger, exige um modelo de leitura característico da proposta hermenêutica, uma interpretação circular, em que há uma interpenetração do sentido das partes no todo. Nas obras de vanguarda, os elementos não se harmonizam em um todo e nem têm, em suas partes, qualquer significado. É só na construção que este se dá – seu modelo é, diria Bürger, paradigmático, o discurso necessariamente inconclusivo. Essa característica se aproxima das apontadas por Lyotard na caracterização do sublime moderno, quando ele se refere às regras e aos cânones (ou categorias, na composição filosófica) que sempre são construídos simultaneamente à constituição do texto ou da obra.

Bürger usará, para dar conta da obra de arte de vanguarda, de uma outra noção de leitura, construída a partir da noção de Benjamin de choque, concebida em sua análise da lírica de Baudelaire. O grande problema da recepção do choque é que pode não corresponder às expectativas da obra e perder sua intensidade pela repetição. De todo modo, o que fica demonstrado nessa teoria é que o choque provoca uma recusa da interpretação do sentido da obra pelas suas partes ou, menos ainda, pelo todo. A interpretação se dará pela elucidação de seu princípio de construção. Para Bürger, a heterogeneidade contraditória das partes demanda uma hermenêutica crítica, na qual o papel da análise formal da obra – seu princípio de construção – torna-se decisivo.

Michel Foucault, principalmente de *Les Mots et les Choses*[21] e de grande parte dos textos dos anos 1960, desenvolve uma compreensão da modernidade como "retorno à linguagem". Nessa perspectiva, analisa questões concernentes à linguagem para esclarecer sua relação com a arte e, em especial, com a literatura. Caracterizando a obra de arte

---

21 FOUCAULT, Michel. *Les Mots et les Choses*. Paris: Gallimard, 1966.

a partir de seu caráter reflexivo, Foucault mostra como, ao romper com as estruturas narrativas, com as ilusões realistas ou figurativas, com as pretensões didáticas ou ideológicas, a arte encontra-se a si própria. Só lhe cabe uma autoindagação sobre a sua forma, sobre a sua linguagem. Na obra, analisam-se os seus próprios fundamentos, a sua tradição, a sua história e o próprio artista que questiona a sua prática. Ela se torna, como diria Benjamin, monadológica. Em *Préface* à *la trangression*,[22] Foucault afirma que, ao se questionar a modernidade das obras de arte, problematiza-se a essência da arte em geral. Isso quer dizer que toda obra de arte é ontológica: não se pergunta sobre o mundo, sobre o artista, mas sobre a sua singularidade, sobre como ela se inscreve em uma tradição. Vista assim, toda obra literária realiza o que Foucault chama de uma "alegoria da leitura". O termo significa que, perguntando-se sobre si, sobre sua tradição, a obra de arte realiza uma implícita reflexão sobre a natureza da linguagem e da literatura. Questiona as possibilidades de uma autointerpretação que a una e, ao mesmo tempo, a distinga da tradição que adota e problematiza. Isto é, a obra de arte já não poderá encontrar os seus critérios, os seus cânones a partir de uma metalinguagem. A relação com a tradição impõe uma nova leitura, obriga a uma problematização em que a própria historicidade se vê questionada. Preocupado especialmente com esta exigência que a arte tem da crítica que a decifrará, Foucault propõe, nos anos 1960, construir uma "ontologia formal da literatura". A obra de arte se propõe como uma alegoria a ser decifrada.

* * *

---

22 FOUCAULT, Michel. *Dits et écrits*, I. Paris: Gallimard, 1994. p. 233.

Quem sabe nesses autores se possa vislumbrar ainda a força criadora da negação, fecunda para a arte e para o pensamento, ou, caso contrário, lendo Octavio Paz pelo avesso, encontrar a constatação liberatória de que o fim da arte moderna é também o fim da arte, mas que isso já não tem mais muita importância.

[Publicado originalmente em *O que nos faz pensar*, 21, Cadernos do Departamento de Filosofia da PUC-Rio, jun. 2007.]

O POETA
DA VIDA
MODERNA

Marco inquestionável da modernidade estética, Baudelaire proporciona inesperados fundamentos teóricos para importantes visões da modernidade na discussão filosófica contemporânea. A filosofia encontra uma teoria da modernidade em Baudelaire, lá onde ela é explicitamente enunciada, ou seja, nos textos estéticos e de crítica de arte, em especial, em *O pintor da vida moderna*. Walter Benjamin, no entanto, fez uma consideração definitiva sobre a modernidade em Baudelaire: não é na obra teórica, mas na poesia, em *As flores do mal*, que ela se apresenta em toda a sua rica complexidade. Não é, tampouco, procurando nos poemas as características indicadas nos textos críticos que Benjamin vai encontrar a modernidade de Baudelaire. O encontro só se torna possível pela mortificação da sua poesia, isto é, por um procedimento característico da crítica alegórica de Walter Benjamin. É a partir do que se poderia chamar de uma reciprocidade alegórica entre o poeta e o crítico que se tornam visíveis todas as ricas implicações filosóficas da modernidade de Baudelaire.

Michel Foucault, em um de seus últimos escritos, em poucas, mas decisivas páginas, formula sua consideração privilegiada de Baudelaire como "uma das consciências mais agudas da modernidade". Para demonstrar a sua afirmação, recorre a um pequeno artigo de Kant e aos textos de crítica estética do poeta. Mais do que Kant ou Baudelaire, o que apresenta é a sua própria compreensão da modernidade. Na articulação Kant/ Baudelaire trata-se, para Foucault, de determinar uma possibilidade ética – a que chama de atitude – que, para muitos de seus leitores, representa uma virada no seu pensamento.

O belo artigo, "O que é o Iluminismo?", foi publicado nos Estados Unidos em 1984.[1] Um ano antes, em uma entrevista, Foucault já observara que havia encontrado em Baudelaire o sentido mais preciso para o termo modernidade.[2] É com a compreensão de modernidade

---

1 FOUCAULT, Michel. What is Enligthemment?. In: RABINOW, Paul. *The Foucault Reader*. New York: Pantheon Books, 1984. p. 39.

2 Structuralisme et post-structuralisme. In: FOUCAULT, Michel. *Dits et écrits*, IV. Paris: Gallimard, 1994. p. 431.

do poeta que se identifica Foucault e, mais do que isso, é a partir dela que define a tarefa da filosofia. O artigo é uma versão modificada de um outro, publicado nesse mesmo ano, em uma revista francesa, como resumo do curso de 1983 no Collège de France.[3]

A questão do artigo gira em torno da resposta dada por Kant, em 1784, a um jornal berlinense, sobre o que seria o Iluminismo: "*Was ist Aufklärung?*",[4] um texto menor que sempre fascinou Foucault. A partir da resposta de Kant, ele apresenta a sua ideia de filosofia que, na versão americana, estende-se à compreensão de "vida filosófica". É no contexto da experiência vivida, de uma atitude pessoal específica, que Baudelaire é evocado. Essa atitude teria grandes afinidades com aquela que, determinando a originalidade do vínculo entre história, filosofia e atualidade, caracteriza a tarefa da filosofia como construção – na fórmula bem conhecida e, nem por isso, menos paradoxal – de uma "ontologia do presente".

Por volta dos anos 1960, quando a reflexão sobre a literatura era fundamental para o pensamento de Foucault, não deixa de ser curiosa a quase ausência de Baudelaire. Apresentada como o espaço de uma experiência radical dos limites da linguagem, a literatura foi privilegiada, ao menos durante aqueles anos, como um contradiscurso capaz de se opor à racionalidade moderna, acanhada nos limites de uma filosofia antropológica. Não há dúvidas de que a poesia de Baudelaire seria exemplar do caráter transgressor da literatura, mesmo por ele ser, como reconhecerá Foucault nos anos 1980, umas das mais requintadas consciências da modernidade.

É verdade que Foucault não deixa de se referir a Baudelaire, ainda que não se ocupe da obra do poeta. Em uma conferência de 1970,

---

3 FOUCAULT, Michel. Qu'est-ce que c'est l'Illuminisme? *Magazine Littéraire*, Paris, v. 207, abr. 1984.

4 Uma primeira referência a esse texto encontra-se na introdução que Foucault escreveu, em 1978, à edição, em inglês, do livro de Georges Canguilhem, *O normal e o patológico*, publicado posteriormente em francês com o título *La vie, l'experience et la science*. *Revue de Métaphysique et de Morale*, 1, Paris, p. 3-14, jan./mar. 1985.

feita no Japão, "La folie et la société", quando reafirma a aproximação insistentemente proposta nos anos 1960 entre literatura e loucura, Baudelaire é citado, juntamente com Nietzsche, como exemplo de que, para se abrir novos caminhos na literatura, é preciso ou imitar a loucura ou, de fato, enlouquecer.[5] Retomando o tema em 1978, em uma edição ampliada dessa conferência, Foucault refere-se ao uso da droga em uma tradição literária que, de Edgar Allan Poe e Baudelaire, estende-se, em nossos dias, a Henri Michaux.[6] Considera que, se a articulação entre loucura e droga permitiu à literatura uma experiência da linguagem que a liberou dos espaços institucionalizados, também revelou o seu estatuto marginal em nossa sociedade. Baudelaire, contudo, é então apenas uma referência, e Foucault não se detém em mais nenhuma outra consideração sobre ele, ainda que use a expressão "loucura artificial" referindo-se ao efeito literário da droga; o que não pode deixar de evocar, como um eco nítido, os "paraísos" do poeta.

Para Foucault, na década de 1960, a experiência filosófica contemporânea decidia-se no espaço de um diálogo emblemático, constituído pela pergunta de Nietzsche, sobre "quem fala", e pela resposta de Mallarmé, "a palavra fala".[7] Isso equivale a dizer que a cena filosófica deslocara-se, em nossos dias, para o espaço da literatura, o "espaço mortal onde a linguagem fala de si mesma".[8] *Les mots et les choses* anunciava esse "retorno" da linguagem. Isto é, se na episteme clássica a linguagem diluíra-se na representação, agora, em seu novo modo de ser, ela se concentrava, debruçando-se sobre si mesma, no movimento circular de um questionamento inesgotável dos seus próprios limites. A esse movimento da linguagem corresponderia a "morte do homem" anunciada por Nietzsche, ou seja, de acordo com a leitura

---

5 La Folie et la societé. In: *Dits et écrits*, II. Paris: Gallimard, 1994. p. 132.
6 Ibidem, p. 490.
7 FOUCAULT, Michel. *Les mots et les choses*. Paris: Gallimard, 1966. p. 394.
8 Le langage à l'infini. In: *Dits et écrits*, I. Paris: Gallimard, 1994. p. 254.

de *Les mots et les choses*, o esgotamento de uma tradição antropológica e humanista da reflexão filosófica. Essa tradição, inaugurada pela pergunta de Kant em sua Lógica – "*War ist der Mensch?*" –, teria sido possível, nos termos da abordagem arqueológica proposta por Foucault, graças ao esfacelamento da ordem do discurso clássico que liberou a linguagem das amarras da representação.

Dessa quebra da episteme clássica surgiu uma filosofia essencialmente antropológica, cuja característica decisiva é a permanente oscilação entre o empírico e o transcendental. Nos termos da arqueologia, esse seria o "solo" para as diferentes vertentes da filosofia moderna. O retorno da linguagem assinalaria o fim da filosofia moderna e também, ao que parece, um certo hiato na filosofia. Assim é que, nas páginas finais de seu belo livro, Foucault privilegia esse acontecimento como aquilo que "devemos mas ainda não podemos pensar". Para Foucault, o aniquilamento da subjetividade filosófica, em uma linguagem que a deslegitima, é característico do pensamento contemporâneo. Marca uma suspensão da palavra filosófica, um "*embarras de parole*", que indica, não certamente, o fim da filosofia mas, "talvez, do filósofo como forma soberana e primeira da linguagem filosófica".[9] Se a filosofia ainda está presa à tradição antropológica, ou seja, se não consegue articular a novidade do acontecimento que *Les mots et les choses* anuncia, Foucault acredita encontrar na literatura a expressão de um pensamento radical: "Pergunto-me", escreve ele em 1963, na revista *Tel Quel*, "se não poderia se fazer ou, ao menos, esboçar-se a distância, uma ontologia da literatura, a partir destes fenômenos de autorrepresentação da linguagem".[10]

Na via oposta, tanto das considerações historicizantes quanto das formalistas, a linguagem da literatura teria um ser, e a indagação sobre esse ser delimitaria o espaço do que há para se pensar em nossos dias: "o ser da literatura, tal como se produziu depois de Mallarmé

---

9 Préface à la transgression – Hommage à Georges Bataille. In: *Dits et écrits*, I. Paris: Gallimard, 1994. p. 249.

10 Le langage à l'infini. In: *Dits et écrits*, I. Paris: Gallimard, 1994. p. 253.

e até nós, ocupa a região onde, depois de Freud, se faz a experiência da loucura".[11] É, portanto, na literatura como expressão de uma experiência da linguagem que "diz o que não pode ser dito" que Foucault encontra uma "experiência do limite" que vai considerar sempre como sendo aquilo que a filosofia deve pensar.[12]

É nesse contexto, o qual tão decididamente privilegia a literatura, que a ausência de Baudelaire se torna um problema. Foucault propõe a tese de que a literatura seria, depois de Mallarmé, essencialmente alegórica. Sua linguagem teria, nela própria, o seu princípio de investigação: ela enunciaria simultaneamente o que diz e o código, isto é, a língua de sua decifração. Neste movimento, a crítica torna-se uma instância intrínseca à obra de arte literária, não como uma consideração exterior a ela, mas como parte da própria obra, necessária ao novo modo de ser da linguagem; esse ir e vir reflexivo da palavra à língua. Analisando a literatura de Raymond Roussel nessa perspectiva, por exemplo, Foucault distingue o modo de ser da linguagem na obra literária moderna do ideal clássico de estilo. Neste, há "sob a necessidade soberana das palavras empregadas, a possibilidade, ao mesmo tempo mascarada e designada, de dizer a mesma coisa mas de forma diferente". Na modernidade literária ocorre o contrário: "toda a linguagem de Roussel procura dizer, sub-repticiamente, duas coisas com a mesma palavra".[13] A afirmação do caráter alegórico da literatura contemporânea fica reforçada pela consideração da dimensão da escrita, característica do novo modo de ser da linguagem que "suspendia o reino da língua em um gesto atual da escrita". [14]

O gesto inaugural desse novo espaço é de Mallarmé, e Roussel é o precursor da modernidade literária expressa nas obras de Antonin

---

11 La folie, l'absence d'oeuvre. In: *Dits et écrits*, I. Paris: Gallimard, 1994. p. 412.

12 Préface à la transgression – Hommage à Georges Bataille. In: *Dits et écrits,* I. Paris: Gallimard, 1994. p. 241.

13 La folie absence de l'oeuvre. In: *Dits et écrits*, I. Paris: Gallimard, 1994. p. 419.

14 FOUCAULT, Michel. *Raymond Roussel*. Paris: Gallimard, 1963.

Artaud, de Pierre Klossowski, de Maurice Blanchot, de Georges Bataille, de Kafka. Baudelaire, o "poeta das alegorias", que tão exemplarmente incorporou a dimensão da crítica à produção da obra de arte, construindo a modernidade estética em sua lírica mais do que a definindo em seus ensaios, fica fora desse novo "modo de ser da linguagem literária". Na perspectiva arqueológica, a exclusão é uma consequência necessária. Atribuir ao poeta uma excepcionalidade, como a atribuída a Nietzsche, comprometeria a integridade dos blocos epistêmicos propostos em *Les mots et les choses*. Por sua vez, fica difícil, mesmo impossível, pretender que a poesia de Baudelaire corresponda ao ideal clássico de estilo definido por Foucault. Só resta ao leitor imaginar que, sem os constrangimentos impostos pelo caráter sucessivo das rígidas figuras epistêmicas ali recortadas – que determina a necessidade desse corte inaugural em Mallarmé, sob o risco de comprometer a argumentação arqueológica –, Foucault poderia conceber uma historicidade das obras de arte e da literatura capaz de estabelecer conexões não cronológicas e não lineares entre elas. Em um belo artigo de 1963, "Le langage à l'infini", Foucault parece vislumbrar tal possibilidade, formulando o projeto daquela "ontologia da literatura" que, certamente, pelos exemplos dados, poderia construir essas conexões no movimento de autor-representação da linguagem: "A reduplicação da linguagem, ainda que secreta, é constitutiva de seu ser enquanto obra, e os signos que dela podem aparecer devem ser lidos como indicações ontológicas".[15]

Assim, a noção de alegoria poderia se revestir desse caráter ontológico e proporcionar toda a sua riqueza interpretativa para a análise das obras de arte e literárias que são autônomas e detentoras de uma temporalidade específica, não submetida à redução dos recortes epistêmicos lineares. Mais ainda, poderia se constituir, explicitamente, como um procedimento crítico nas análises de Foucault. Nos anos 1930, Walter Benjamin já indicara a alegoria, que desconstrói o contexto simbólico e multiplica os sentidos da obra, como o modo da

---

15 Le langage à l'infini. In: *Dits et écrits*, I. Paris: Gallimard, 1994. p. 253.

crítica moderna. Já foi observado, com muita pertinência, que Foucault interpreta alegoricamente e quer, ao mesmo tempo, contraditoriamente, evitar os efeitos pluralizantes do procedimento alegórico propondo a sua interpretação como uma descrição "objetiva". A sua famosa leitura do quadro de Velásquez, em *Les mots et les choses*, seria um exemplo desse procedimento alegórico não assumido em todas as suas produtivas consequências.[16] Também quando indica o caráter alegórico da literatura que se debruça sobre o novo ser da linguagem, Foucault não acolhe a contrapartida alegórica na sua leitura.

Pode ser este um dos motivos de seu silêncio a respeito da obra poética de Baudelaire, que, nos brilhantes ensaios sobre literatura dos anos 1960, fica esquecida em algum limbo intermediário entre a ordem da representação e o retorno da linguagem, inacessível à tematização arqueológica. Talvez seja por isso também que, quando finalmente é reconhecida a sua importância, esta se deva exclusivamente a seus ensaios estéticos e não à sua poesia, no entanto muito mais importante para a compreensão da riqueza da concepção de modernidade do poeta.

Walter Benjamin, em seus clássicos estudos sobre Baudelaire, escritos nos anos 1930, demonstrara como a mais alta visão da modernidade é construída, não nos ensaios estéticos, mas em *As flores do mal*. Assim, os textos com os quais Foucault se ocupou, *O pintor da vida moderna* e *Sobre o heroísmo da vida moderna*, estariam longe de fazer justiça à visão da modernidade da obra lírica, construída a partir

---

16 José A. Bragança de Miranda considera: "Ao não explicitar a alegoria, contrariamente a Walter Benjamin, Foucault tende a dominar a alegoria através do simbólico, mas para isso é obrigado a controlar os efeitos da alegoria, afirmando-a como única, como real. Mas isso é aporético. As suas análises tendem a apresentar-se como descrições, como 'objetivas', quando explicitamente recusa a 'objetividade'. (...) O problema é que, retoricamente, a argumentação estética tende a apagar os traços da alegorese que pratica, perdendo a aposta contida no princípio de que *'il faut feindre de ne pas savoir'*. Tal fingimento implicaria que se conseguisse esquecer o próprio fingimento, chegando junto de cada quadro, de cada obra, de cada ato como se fosse a primeira vez. Em *Les mots et les choses* perdeu. Sabia que fingia, mas esqueceu-se que sabia". MIRANDA, J. A. B de. Foucault e Velásquez: a função do argumento estético em Foucault. *Revista de Comunicação e Linguagens*, v. 19; *Michel Foucault, uma análise da experiência*. Lisboa: Edições Cosmos, 1993. p. 47-67.

de uma concepção de tempo bem mais complexa do que a proposta nos ensaios. Nos poemas, imagens carregadas de uma temporalidade que articula simultaneamente o passado e o presente, a morte e o novo, apresentam-se no espaço irônico da alegoria para a construção de um heroísmo do presente, ou seja, de uma experiência lírica moderna. O jogo de liberdade com o real, que implica uma construção do presente e de si, não pode ter lugar na sociedade ou na política. A atitude moderna, Foucault reconhece, só pode ser vivida no espaço da literatura, no espaço da arte. De qualquer forma, Foucault não vai entrar neste espaço: apesar do elogio tardio a Baudelaire, a literatura, que tanta importância teve, já não está em 1984, há muito, no seu horizonte de interesses.

A aproximação de Kant e Baudelaire, nos anos 1980, responde às injunções de seu próprio pensamento. Foucault apresenta a questão da *Aufklärung* enfatizando o seu caráter de decisão da vontade, como atitude individual, um trabalho sobre si. É nesse contexto de compreensão da modernidade como atitude face ao presente que Baudelaire ganha uma posição emblemática. Foucault lê Kant pela lente de Baudelaire: antes mesmo de ser nomeado, o poeta parece orientar a leitura. Nesta leitura, a *Aufklärung* não é um recorte histórico, nem o desenvolvimento moral progressivo da humanidade, mas a novidade de uma atitude do filósofo face à atualidade. Para que a leitura – que gostaria de chamar de alegórica – fosse possível, Foucault não só privilegiou radicalmente um texto menor, como o descontextualizou em relação a textos mais importantes de Kant, como "A ideia de uma história universal de um ponto de vista cosmopolita", do mesmo ano do artigo do jornal berlinense; ou como "O conflito das faculdades", no entanto analisado por ele no curso de 1983. Ainda mais, descontextualizou conceitos usados por Kant no artigo – como o conceito de vontade – em benefício da concepção de Iluminismo e de modernidade, que quis fazer prevalecer para a sua própria proposta da filosofia como "ontologia do presente". Na verdade, Kant propõe a *Aufklärung* como uma modificação na relação entre vontade, autoridade e uso da razão. Já Foucault vai enfatizar aquela maneira, que ele qualifica de "quase negativa", pela qual Kant caracteriza a *Aufklärung* como a saída da "menoridade", pelo pleno uso da razão. O *aude sapere*, o "ousa saber" kantiano, explicita, para Foucault, a *Aufklärung* e a modernidade como a exigência de uma mudança pessoal, de um trabalho sobre si, isto é, "um ato de coragem a ser efetuado pessoalmente".

Para caracterizar a atitude moderna, a coragem do *aude sapere* kantiano, ou seja, para apresentar a sua própria concepção da modernidade como um gesto concreto e pessoal do filósofo, Foucault toma o exemplo "quase necessário" de Baudelaire, "reconhecidamente uma das consciências mais agudas da modernidade no século XIX".[17] A modernidade de Baudelaire, para Foucault, refere-se primeiramente a uma atitude em relação à percepção do tempo. A característica atribuída habitualmente à modernidade – a consciência da descontinuidade do tempo relacionada à ruptura com a tradição, à erupção da novidade e à experiência de fugacidade dos acontecimentos – não basta para se compreender a modernidade de Baudelaire. Se o poeta a define como "o transitório, o fugidio, o contingente", a atitude moderna que Foucault encontra em Baudelaire é aquela que o leva, não simplesmente a constatar e se contentar com esta apreensão da descontinuidade do tempo, mas, ao contrário, a que exige uma tomada de posição que, de certo modo, se opõe a essa transitoriedade. Consiste em construir, por uma decisão da vontade, uma eternidade muito particular. Esse conceito de eterno não busca eleger uma atemporalidade, projetada no passado ou no futuro, mas se circunscreve no instante presente.

A modernidade de Baudelaire seria a de não aceitar o curso do tempo e, por uma atitude voluntária, propor-se a construí-lo, submetendo-o a esse ato de vontade. É por essa decisão da vontade que Baudelaire vai alcançar o "heroico". A modernidade de Baudelaire não seria apenas uma sensibilidade ao presente transitório, fugidio, mas uma decisão, uma atitude firme de "heroificar" o presente.

---

17 What is Enligthemment? In: *The Foucault Reader*. New York: Pantheon Books, 1984. p. 39.

Foucault recorta o trabalho do filósofo moderno pelo modelo do artista moderno de Baudelaire: "Pela atitude de modernidade, o alto valor do presente é indissociável do esforço furioso para imaginá-lo de forma diferente e para transformá-lo, não pela sua destruição, mas pela captura do que ele é. A modernidade baudelairiana é um exercício onde a extrema atenção ao real é confrontada com a prática de uma liberdade que é, ao mesmo tempo, respeito e violação deste real".[18]

O *aude sapere* kantiano ganha, juntando-se à atitude de Baudelaire, a feição que permite não só reconhecer os limites do que, na nossa atualidade, se pode pensar, fazer e esperar mas também ironizar esses limites: poder pensar, agir e sentir para além deles. O presente, carregado de possibilidades, pode ser objeto de uma construção, o que determina também uma mobilidade em suas relações com o passado.

Baudelaire concebia a modernidade como algo mais do que uma relação específica com o presente. Concebia-a também como uma forma de relação que se deve construir consigo mesmo. Essa forma moderna de relacionar-se consigo mesmo é o ascetismo. O *eu* moderno, em consequência mesmo da atitude de construção do tempo, é também objeto de uma construção. Há, em Baudelaire, uma recusa em aceitar o *eu*, por assim dizer natural, que existe no fluxo dos momentos. Esse esforço árduo de construção de si é chamado pelo poeta de dandismo. O ascetismo do dândi, "de seu corpo, de seu comportamento, de seus sentimentos e paixões, faz de sua existência uma obra de arte". Foucault escreve, aludindo mais uma vez ao seu próprio projeto filosófico, que o homem moderno, para Baudelaire, não é o que parte para a descoberta de si mesmo, de seus segredos e de sua verdade escondida; é o que procura inventar-se a si próprio. Esta modernidade não "libera o ser próprio do homem"; ela o obriga à "tarefa de elaborar-se a si próprio".

O Baudelaire que, em Foucault, "corrige" o Kant da história universal não é, portanto, nem o cético do progresso, nem o "*haschischin*"

---

18 Ibidem, p. 41.

do *Hôtel Pimodan* ou, tampouco, o rebelde que durante as barricadas descia às ruas de Paris gritando contra o padrasto, *"Abaixo o general Aupick"*. É o artista na construção conscientemente crítica de sua obra. No entanto, é justamente essa dimensão que parece se perder na breve análise que faz Foucault da modernidade de Baudelaire. Limitando sua leitura aos ensaios estéticos, escapou a Foucault a compreensão infinitamente mais rica da modernidade em Baudelaire: a que ele constrói nas alegorias de *As flores do mal* e que parece corresponder, com perfeição, àquela exigência feita por Foucault ao pensamento atual: a de propor "uma maneira de viver diferentemente o tempo".[19]

Se nos anos 1960, quando a literatura era uma dimensão privilegiada no pensamento de Foucault, a modernidade da poesia alegórica de Baudelaire lhe escapou nos balizamentos impostos pelo projeto arqueológico, nos anos 1980, tendo se eclipsado esse privilégio em benefício da "experiência concreta", temas como a "construção do presente" e a "construção de si" ficaram, na apresentação de Baudelaire, restritos ao tom programático dos ensaios estéticos, muito aquém do gesto heroico do poeta que se deu no espaço de sua incomparável poesia.

Para Benjamin, ao contrário, é na poesia – esta que, segundo ele, usando a expressão de Nietzsche, "paira no céu do Segundo Império como um astro sem atmosfera" – que se encontra a visão mais aguda da verdadeira natureza da modernidade: "a teoria da arte moderna é, na visão baudelairiana da modernidade, o ponto mais fraco".[20] Mais do que a consciência da modernidade do poeta, interessa a Benjamin analisar a sua poesia como a mais rica expressão das transformações da estrutura da experiência na modernidade. Interessa-lhe a estratégia poética muito precisa de *As flores do mal*, que realiza a tarefa de articular as vivências desgarradas da modernidade em uma autêntica experiência lírica. É esse

---

19 Em muitos momentos de sua obra, Foucault se refere a essa necessidade. A formula é famosa: "É preciso, hoje mesmo, viver de forma diferente o tempo". Em "Vivre autrement le temps". In: *Dits et écrits*, I. Paris: Gallimard, 1994. p. 790.

20 Paris do Segundo Império. In: BENJAMIN, Walter. *Charles Baudelaire:* um lírico no auge do capitalismo. *Obras escolhidas III*. São Paulo: Brasiliense, 1989. p. 81.

conteúdo que confere à obra "uma assinatura única" e a torna "o exemplo mais extraordinário do comportamento heroico em Baudelaire".[21] Baudelaire resolveu, na sua lírica, o que constituía o impasse teórico de seus ensaios, isto é, a relação entre o eterno e o contingente, entre o clássico e o histórico, o antigo e o moderno. Nos ensaios, a beleza moderna é a particularização de algo eterno e absoluto, e esse absoluto está na antiguidade. O artista moderno deverá saber "extrair da moda o que ela pode conter de poético no histórico"; arrancar o eterno do transitório. No entanto, não se encontra aí aquela relação decisiva entre a modernidade e a antiguidade que a sua poesia estabelece: "(…) nenhuma das reflexões estéticas (…) expõe a modernidade em sua interpenetração com a antiguidade como ocorre em certos trechos de *As flores do mal*".[22]

O tema, tão caro a Foucault, da heroificação como atitude moderna – explicitado por Baudelaire no axioma de sua teoria da modernidade: "O herói é o verdadeiro objeto da modernidade" – ganha a sua dimensão mais rica na poesia, no contexto dessa relação com a antiguidade que determina a sua apreensão do moderno. O heroísmo em Baudelaire consiste em impor à poesia a construção de uma modernidade clássica. E isso é o que alcança em *As flores do mal*. Benjamin sugere uma aproximação, a meu ver, mais rica do que aquela com Kant proposta por Foucault, entre o poeta e Nietzsche: ambos teriam compreendido a essência da arte moderna na relação antiguidade-modernidade. Assim é que, comentando a obra de Wagner em *O nascimento da tragédia*, Nietzsche afirmara: "Se Wagner, na escolha de seus temas e no seu proceder dramático, se aproxima da antiguidade, torna-se, graças à sua força de expressão apaixonada, o representante mais importante da modernidade".[23]

---

21 Parque Central. In: *Charles Baudelaire:* um lírico no auge do capitalismo. *Obras escolhidas III*. São Paulo: Brasiliense, 1989. p. 168.

22 Paris do Segundo Império. In: *Charles Baudelaire:* um lírico no auge do capitalismo. *Obras escolhidas III*. São Paulo: Brasiliense, 1989. p. 81.

23 Ibidem, p. 80.

O moderno em Baudelaire é uma construção de novas relações com o passado. Seu "caráter destrutivo" manifestava-se naquela atitude que Proust chamou de um "estranho seccionamento do tempo" e que Benjamin relaciona ao desejo do poeta de "interromper o curso do mundo".[24]

Já foi observado que, através de Baudelaire, Benjamin não cessa de falar de si próprio. Seus clássicos ensaios sobre o poeta respondem às exigências de elaboração de seu próprio pensamento. Ecoam em sua leitura as preocupações em torno de uma teoria do tempo e da história, que já elaborara no livro sobre o drama barroco alemão, e projetam-se, a partir dela, formulações que apresentará na seção epistemológica do livro sobre as *Passagens* e nas teses "Sobre o conceito da história".[25] O modelo de temporalidade que Benjamin propõe é o das obras de arte que, ao surgirem, determinam uma ruptura com o passado capaz de inaugurar a sua própria tradição. Esta tematização está no cerne da concepção de origem exposta em *Origem do drama barroco alemão*. Benjamin encontra na poesia de Baudelaire a interpretação capaz de conectar elementos simultaneamente atemporais e históricos que possibilitam construir a experiência da modernidade: "Uma interpretação (...) faz jorrar conexões que são atemporais, sem serem, por isto, desprovidas de importância histórica". Esta compreensão de interpretação é que fundamenta também a sua compreensão de

---

24 Parque Central. In: *Charles Baudelaire:* um lírico no auge do capitalismo. *Obras escolhidas III*. São Paulo: Brasiliense, 1989. p. 160-164.

25 "A construção de uma experiência lírica, a partir da exigência de tornar épica a modernidade, determina, em Baudelaire, uma concepção de tempo decisiva para o pensamento de Benjamin. A importância da influência pode ser avaliada, por exemplo, na sua fundamental noção de *imagem dialética*: não se deve dizer que o passado ilumina o presente ou que o presente ilumina o passado. Uma imagem, ao contrário, é onde o Antigo encontra o Agora em um raio para obter uma constelação. Em outras palavras, a imagem é a dialética parada. Porque, enquanto a relação do presente com o passado é puramente temporal, contínua, a relação do Antigo com o Agora é descontínua Somente as imagens dialéticas são imagens autênticas (...) e o lugar onde são encontradas é a linguagem". BENJAMIN, Walter. *Das Passagen-Werk Gesammelte Schriften* V. Frankfurt am Main: Suhrkamp Verlag, 1982.

crítica, delimitada, no prefácio do livro sobre o drama barroco, como questão filosófica. No âmbito das ideias – eliminada a noção de sujeito-objeto e, consequentemente, a questão do método como garantia da certeza –, a interpretação, atenta à temporalidade intensiva das ideias e obras de arte, propõe-se a estabelecer elos intensivos, capazes de arrancar a obra da repetição a que lhe condenara a continuidade da tradição, para lhe dar uma nova origem no presente da leitura. É o que faz Benjamin com a poesia de Baudelaire: ele a arranca da recepção de uma história linear da literatura para inaugurá-la como origem na ideia de modernidade.

As *correspondances* e as alegorias são, em *As flores do mal*, as armas na estratégia de construção da experiência da modernidade, na perspectiva dessa relação com a antiguidade. O conceito de *correspondance* é, na poética de Baudelaire, responsável por uma outra forma de relação com o passado a que Benjamin chamou de rememoração (*Eingedenken*): "As *correspondances* são os dados do rememorar". Despindo o conceito de seu invólucro místico originário, Baudelaire fez dele o fundamento de uma experiência propriamente moderna, tal como a constrói em sua lírica. Recortadas da continuidade temporal, essas rupturas significativas constituirão uma outra forma de memória. Sobre esses dias descontínuos, Benjamin observa: "São dias do rememorar. Não são assinados por qualquer vivência. Não têm qualquer associação com os demais: antes, se destacam no tempo".[26]

Arrancados do esquecimento, esses dias eleitos são também salvos da reclusão no espaço privado da memória individual. A rememoração os abriga em um outro espaço – a esfera do culto, deslocada por Baudelaire para a arte, isto é, para o culto do belo. Pelas *correspondances*, uma outra relação temporal com o passado permite uma experiência autêntica, isto é, comunitária, na época das vivências isoladas:

---

26 Sobre alguns temas em Baudelaire. In: *Charles Baudelaire:* um lírico no auge do capitalismo. *Obras escolhidas III*. São Paulo: Brasiliense, 1989. p.131.

As *correspondances* cristalizam um conceito de experiência que engloba elementos cultuais. Somente ao se apropriar desses elementos é que Baudelaire pode avaliar inteiramente o verdadeiro significado da derrocada que testemunhou em sua condição de homem moderno. Só assim, pôde reconhecê-la como um desafio destinado a ele, exclusivamente, e que aceitou em *As flores do mal* (...). O significado que as *correspondances* têm para Baudelaire pode ser definido como uma experiência que procura se estabelecer ao abrigo de qualquer crise. E somente na esfera do culto ela é possível. Transpondo este espaço, ela se apresenta como "o belo". Neste, o valor cultural aparece como um valor da arte.[27]

As *correspondances* querem trazer, para a consciência sobressaltada pelos choques, a experiência de um passado que Benjamin chama de pré-histórico. Baudelaire o nomeia "vida anterior", "antiguidade". *Spleen et Idéal*, o primeiro conjunto de poemas de *As flores do mal*, ilustra a atualização do "passado pré-histórico" pela rememoração:

> O *ideal* insufla a força do rememorar; o *spleen* lhe opõe a turba dos segundos. Ele é o seu soberano e senhor, como o demônio é o senhor das moscas. (...) No *spleen*, o tempo está reificado: os minutos cobrem o homem como flocos de neve. (...) No *spleen*, a percepção do tempo está sobrenaturalmente aguçada; cada segundo encontra o consciente pronto para amortecer o seu choque.[28]

Baudelaire articula *spleen* e *idéal* em uma tensão na qual o *idéal* incita à rememoração, sem que por ela consiga pôr fim ao sentimento do *spleen*. A persistência melancólica é acompanhada de uma inconsolável impotência. O verso "*Le printemps adorable a perdu son odeur*", do poema *Le goût du néant*, é o lamento desta impotência:

---

[27] Ibidem, p. 132.
[28] Ibidem, p. 135-136.

Neste verso, Baudelaire afirma algo extremo com extrema discrição; e isto o torna inconfundivelmente seu. O desmoronamento da experiência que ele, um dia, havia compartilhado é confessado na palavra "perdeu" (...). Se, mais do que qualquer outra lembrança, o privilégio de confortar é próprio do reconhecer um perfume, é talvez porque embota profundamente a consciência do fluxo do tempo. Um odor desfaz anos inteiros no odor que ele lembra. Isto faz desse verso de Baudelaire um verso insondavelmente inconsolável. Não há nenhum consolo para quem não pode mais fazer qualquer experiência.[29]

Seu heroísmo é ter-se dado a tarefa de "elevar (a vivência) à categoria de verdadeira experiência", ter-se imposto fazer com que "olhos que haviam, por assim dizer, perdido a capacidade de olhar" pudessem ver a "beleza moderna".[30] A heroificação em Baudelaire será irônica, tanto quanto é precário o clássico moderno. A modernidade quebra a tradição e, ao mesmo tempo, problematiza-se como tradição virtual. É no espaço da ironia e da paródia que o poeta articula modernidade e antiguidade. A precariedade do moderno é também a condição para a sua avaliação: "assim que vê seus direitos conquistados, a modernidade expira. Então será posta à prova. Após sua extinção, verificar-se-á se algum dia pode ou não tornar-se antiguidade".[31] Poder, um dia, ser lido como um autor antigo supunha um compromisso de construção de sua atualidade como heroica: "que a modernidade mereça um dia se tornar antiguidade" era o imperativo da arte em Baudelaire.

Para Benjamin, a visão alegórica é própria das épocas de desvalorização do mundo dos fenômenos, como no século XVII barroco. No século XIX, esta desvalorização tem causas e formas muito particulares. O sentimento de catástrofe permanente, o *spleen*, encontra

---

29 Ibidem, p. 136.
30 Ibidem, p. 141.
31 Paris do Segundo Império. In: *Charles Baudelaire:* um lírico no auge do capitalismo. *Obras escolhidas III*. São Paulo: Brasiliense, 1989. p. 80.

na melancolia heroica de Baudelaire uma resposta: a sua poesia como "mimese da morte". A "mimese da morte" é a expressão radical do sentimento de transitoriedade pelo qual o moderno é aproximado do antigo. Benjamin nos fornece a imagem espacial desta proximidade: a Paris destruída pelas reformas urbanas de Haussmann revelando nas ruínas a sua caducidade. Como a passante de luto, que suscita em um só movimento a paixão e a perda, a edificação da moderna Paris revela a morte em seus escombros. A modernização da cidade faz aparecer sua antiguidade e torna Paris alegórica.

No poema *Le Cygne*, a melancolia do poeta, diante de Paris em ruínas, encontra sua forma clássica: sua angústia é a de Andrômaca no exílio. Na velha Paris destruída, nas obras das novas avenidas que se abrem, revela-se a verdade do moderno como catástrofe e morte. Para Benjamin, o poema – exemplar do procedimento alegórico – é a forma da teoria da modernidade de Baudelaire: por uma correspondência com a antiguidade, a imagem clássica do exílio de Andrômaca, o poeta dá forma ao seu exílio na Paris moderna, e, mais do que isso, dá forma ao exílio da experiência lírica na modernidade. "O movimento do *Cygne*", escreve, "é a de um berço que se balança entre a modernidade e a antiguidade".[32] A imagem da dor de Andrômaca, chorando seu luto e seu exílio junto aos simulacros da sua terra natal, é a lembrança inicial do procedimento alegórico que tornará clássica a vivência do choque do poeta ao atravessar o Carrossel transformado pela modernização da cidade. Seu exílio e luto ganham, por esta correspondência, a dolorosamente bela expressão: "*Le vieux Paris n'est plus (la forme d'une ville /change plus vite, hélas! Que le coeur d'um mortel)*".[33]

É pela alegoria que Baudelaire põe a modernidade a distância e, ironicamente, a torna "clássica": "A modernidade em Baudelaire é

---

[32] Paris, Capitale du XIX siècle. In: BENJAMIN, Walter. *Le livre des Passages*. Paris: Éditions du Cerf, 1989. p. 72-5.

[33] BAUDELAIRE, Charles. *Les Fleurs du Mal*. Oeuvres Complètes I. Bibliothèque de la Pléiade. Paris: Gallimard, 1976. p. 85.

uma conquista; possui uma armadura (...). A alegoria é a armadura da modernidade". Na construção das alegorias, Baudelaire calcula cada efeito da linguagem, do ritmo, da versificação. O que Benjamin encontra de desconcertante nessas alegorias é que Baudelaire as destitui do tom elevado da lírica convencional e lhes dá o ambiente prosaico de sua poesia. Nela, ele faz irromper inesperadas palavras de proveniência urbana, imagens banais do cotidiano. A sua técnica, considera Benjamin, é a do conspirador: surpresa, agilidade, choque: combinação do "estilo literário de Racine" com o estilo de um "jornalista do Segundo Império".[34]

Elemento alegórico, o *spleen* transforma todo presente em antiguidade, em realidade frágil da qual, no próximo instante, só subsistem as ruínas. As águas-fortes de Meryon, tão admiradas por Baudelaire, mostram Paris simultaneamente em ruínas, em escombros, e em construção. A verdadeira natureza da modernidade é a experiência da transitoriedade e da morte: representá-la – em toda essa dimensão intangível do que possa significar representar o presente – só se torna possível por uma mortificação alegórica que destrói a sua fenomenalidade cronológica. Nesse ato violento, instaura-se uma outra temporalidade, intensiva, que permite a conexão do presente à antiguidade. A heroificação do presente na poesia de Baudelaire depende do gesto destruidor da alegoria.

[Publicado originalmente em Alea.
Estudos neolatinos, v. 9. Rio de Janeiro: 7 Letras, 2007.]

---

34 Paris do Segundo Império. In: *Charles Baudelaire:* um lírico no auge do capitalismo. *Obras escolhidas III*. São Paulo: Brasiliense, 1989. p. 97.

PALAVRA DO PASSADO, PALAVRA DO ORÁCULO

O objetivo de Nietzsche nos quatro ensaios que constituem as *Considerações intempestivas* é claramente polêmico. Elas são, como escreveu muitos anos depois, no *Ecce Homo*, "integralmente guerreiras" e "demonstram que eu não era nenhum sonhador, que me diverte desembainhar a espada".[1] Já nos anos juvenis, a intenção belicosa se revelava ironicamente na epígrafe: "a atacar" (*anzugreifen*). Nietzsche não desenvolve aí apenas uma argumentação lógica, nem elabora uma mera reflexão sobre um objeto. Ele provoca, ironiza, exorta. Trata-se antes de esgrimir, com "punho perigosamente destro", contra aspectos estruturais da modernidade cultural europeia, alemã em particular, e provocar no leitor os mesmos sentimentos experimentados pelo autor. As Intempestivas são exercícios de filologia, tomando o termo no alto sentido que lhe dá Nietzsche: "não vejo para que poderia servir a filologia clássica no nosso tempo, senão para lançar uma ação intempestiva contra esta época, sobre essa época e, assim o espero, em benefício do tempo que há de vir".[2]

Foram escritas entre os anos 1873-76, quando Nietzsche, então professor de filologia na Universidade de Basileia, frequentava Triebschen, o refúgio suíço de Wagner e passeava às margens do Reno, em longas conversas com o grande historiador do Renascimento, Jacob Burckhardt. A placidez suíça não acalmava a sua profunda inquietação com o ufanismo prussiano após a vitória de 1871 sobre a França. Que os alemães tenham confundido a vitória do Estado alemão com a do Espírito alemão parecia-lhe a coroação de um declínio cultural cujos sintomas alarmantes o filósofo, como médico da cultura, tratará de diagnosticar. Um dos diagnósticos constitui a segunda Intempestiva: "Da utilidade e desvantagem da história para a vida".

Se, nesse período, Wagner é a referência maior, a presença decisiva para o desenvolvimento das ideias de Nietzsche, Jacob Burckhardt é

---

1 NIETZSCHE, Friedrich. *Ecce homo ou como alguém se torna o que é*. São Paulo: Companhia da Letras, 1995. p. 67.

2 NIETZSCHE, Friedrich. *Unzeitgemässe Betrachtungen* II, *Considérations Inactuelles* II, Préface, Bilingue. Paris: Aubier-Montaigne, 1964. p. 201.

o grande interlocutor da segunda Intempestiva. Sua crítica à filosofia da história de Hegel, à noção de progresso e à pretensão científica da história, a sua convicção sobre o elo da história com a poesia e a sua valorização da *Bildung* contra o utilitarismo da modernidade certamente estão entre as muitas afinidades com Nietzsche, particularmente nesse ensaio. Agradecendo o envio do livro, em uma carta a Nietzsche de 25 de fevereiro de 1874, Burckhardt sublinha o seu desprezo pela "história mundial" (*Weltgeschichte*), fórmula condensada da tradição metafísica da filosofia da história, e seu apreço pela compreensão da dimensão prática do estudo da história, ou seja, por sua utilidade para a vida:

> Como professor e mestre, posso, contudo, declarar que nunca ensinei história pelo que está contido sob o pomposo nome de "história mundial", mas sim como um estudo propedêutico: meu objetivo tem sido dar às pessoas a estrutura indispensável para que seus estudos futuros, sejam do que for, não se tornem sem propósito. Fiz tudo o que podia para levá-las a adquirir um domínio pessoal do passado – em qualquer modelo e forma – e, pelo menos não as deixar enfadadas com isso; eu queria que elas fossem capazes de colher os frutos por si próprias; nunca sonhei em treinar eruditos e discípulos no sentido mais estrito desses termos, mas quis apenas fazer com que cada membro de minha audiência sentisse e soubesse que todo mundo pode e deve apropriar-se dos aspectos do passado que mais os atraem, e que é possível encontrar satisfação ao fazê-lo. Sei perfeitamente bem que tal objetivo pode ser criticado como forma de incentivar o amadorismo, mas isso não me preocupa muito. Em minha avançada idade, podemos agradecer aos céus se descobrirmos algum tipo de princípio ao ensinar na instituição à qual pertencemos *in concreto*.[3]

A oposição entre conhecimento histórico e vida ativa, entre a erudição e o pragmatismo da época – que para Nietzsche determinará o hiato entre interioridade e exterioridade no homem moderno – é reconhecida por Burckhardt como uma contradição fatal:

---

3 BURCKHARDT, Jacob. *Cartas*. Rio de Janeiro: Topbooks, 2003. p. 295-296.

(...) o livro coloca uma incongruência realmente trágica ante nossos olhos: o antagonismo entre o conhecimento histórico e a capacidade de fazer ou de ser e, depois, novamente, o antagonismo entre o enorme amontoado de conhecimento adquirido e as razões materialistas da época.[4]

É no contexto dessa crítica à cultura alemã que Nietzsche aborda o tema da história, não para investigar a sua natureza ou consistência epistemológica, mas para indicar uma determinada maneira de relacionar o seu estudo com a vida. Não se trata de considerar a *Weltgeschichte*, isto é, a compreensão do sentido universal e necessário da história, mas a *Historie*, isto é, a historiografia, o estudo da história. Essa maneira é diagnosticada como um mal: o primeiro título que escolheu para a sua Intempestiva foi *A doença histórica*. O título definitivo, mais positivo em relação ao tema, não deixa dúvidas. Sob o impulso da exortação de Goethe a respeito da inutilidade de todo o conhecimento que não estimula a ação, Nietzsche quer propor uma outro tipo de relação com o estudo da história: "temos necessidade da história mas de uma maneira diferente da do ocioso requintado nos jardins do saber".[5] Esse modelo ocioso da história seria a de sua concepção como ciência do devir universal – a *Weltgeschischte*.

Não se trata, porém, de limitar a história a um ponto de vista pragmático, a uma visão utilitarista – perspectiva tão decididamente criticada ao longo de sua obra. Aqui, a finalidade prática da história atende a um valor, a um 'ideal de cultura" que responda às exigências da vida: maior potência, maior abundância de formas:

> A verdade é que a cultura histórica só é salutar e rica de promessas do futuro se inscrever-se numa corrente de vida nova e poderosa, por exemplo, na ocasião do nascimento de uma civilização, portanto

---

[4] Ibidem, p. 295-296.

[5] *Unzeitgemässe Betrachtungen* II, *Considérations Inactuelles* II, Préface, Bilingue. Paris: Aubier-Montaigne, 1964. p. 197.

se for dominada e dirigida por uma força superior, em vez de dominar e querer dirigir por si própria.[6]

Sem esse compromisso com o destino de uma cultura, mais do que inútil, o estudo da história seria pernicioso. O excesso do estudo da história é diagnosticado como um mal do qual Nietzsche indica os sintomas a partir de um ponto de vista não histórico (*unhistorisch*). A finalidade do estudo da história articula-se a sua convicção de que a tarefa de uma cultura autêntica é a de proporcionar o aparecimento do gênio, dos homens excepcionais. A tarefa de uma cultura superior não é a de promover a evolução, mas a de romper com ela, adotando um "ponto de vista supra-histórico" (*überhistorischen Standpunkt*) que permita esse surgimento. Isso significa que a questão da história não aparece em Nietzsche a partir de uma reflexão sobre o seu devir necessário, sobre o sentido da sucessão dos acontecimentos ou sobre o progresso de sua marcha. Trata-se, ao contrário, de submeter a sua compreensão a uma outra questão que formularia a exigência do título: a do seu valor para a vida e, mais, a questão sobre a ação que este valor determina. Assim, não são os fatos que importam, mas o valor dado a eles na construção de uma compreensão da história, ou melhor, a maior ou menor atividade que dessa compreensão possa advir a serviço de um ideal de cultura. Não se trata de encontrar o "sentido" do processo histórico. Nietzsche está distante da preocupação de Kant com uma ideia metafísica de história e também da proposição de uma teleologia que, ultrapassando o caos dos acontecimentos por si só desprovidos de nexo, encontraria o sentido e o rumo à história. Não se trata, tampouco, como em Hegel, de constituir a narrativa de um processo, ou seja, de fornecer uma inteligibilidade dos fatos consumados. Nem o carro de Minerva, no ocaso dos acontecimentos, nem o fio condutor para um aprimoramento moral da espécie. Para Nietzsche, a história é historiografia e esta deve pretender não apenas uma interpretação, mas uma intervenção intempestiva capaz de redi-

---

6 Ibidem, p. 197.

recionar o curso dos fatos e de se pôr a serviço do interesse maior da vida, a constituição de uma cultura superior.

O estudo da história na época de Nietzsche está às antípodas dessa expectativa. O seu tempo vive uma voracidade desenfreada pela história entendida, em sua compreensão mais limitada, como mero arrolamento de fatos. Um hegelianismo estreitado à glorificação dos fatos, pela ênfase reducionista da famosa identificação do real e do racional, determinaria uma paralisação da produção do novo e da modificação do futuro – justamente a tarefa mais importante da história. O que Nietzsche chama de "excesso de sentido histórico" seria responsável, em sua perspectiva teleológica, por uma grave consequência ética: a crescente transformação dos homens em meros espectadores – e não atores – de suas próprias vidas, seguindo uma linha evolutiva previsível. A cultura histórica, isto é, a cultura moderna, acredita-se o ápice desta evolução, definitiva como, ironiza Nietzsche, aquela raça dos homens grisalhos, aludindo à profecia de Hesíodo, segundo a qual surgiria um dia uma raça tardia de homens que já iriam nascer grisalhos. E como nada mais nasceria depois dela, o seu aparecimento seria o sinal para Zeus destruir a humanidade. A alusão pode ser vista não só como uma ironia à pretensão da cultura moderna de ser o término de uma evolução, mas também como um temor de Nietzsche diante da ameaça que percebe, em uma convicção tão paralisante como esta, para o futuro da cultura.

A história, ou melhor, o estudo da história na Alemanha do século XIX, seria um dos obstáculos para a proposta de Nietzsche de construção de uma nova cultura. Esse culto à história prejudica especialmente o gênio, os homens excepcionais. Só eles podem preparar o advento de uma cultura superior, porque, enquanto criadores, são uma ruptura na crença em uma continuidade evolutiva e no privilégio do passado como modelo. Ou, em outras palavras, são eles os intempestivos que podem criar uma nova relação com o tempo. A dimensão supra-histórica é o antídoto contra a morbidez do "excesso de sentido histórico" que possibilita desviar o estudo da história como "ciência do devir" – para a qual um passado imutável é considerado objeto de conhecimento – para propô-la como interpretação intempestiva, a serviço da vida.

A análise do tema da memória e do esquecimento aparece na perspectiva dessa temporalidade construída. A memória – testemunha e resistência em relação ao devir – acaba por se tornar um fardo excessivamente pesado que imobiliza e inutiliza os homens para a ação. Para os homens, estes que Nietzsche chama de "os filhos do devir", a história seria uma tentativa de organizar e de domesticar um devir despótico que tudo destrói em seu fluxo perene. Por sua vez, uma outra tentativa, a de se subtrair ao tempo, constituiria aquela dimensão trágica da existência humana que ganha expressão na aspiração à eternidade, projetada em um além-vida ou nostalgicamente evocada na imagem de um paraíso perdido.

Nietzsche propõe uma outra compreensão possível para a eternidade tão almejada. Mais do que a uma ilusão consoladora, os homens podem, a partir de uma faculdade que lhe é inerente – o esquecimento – ter acesso à eternidade. O esquecimento é a maneira acessível de se livrar do jugo do tempo e de construir uma eternidade. Viver o instante pontualmente, e não o presente, que remeteria a uma continuidade do antes (passado) e do depois (futuro). Mas Nietzsche sabe muito bem o quanto se estaria, em nossa cultura, afastado dessa possibilidade. A existência é, ele escreve, "um imperfeito que não se acabará nunca". No entanto, a felicidade que buscamos tão desesperadamente é a beatitude do instante, virtude comum aos deuses e aos animais, isto é, " o poder de esquecer ou para nos exprimir cientificamente, a faculdade de sentir, feita a abstração de toda ideia histórica".[7]

Oscilando entre o devir e o instante, os homens têm ou a sua capacidade de agir enfraquecida ou a sua capacidade de entender a ação prejudicada. A ação exige o esquecimento do devir: o verdadeiro discípulo de Heráclito não deveria mexer um dedo. Cria-se um abismo entre ação e conhecimento: quem age não sabe, quem sabe não age, formulação banalizada do "só depois" de Hegel. Qualquer que seja a

---

7 Ibidem, p. 205.

alternativa, a consequência, na perspectiva de Nietzsche, seria temível. Se a sua é a época do "excesso de sentido histórico", Nietzsche não ignora que uma ausência de sentido lhe sucederá fatal e perigosamente. Quando promove o esquecimento, não é contra o estudo da história, mas contra o seu excesso que paralisaria a "força plástica" modificadora, da qual depende a vida dos indivíduos e das culturas: "(...) há um grau de insônia, de ruminação, de sentido histórico que prejudica o que vive e que termina por destruí-lo, quer se trate de um homem, de uma nação ou de uma cultura".[8]

É nessa perspectiva que Nietzsche opõe ao "sentido histórico", como uma profilaxia, o seu contraveneno de dimensão estética, o supra-histórico, que permite bem dosar a quantidade de sentido da história, de acordo com as possibilidades de sua assimilação. Ou seja, "força plástica" (*plastische Kraft*) de um indivíduo, nação ou cultura, isto é, a sua capacidade de viver e de agir a partir de sua energia, de desenvolver a sua potência de agir. Mesmo que aqui não se possa aludir, no sentido técnico, a uma "vontade de potência", noção que só surgirá posteriormente às Intempestivas, pode-se entender esta força plástica como a vida em sua pletora de formas e de incessante produção de "mais vida", à luz da perspectiva neolamarckiana adotada por Nietzsche.

Para uma cultura viver a sua plenitude plástica é necessário que ela se aproprie de seu passado, de seu patrimônio cultural, de uma forma nutritiva, isto é, assimilando-o ao presente e comprometendo-o com o futuro. Uma história que se contente em ser narrativa de um passado fixo fica impossibilitada de revitalizar o futuro, reduzido ao desenvolvimento do que já estaria nesse passado. O passado não é e não pode ser tomado como um imutável objeto de conhecimento. Para que a história sirva à vida, é necessário que o passado seja considerado como algo vivo que pode nos salvar ou nos perder, já que é dessa apropriação vital que se engendra o futuro. É nesse contexto que o esquecimento se impõe como antídoto e determina o modelo para o estudo da história. Uma história que se contente em ser cumulativa

---

8 Ibidem, p. 207.

não pode ser dosada com o esquecimento. Este esquecimento não é recalcamento do acontecido mas, para manter as metáforas fisiológicas de Nietzsche, uma digestão do passado, isto é, uma assimilação nutritiva e transformadora das experiências para benefício do futuro.

A definição de intempestivo – contra o tempo presente, a favor do futuro – ganha aqui uma dimensão elucidativa. A questão para Nietzsche não é a da reconstituição do passado ou a de uma reflexão sobre ele. Rompendo com a continuidade cronológica garantida pelo presente como o tempo médio entre passado e futuro, torna-se possível a intervenção intempestiva, a favor dos tempos vindouros. Torna-se também possível um outro tipo de memória: livre do fardo de sua continuidade monolítica, o passado é permeado pelo esquecimento e torna-se força plástica necessária à vida, aberto a novas interpretações. A importância que Nietzsche lhe atribui decorre desta possibilidade: "A palavra do passado é sempre palavra do oráculo".[9]

O exame dos heróis da história demonstra que eles foram, antes de tudo, indivíduos que romperam com uma tradição e puderam avaliar a realidade de uma outra forma que a corrente, dando-lhe sentidos múltiplos e novos. Foram indivíduos que tiveram até mesmo uma total ausência de complacência em relação ao passado. Injustos, ingratos, impiedosos – foram principalmente artistas, voltados para a criação do novo e não antiquários, preocupados com a conservação do passado. Destruidores da tradição, foram capazes de criar uma nova cultura.

Essa força artística do herói tem como obstáculo a sua irrupção a concepção de que ele seria fruto da evolução de um estado de coisas e não, ao contrário, justamente a ruptura de uma continuidade. Para Nietzsche, o herói (ou, o artista ou o gênio – termos que, no contexto das Intempestivas, se equivalem) não resulta do progresso previsível de uma cultura, mas de uma ruptura incontornável na tradição. Enquanto elemento de ruptura, personifica aquele necessário esquecimento do qual depende a saúde de uma cultura. É também, em contraposição à perspectiva histórica, o representante de uma interferência estética.

---

9 Ibidem, p. 207.

Tanto como para o herói, os acontecimentos decisivos da história ocorreram sempre em uma atmosfera não histórica, isto é, em uma ruptura de sua continuidade histórica. Foram fruto de um radical esquecimento da tradição, uma promessa de felicidade para os homens. Nietzsche não concebe nenhuma possibilidade de conciliação entre felicidade e história – e só nisso concordaria com Hegel. A felicidade, seja qual for o seu conteúdo, depende sempre de poder, ainda que momentaneamente, sentir-se fora da história. A pergunta que instaura a dimensão supra-histórica – por que e como vivemos? – se insurge contra a evolução e o progresso de um tempo contínuo.

A temporalidade, que Nietzsche opõe à concepção de tempo da tradição da filosofia da história de Kant e de Hegel, é estética: resulta da ruptura de uma continuidade extensiva em benefício de uma plasticidade do passado, fragmentado pelo salutar esquecimento, em prol da transformação do presente e de uma cultura futura. É assim que se pode entender a sua noção de eternidade e de supra-histórico.

Compreende-se a dimensão do título da Segunda Intempestiva. A crítica de Nietzsche à história não envolve uma consideração sobre a sua inconsistência epistemológica, como a de Schopenhauer. Não é o seu caráter científico ou a ausência de cientificidade que lhe determina o valor. Ao contrário, um fenômeno histórico, perfeitamente objetivado por uma história científica, seria algo morto, uma mistificação. O problema da história não é o da arbitrariedade na interpretação dos fatos, não é o da sua inconsistência epistemológica, mas a sua recusa em servir a vida.

As três maneiras de conceber a história indicadas por Nietzsche – monumental, tradicionalista e crítica – representam três maneiras do historiador se relacionar com a vida: ativa, conservadora ou justiceira. A história monumental, valorizando os grandes homens e os grandes feitos, revela uma maneira ativa e ambiciosa; a história tradicionalista, o modo conservador e a veneração ao passado; a história crítica, que quer julgar o passado, uma relação com a vida a partir do sofrimento e do desejo de mudança. Nietzsche não analisa a pertinência epistemológica dos três tipos; mede a sua dosagem para o benefício da força plástica da cultura.

A história monumental celebra os heróis como fundadores de seus destinos e do destino de sua época. A vontade heroica, acima do bem e do mal, encontra nessa elevação a sua autonomia. Em contrapartida a esse aspecto tônico exemplar da história monumental, o historiador acaba por torná-la um veneno ao aniquilar a força de exemplo supra-histórico do herói pela explicação de seu surgimento a partir das "leis do devir", que pretende ter encontrado, abolindo o acaso, a importância da ação e o seu caráter de exceção. Transforma o herói em ocasião de culto do processo histórico que o teria engendrado. O caráter intempestivo e supra-histórico da ação heroica, na ilusão do historiador, é neutralizada porque submetida a leis necessárias cujo conhecimento arroga-se conhecer. Ao contrário do herói, que está em cena e é ator, o historiador torna-se espectador de um drama que não o inquieta, nem o motiva. O historiador tradicional absorve no passado também a sua época, perdendo a sensibilidade para o novo. O historiador crítico quer julgar o passado e, quase sempre, romper com ele. Para se julgar o passado, considera Nietzsche, é necessário que se seja superior a ele: a história crítica, sem um valor superior, terminaria por conduzir ao niilismo.

Nietzsche toma o partido de uma visão estética da história. A história deve ser não uma ciência, mas uma arte – a arte de interpretar a partir da questão do valor da vida. Uma metamorfose da história em obra de arte, isto é, em uma criação estética, se torna possível unicamente pela perspectiva intempestiva do mito, em que os heróis se furtam ao tempo. Como obra de arte, a história pode ser reescrita e dar aos fatos, transformados em fábulas e mitos, um novo sentido que decida o futuro. Nisso consistiria o seu heroísmo e a sua afinidade com a poesia – aspectos que a definem, segundo a convicção do companheiro das caminhadas de Basileia, o mestre Jacob Burckhardt.

[Publicado originalmente em FEITOSA, Charles; BARRENECHEA, Miguel A. de; PINHEIRO, Paulo (Orgs.). *Nietzsche e os gregos*. Rio de Janeiro: DPeA editores, 2006.]

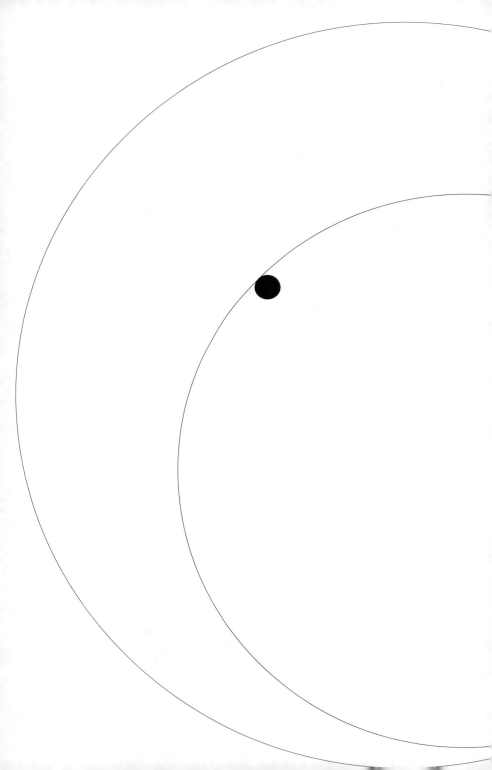

FIGURAS DA VERDADE – A *ARTE* DO ESTILO

Explicando, em *Ecce homo*, por que escreve livros tão bons, Nietzsche afirma que a escrita, a sua *arte do estilo*, é a comunicação de uma tensão interna por signos que capturam o tempo. Uma escrita em movimento, gestual: "Todas as leis do período são arte do gesto". Aforismos, fragmentos, ensaios, poemas: um arsenal de recursos constrói, em Nietzsche, formas filosóficas inauditas. Seus escritos, adverte, não poderiam ser entendidos por leitores destituídos de uma vivência das experiências neles comunicadas. Eles inauguram "a primeira linguagem de uma nova série de vivências". Entender a novidade deste estilo é imprescindível para a compreensão da filosofia de Nietzsche e essa é uma boa razão para que as suas teorias sobre a linguagem passassem a ser consideradas decisivas para muitas interpretações que, nas últimas décadas, têm aberto novas perspectivas para a compreensão de sua obra. Alguns textos juvenis, do período em que era professor de filologia na Universidade da Basileia, até então considerados de pouca importância, ganharam um especial interesse. É o caso de seus cursos sobre retórica, hoje considerados como capitais para aquela dimensão unanimemente reconhecida como central a seu pensamento, a de crítica radical à metafísica. Esses cursos sobre a retórica antiga, proferidos por Nietzsche entre 1872 e 1874, não se restringem à consideração filológica da oratória grega. Seu alcance é muito maior: eles apresentam uma concepção sobre a origem e a natureza retórica da linguagem que é de extrema importância para a reflexão contemporânea sobre a linguagem. Desenvolvendo argumentos com o objetivo de estabelecer a relação decisiva entre retórica e linguagem, Nietzsche considera o estranhamento dos modernos face ao estilo retórico dos antigos. Observa que a nuance pejorativa que se dá, hoje em dia, ao termo "retórico" e que alcança a percepção atual de uma "artificialidade" na literatura greco-romana, é determinada pela diferença entre a prosa moderna – cuja tradição é escrita e constituída na leitura – e a prosa da antiguidade – estruturada no discurso oral, para ouvintes. A recepção por um leitor ou por um ouvinte determina diferenças fundamentais entre as formas de exposição (*Darstellung*) desses tipos de prosa. Assim, a importância decisiva da vivacidade rítmica para a poesia grega em confronto com o caráter "literário", "descolorido e abstrato" da poesia moderna, definitivamente atrelada ao livro. No entanto, apesar da diferença, Nietzsche não limita a importância da retórica ao contexto greco-romano. Ao contrário, considera que o caráter artificioso da retórica apenas retoma, por uma técnica consciente, o procedimento que constitui a própria natureza da linguagem:

> (...) o que se chama "retórica", para designar os meios de uma arte consciente, estava já em ato, como meios de uma arte inconsciente, na linguagem e no seu devir (...) a retórica é um aperfeiçoamento (*Fortbildung*) dos artifícios já presentes na linguagem.[1]

Para Nietzsche, não existe uma linguagem anterior aos mesmos artifícios que a retórica sistematiza – estes são a própria essência da linguagem. É, no entanto, no pequeno ensaio "Introdução teórica sobre a verdade e a mentira no sentido extramoral", escrito em 1873 e só publicado postumamente, que encerra o essencial de sua reflexão sobre a linguagem. A tese mais geral aí desenvolvida, no que concerne à natureza da linguagem, é a de seu caráter decididamente convencional e figurativo. Palavras e coisas não têm nenhum vínculo necessário: a linguagem não é a expressão da natureza íntima das coisas, mas uma convenção humana decorrente da necessidade de uma organização social para a sobrevivência dos indivíduos. A convivência problemática dos homens em sociedade, a guerra de todos contra todos, isto que Kant designa, lapidarmente, como uma "insociável sociabilidade" (*ungesellige Geselligkeit*), decide, para Nietzsche, a origem da linguagem. Ela celebraria esse acordo de paz que suspende, pragmaticamente, os antagonismos naturais dos indivíduos da espécie. Mas, resultando de uma astúcia, manteria ao longo de seu desenvolvimento, a marca ambígua do nascimento: o logro, a dissimulação, a ilusão.

---

[1] Curso sobre a retórica. In: NIETZSCHE, Friedrich. *Da retórica*. Trad. Tito Cardoso e Cunha. Coleção Passagens. Lisboa: Veja, 1995. p. 44.

Assim, as figuras da linguagem, os tropos, não são considerados por Nietzsche como resultantes de um uso "impróprio", secundário, de uma linguagem primeiramente adequada à expressão da essência das coisas, isto é, referida a um sentido "próprio". Ao contrário, as figuras discursivas constituem integralmente a linguagem. Só há linguagem figurativa e, face à questão de sua adequação às coisas, ela é sempre "imprópria". Em seu referido curso sobre a retórica, Nietzsche observa, no mesmo sentido:

> Não existe de maneira nenhuma a "naturalidade" não retórica da linguagem à qual se pudesse apelar: a linguagem ela mesma é o resultado de artes puramente retóricas. A força (*Kraft*) que Aristóteles chama retórica, que é a força de deslindar e fazer valer, para cada coisa, o que é eficaz e impressiona, essa força é ao mesmo tempo a essência da linguagem: esta reporta-se tão pouco como a retórica ao verdadeiro, à essência das coisas (...). Entre os mais importantes artifícios da retórica contam-se os tropos, as designações impróprias. Mas todas as palavras são em si e desde o começo, quanto à sua significação, tropos.[2]

A indagação sobre a linguagem do ensaio de 1873 é proposta no espaço de uma consideração sobre o conhecimento. No sentido extramoral, isto é, sem referência aos valores morais da história humana, a verdade e a mentira se equivalem. O conhecimento é considerado por Nietzsche a partir de uma perspectiva não epistemológica, exterior a ele, a de uma história natural que antecedeu o seu aparecimento e que sobreviverá ao seu desaparecimento. Mais do que isso, ela não foi modificada ou melhorada por sua intervenção: "quão lamentável, quão fantasmagórico e fugaz, quão sem finalidade e gratuito fica o intelecto humano dentro da natureza".[3]

---

2 Ibidem, p. 45-46.
3 Introdução teórica sobre a verdade e a mentira no sentido extramoral. In: NIETZSCHE, Friedrich. *Nietzsche-Obras Incompletas*. Trad. Rubens Rodrigues Tor-

Nietzsche afasta-se de uma concepção metafísica do conhecimento, que o suporia transcendente e incondicionado, propondo a sua compreensão pragmática. As faculdades mentais seriam determinadas por injunções biológicas e, de certa maneira, como que extensões das funções vitais, desenvolvidas no processo de adaptação da espécie humana para sobreviver à hostilidade das outras espécies e do meio ambiente. O intelecto seria então apenas "um meio para a conservação" daqueles que são os "mais infelizes, delicados e perecíveis dos seres".[4] Uma fugacidade casual, um acontecimento insignificante na amplidão do mundo da natureza, o conhecimento é uma brevíssima escansão temporal na eternidade da vida cósmica: "foi somente um minuto. Passados poucos fôlegos da natureza congelou-se o astro, e os animais inteligentes tiveram de morrer".[5] Desde o início, o ensaio revela a dimensão estratégica da perspectiva naturalista adotada. A consideração biológica desdobra-se em uma análise antropológica. À brevidade e à insignificância da espécie humana corresponde a enorme vaidade dos "animais inteligentes" diante de sua "invenção", o intelecto. O curto minuto foi "o mais soberbo e mais mentiroso" da "história universal". Nietzsche delimita aqui o contraste entre a "verdade" natural da espécie e a "mentira", por assim dizer histórica, do homem. Com este par de noções verdade/mentira, ele constrói o jogo vertiginoso de demolição das conceituações sobre elas na tradição metafísica. Nesse jogo, apropria-se, para também destruí-las, das críticas habituais já incorporadas a essa tradição. Pragmatismo, fenomenismo, nominalismo – são muitas as vozes que se ouvem no ensaio e que vão, por vezes, confundir os leitores, ensurdecendo-os para o murmúrio de suas entrelinhas, onde se pode escutar a novidade da crítica de Nietzsche.

---

res Filho. Coleção Os Pensadores. São Paulo: Abril Cultural, 1978. p. 53. Utilizamos também a edição *Le livre du Philosophe / Das Philosophenbuch*. Paris: Aubier-Flamarion, 1969. Bilíngue.

4 Ibidem, p. 53.

5 Ibidem, p. 53.

Assim, a fábula naturalista que abre o artigo desenvolve-se em uma argumentação pragmatista. A "mentira" do homem que, por ter inventado o intelecto, acredita-se o centro do universo parece natural: a mosca certamente também se julgaria assim. Sob um ponto de vista utilitário, também essa mentira é necessária. Se o conhecimento é um logro, ele disfarça uma "verdade", a necessidade de autoconservação da espécie. O intelecto é "o meio pelo qual os indivíduos mais fracos, menos robustos, se conservam, aqueles aos quais está vedado travar uma luta pela existência com chifres ou presas aguçadas".[6]

Se, como afirma Nietzsche, o efeito mais geral do conhecimento é o engano (*Taüschung*), isto é, o orgulho do conhecer e do sentir que faz o homem acreditar ser o centro da natureza e crer no alto valor de sua existência, este caráter ilusório é, mais ainda, constituinte do conhecimento. Verdade e mentira aqui se recobrem reciprocamente. "O intelecto, como um meio para a conservação do indivíduo, desdobra suas forças mestras no disfarce".[7] A mentira, a dissimulação são constituintes do intelecto. O ponto de vista de Nietzsche é isento aqui de qualquer consideração moral, como o título indica. A origem do conhecimento é a "arte da dissimulação". Poder-se-ia aqui usar a fórmula do genealogista de 1887: esta é a "origem baixa" do conhecimento. Com efeito, a *Genealogia da moral* analisa, na Segunda Dissertação, o que Nietzsche chama de a "tarefa paradoxal" da natureza de criar o homem como "um animal capaz de fazer promessas".[8] A descrição genealógica encontra a crueza da "moralidade do costume", a violência arcaica da mnemotécnica, na origem da razão. Para ser capaz de fazer promessas, condição para a sobrevivência da sua espécie frágil, o homem teve que prover-se de um meio singular, a consciência, o intelecto:

---

6 Ibidem, p. 53.

7 Ibidem, p. 53.

8 NIETZSCHE, Friedrich. *Genealogia da moral.* Trad. Paulo Cesar Souza. São Paulo: Brasiliense, 1987. p. 58-59.

Para poder dispor de tal modo do futuro, quanto não precisou o homem apreender a distinguir o acontecimento casual do necessário, a pensar de maneira causal, a ver e antecipar a coisa distante como sendo presente, a estabelecer com segurança o fim e os meios para o fim, a calcular, contar, confiar – para isto, quanto não precisou antes tornar-se ele próprio confiável, constante, necessário, também para si, na sua própria representação, para poder enfim, como faz quem promete, responder por si como porvir.[9]

O ensaio de 1873 enumera as "faculdades" necessárias à autoconservação da espécie, próprias do intelecto, como uma arte da mentira: enganar, lisonjear, fingir, difamar. Verdade e mentira recobrem-se aqui de um mesmo valor decisivo: aquilo que é útil à autoconservação. O conhecimento é o acordo de paz que permite aos homens, em prol dessa autoconservação, organizarem-se social e gregariamente. Nesse acordo, convenciona-se o que será "verdade" e o que será "mentira", em benefício dos objetivos da sociedade, para evitar a sua destruição, a "guerra de todos contra todos". O que se procura delimitar, sempre de acordo com a utilidade da convenção, não é o engano, mas os prejuízos do engano para a sociedade: "Os homens, nisso, não procuram tanto evitar serem enganados, quanto serem prejudicados pelo engano: o que odeiam, mesmo nesse nível, no fundo não é a ilusão, mas as consequências nocivas, hostis, de certas espécies de ilusões. É também em um sentido restrito semelhante que o homem quer somente a verdade: deseja apenas as consequências da verdade que são agradáveis e conservam a vida".[10]

Por essa convenção instituem-se a verdade e a mentira, na designação do que é válido e necessário universalmente, enfim, do que

---

9 Ibidem, p. 58-59.

10 Introdução teórica sobre a verdade e a mentira no sentido extramoral. In: *Nietzsche-Obras Incompletas*. Trad. Rubens Rodrigues Torres Filho. Coleção Os Pensadores. São Paulo: Abril Cultural, 1978. p. 54-55.

é obrigatório para todos. No sentido extramoral, verdade e mentira são acordos úteis para a conservação da vida humana. A linguagem é essa convenção: "a legislação da linguagem dá as primeiras leis da verdade".[11] A mentira é o mau uso das convenções, isto é, o seu uso em prejuízo da sociedade. Sua origem estaria em uma faculdade artística do homem capaz de criar disfarces, artifícios para manter-se vivo.

A gênese da linguagem é apresentada por Nietzsche como um processo de antropomorfização do real, em que a atividade metafórica se desloca incessantemente. Para enfrentar um estímulo nervoso inicial o homem transforma-o em uma imagem. O que parece perturbador para a sua natureza é dominado por sua atividade metafórica e acomoda-se em uma imagem. Essa seria transposta para uma segunda metáfora, desta vez sonora. Uma sucessão de metáforas constituiria, em seus deslocamentos, a linguagem e o conhecimento. A preocupação com a verdadeira natureza das coisas não está em causa nesta atividade metafórica, mas tão somente a maneira dos homens se relacionarem às coisas. "Acreditamos saber algo das coisas mesmas, se falamos de árvores, cores, neve e flores, e no entanto não possuímos nada mais do que metáforas das coisas, que de nenhum modo correspondem às entidades de origem".[12] As palavras tornam-se conceitos quando, da sua singularidade primitiva, suprimem-se as diferenças e se uniformizam em designações genéricas:

> Toda palavra torna-se logo conceito quando justamente não deve servir, eventualmente como recordação, para a vivência primitiva, completamente individualizada e única, à qual deve seu surgimento, mas ao mesmo tempo tem de convir a um sem número de casos, mais ou menos semelhantes, isto é, tomados rigorosamente, nunca iguais, portanto, a casos claramente desiguais. Todo conceito nasce por igualação do não igual.[13]

---

11 Ibidem, p. 54.
12 Ibidem, p. 55.
13 Ibidem, p. 56.

O conceito se estabelece por eliminação do que é individual e efetivo. De qualquer forma, é também metáfora, como o são as leis, os princípios. O que há, independentemente do grau de abstração é generalização, são *tropos*, figuras da linguagem, sem nenhum elo que as ligue à verdadeira natureza das coisas e, sequer, ao estímulo nervoso primitivo que nelas se traduziu. É somente a tradição, isto é, como propôs Hume, o hábito do uso constante de algumas metáforas, que vai determinar a crença em uma relação necessária e causal entre essas metáforas e o mundo das coisas. É assim que Nietzsche entenderá a verdade como figuras da linguagem:

> Um batalhão móvel de metáforas, metonímias, antropomorfismos, enfim uma soma de relações humanas, que foram enfatizadas poética e retoricamente, transpostas, enfeitadas, e que, após longo uso, parecem a um povo sólidas, canônicas e obrigatórias.[14]

Fica claro que, nessa compreensão, Nietzsche toma distância da crítica de Kant. Por um lado, segue-lhe os passos na afirmação dos limites do conhecimento ao âmbito dos fenômenos e da impossibilidade de um conhecimento da verdadeira essência das coisas. Em decorrência, também concorda com Kant quanto à natureza subjetiva do conhecimento. No entanto, para Nietzsche não existem formas transcendentais aprioristicas e, tampouco, um objeto do conhecimento constituído logicamente. Conceitos e categorias são instrumentos contingentes que tiveram a sua origem nas necessidades da espécie e foram fruto da capacidade ficcional do homem, expressa nas metáforas da linguagem.

Poder-se-ia concluir que Nietzsche adota uma compreensão convencionalista da linguagem, no horizonte de uma compreensão pragmática do conhecimento. Poder-se-ia também, de forma mais complexa, opor-se a essa, uma outra conclusão, objetando que, se a

---

[14] Ibidem, p. 56.

linguagem já não é mais, em Nietzsche, a representação da essência das coisas, parece ser, no entanto, a expressão natural e necessária da essência da subjetividade.[15] Em se permanecendo apenas no horizonte desta outra conclusão, Nietzsche seria, como quer Heidegger, o pensador da inversão metafísica. Ele estaria apenas interpretando a posição cratilista sobre a linguagem, da tradição, nos termos da metafísica dos tempos modernos. No espaço da questão inaugurada por Platão, no Crátilo, sobre se a linguagem é uma convenção adequada à vida social ou se, ao contrário, como quer Crátilo, ela deriva da natureza e expressa o ser delas, Nietzsche teria feito uma inversão. Teria formulado um novo cratilismo: a linguagem, se não adequada à natureza das coisas, é adequada ao sujeito humano que, no espaço metafísico pós-kantiano, seria a verdadeira "natureza" das coisas. Nietzsche insiste no caráter inteiramente subjetivo da linguagem:

> (...) concluir do estímulo nervoso uma causa fora de nós já é um resultado de uma aplicação falsa e ilegítima do princípio da razão. Como poderíamos nós, se somente a verdade fosse decisiva na gênese da linguagem, se somente o ponto de vista da certeza fosse decisivo nas designações, como poderíamos, no entanto, dizer: a pedra é dura: como se para nós esse "dura" fosse conhecido ainda de outro modo, e não somente como uma estimulação inteiramente subjetiva![16]

Se uma leitura do ensaio de 1873 que considere convencionalista a visão da linguagem aí desenvolvida pode parecer redutora, a conclusão por um "cratilismo" novo, aparentemente mais elaborado, também o seria. Não se trata de adequar a linguagem a essa natureza

---

15 Ver, para essas considerações, o importante artigo de Michel Haar, "La maladie native du langage". In: *Nietzsche et la métaphysique*. Paris: Éditions Gallimard, 1993. p. 108-126.

16 Introdução teorética sobre a verdade e a mentira no sentido extramoral. In: *Nietzsche-Obras Incompletas*. Trad. Rubens Rodrigues Torres Filho. Coleção Os Pensadores. São Paulo: Abril Cultural, 1978. p. 55.

artística do sujeito que cria metáforas, ou seja, da releitura estética da tradição platônica em uma "metafísica do artista". A novidade que arranca Nietzsche da metafísica refere-se à compreensão desse sujeito da linguagem, do criador das metáforas.[17] Um tema muito caro a Nietzsche, o do esquecimento (*Vergessen*), pode esclarecer alguns aspectos decisivos para a compreensão do sujeito no contexto dessa concepção da linguagem. De acordo com o proposto na Segunda Intempestiva, escrita no mesmo período deste ensaio, o esquecimento tem, na gênese da linguagem e do conhecimento, um papel equivalente ao que ocupa na constituição de uma cultura. Nessa reflexão sobre a história, Nietzsche insistiu no papel profilático do esquecimento para a saúde de uma cultura, isto é, para que a sua plasticidade, a sua capacidade estética, permaneça viva. No contexto da Intempestiva, o esquecimento é a garantia dessa mobilidade estética capaz de dar a uma cultura, tanto quanto ao indivíduo, o pleno desenvolvimento de sua capacidade artística, de suas possibilidades criativas. Na *Genealogia da moral*, Nietzsche retoma o tema – no horizonte da análise do surgimento da consciência moral e da cultura – do homem regular, constante, capaz de fazer promessas e de viver em sociedade. Articulando essa faculdade do esquecimento à da memória, Nietzsche classifica dois tipos de esquecimento: um esquecimento passivo, isto é, na compreensão habitual que se tem do termo, uma disfunção da memória e um esquecimento ativo, resultante de uma qualidade seletiva da memória que decide o que quer lembrar e o que quer esquecer. No contexto da *Genealogia*, o esquecimento de uma origem baixa dos valores, ou seja, a espiritualização que esquece a dura moral dos costumes, identifica-se ao processo de constituição da cultura.

O tema do esquecimento, no ensaio de 1873, sobre a verdade e a mentira, está no mesmo horizonte desses dois outros desenvolvimentos, sem, é claro, as consequências mais ricas que o livro de 1887 ela-

---

17 La maladie native du langage. In: HAAR, M. *Nietzsche et la métaphysique*. Paris: Éditions Gallimard, 1993. p. 108-126.

bora. De qualquer forma, o importante é que o esquecimento aí pode ser entendido de duas maneiras: ele é constituinte do conhecimento e da linguagem e, por isto mesmo, permite que a cultura se produza – "o minuto mais soberbo e mais mentiroso da 'história universal'".[18] Graças a ele, se forma também aquele "impulso à verdade", nascido inexplicavelmente em meio à proliferação de recursos daquela "arte do disfarce" do intelecto.

A vida em sociedade impõe aos indivíduos o uso de metáforas úteis a sua conservação ou, como considera Nietzsche, impõe "a obrigação de mentir segundo uma convenção sólida, mentir em rebanho, em um estilo obrigatório para todos".[19] É uma tradição da mentira, isto é, da repetição das metáforas usuais durante séculos, que determina a inconsciência de seu caráter convencional e pragmático: "O homem... mente... inconscientemente e segundo hábitos seculares – e justamente por esta inconsciência, justamente por esse esquecimento, chega ao sentimento da verdade".[20] Seguindo as convenções da linguagem, obrigado a designar as coisas na constância do conceito, o homem acorda para "uma emoção que se refere moralmente à verdade". Falar a verdade é idêntico a usar as palavras como designações gerais, isto é, ser "honrado, digno de confiança, e útil" é idêntico a ser verdadeiro.

A anarquia das impressões sensíveis é exorcizada na serenidade do conceito: "universaliza todas essas impressões em conceitos mais descoloridos, mais frios, para atrelar a elas o carro de seu viver e agir".[21] Observa-se então que o "esquecimento" é totalmente inerente ao conhecimento e à sobrevivência do homem. É por esse esquecimento que ele se constitui como homem, como um ser dotado de linguagem

---

18 Introdução teorética sobre a verdade e a mentira no sentido extramoral. In: *Nietzsche-Obras Incompletas*. Trad. Rubens Rodrigues Torres Filho. Coleção Os Pensadores. São Paulo: Abril Cultural, 1978. p. 53.

19 Ibidem, p. 57.

20 Ibidem, p. 57.

21 Ibidem, p. 57.

e apto a viver em sociedade: "Tudo o que destaca o homem do animal depende dessa aptidão de liquefazer a metáfora intuitiva em um esquema, portanto de dissolver uma imagem em um conceito".[22]

Uma segunda compreensão do esquecimento poderia ser chamada de negativa. Esse esquecimento que constitui o homem é responsável também por seu destino funesto: a sua consciência orgulhosa, nascida do esquecimento, esqueceu-se também da sua origem: "Ela atirou fora a chave", acreditou em suas próprias artimanhas para sobreviver, elegendo-as como verdades independentes dos condicionamentos que as fizeram necessárias. Ou seja, inventou a metafísica, a linguagem que esqueceu a sua natureza metafórica, a sua origem figurativa. Esse esquecimento é fatal pois não permite que o homem conheça o caráter ilusório de suas verdades, a charlatanice de sua consciência. O homem repousa em sua inconsciência "na indiferença do seu não saber, e como que pendente em sonhos sobre o dorso de um tigre".[23] No entanto, o esquecimento é, principalmente, originário e o correlato necessário da própria atividade metafórica. Sarah Kofman observa, em seu importante livro sobre a metáfora, que o tema do esquecimento é, no contexto da teoria da linguagem, tributário de uma concepção não linear do tempo.[24] Nietzsche não estaria fazendo a gênese empírica do conceito. O esquecimento da metáfora não se dá em algum momento do tempo e, tampouco, não ocorre apenas na formação do conceito. Para Kofman, a oposição estruturante do ensaio, entre intuição e conceito, entre ilógico e lógico, não se refere à existência de uma dimensão da qual o metafórico estaria excluído. Trata-se de apontar esse efeito do esquecimento, o abismo aberto pela metafísica que criou dois mundos antitéticos. Estaríamos diante de uma estratégia destinada a apagar a oposição do conceito e da metáfora mostrando que "razão" e "lógica" são produtos dessa

---

22 Ibidem, p. 57.
23 Ibidem, p. 54.
24 KOFMAN, Sarah. *Nietzsche et la métaphore*. Paris: Payot, 1972.

atividade metafórica que, pelo esquecimento, os homens chamam de ilógica. A atividade instintiva originária é essa força artística que cria ficções e pela qual o homem transforma o mundo em sua imagem a fim de dominá-lo. Essa transposição antropomórfica, para ser eficaz, deve ser realizada, necessariamente, no esquecimento.

Romper com os hábitos confortáveis do esquecimento, acordar do sono metafísico, requer um ato de vontade em cuja coragem Nietzsche sempre reconhece a condição fundamental para uma vida filosófica: "deve haver homens que pela força de vontade deixaram o hábito de roncar", isto é, homens dotados daquela "fatal curiosidade que, através de uma fresta, foram capazes de sair uma vez do cubículo da consciência e olhar para baixo".[25] A alusão ao mito da caverna platônico é à contramão: para Nietzsche trata-se, ao contrário de Platão, de um olhar para as trevas, para o reino das imagens e sombras da doxa, lá onde pressente "o implacável, o ávido, o insaciável, o assassino", isto é, as forças arcaicas da origem. A anamnésia não busca a claridade primitiva das ideias, mas as obscuras metáforas, as imagens arcaicas da linguagem. Recuperar uma dimensão primitiva da linguagem, como antídoto à rigidez da linguagem conceitual, é o dispositivo crítico fundamental contra a metafísica, para Nietzsche uma "doença" da linguagem. Nesse sentido, Nietzsche aponta para o esquecimento da arcaica capacidade ilusionista da origem: a de tradução artística (*künstlerischen Übertragung*), na linguagem, dos estímulos nervosos em imagens. O esquecimento fatal é este: que a relação primordial do homem com a linguagem é a de sujeito da criação artística (*künstlerisch schaffendes*) e não a de sujeito da relação cognitiva com o objeto. A relação primordial deste sujeito com a linguagem é, portanto, uma relação estética (*ein ästhetische Verhalten*).

A imagem, a primeira metáfora, origem da linguagem, é uma tradução, isto é, transposição de uma língua para outra. Esse é o pro-

---

25 Introdução teorética sobre a verdade e a mentira no sentido extramoral. In: *Nietzsche-Obras Incompletas*. Trad. Rubens Rodrigues Torres Filho. Coleção Os Pensadores. São Paulo: Abril Cultural, 1978. p. 54.

cesso de constituição da linguagem: deslocamentos de uma esfera para outra não segundo uma gênese lógica, mas ao arbítrio ficcional das criações metafóricas. Não há, portanto, uma relação de causalidade entre o sujeito e o objeto, mas uma relação estética inteiramente linguística que é, na definição de Nietzsche, "uma transposição insinuante, uma tradução balbuciante em uma língua completamente estrangeira" ("*eine andeutende Übertragung, eine nachstammelnde Übersetzung in eine ganz fremde Sprache*").[26]

Nietzsche faz uma bela analogia para demarcar a diferença das esferas de transposições metafóricas entre si e com o mundo das coisas: um pintor sem mãos que exprimisse pelo canto a imagem visual. Esse exemplo do pintor, obrigado a traduzir por sons uma imagem visual, é interessante também porque nos remete a uma outra hipótese sobre a origem da linguagem, desenvolvida por Nietzsche em seu livro sobre a tragédia.

Apresentando o grego Arquíloco como o introdutor em sua poesia, da *Volkslied* na literatura, Nietzsche considera, no *O nascimento da tragédia,* o tema da origem da linguagem. Do que ele trata aí, mais especificamente, é do discurso imagístico na poesia lírica e, nesse contexto, apresenta a música como origem da linguagem. A linguagem é uma manifestação que traduz na esfera apolínea a "música" dionisíaca, isto é, aquele fenômeno anterior ao que habitualmente entendemos como manifestação musical e que Nietzsche chama de "a melodia original dos afetos" ou 'fundo tonal" da língua. Esta melodia original traduz em seu ritmo a intensidade de um querer universal: é como que um eco das sensações de prazer e de desprazer do querer primitivo. Nietzsche concebe a existência de uma língua original (*Ursprache*) que seria, essencialmente, uma língua da sonoridade (*Tonsprache*). Em suas anotações de 1862 sobre a essência da música, Nietzsche observa, nesse sentido:

---

26 *Le livre du Philosophe / Das Philosophenbuch*. Paris: Aubier-Flammarion, 1969. p. 188-189.

A ciência das línguas mostra-nos que quanto mais uma língua é antiga, mais é rica em sonoridade e mesmo que é impossível separar a língua do canto. As mais antigas línguas eram também mais pobres em palavras, escasseavam os conceitos gerais, eram as paixões, as necessidades e os sentimentos que encontravam a sua expressão na sonoridade. Podemos quase afirmar que eram menos línguas de palavras do que línguas de sentimentos; em todo o caso os sentimentos formavam as sonoridades e as palavras, em cada povo segundo a sua individualidade; o movimento (*wallen*) do sentimento trazia o ritmo. Pouco a pouco a língua separou-se da língua das sonoridades (*Tonsprache*).[27]

Nietzsche observa, em outro texto desse mesmo período, a conferência "O drama musical grego",[28] que a música grega era vocal, não tendo nela se separado ainda palavras e sons, o que determinava que o poeta fosse também, necessariamente, o compositor de sua canção.

Nietzsche propõe uma melodia primeva comum a todos os povos, fruto das pulsões estéticas da natureza, a apolínea e dionisíaca, a partir das quais vai construir a sua interpretação da origem da tragédia ática. É essa melodia original, que se traduz na música popular (*Volkslied*) em todos os tempos e culturas, que está presente na poesia lírica grega revelando nela o *perpetuum vestigiuum* do casamento daquelas pulsões estéticas, distintamente da poesia épica, essencialmente apolínea. É, portanto, a partir da concepção sobre a origem da poesia lírica na canção popular, como expressão de uma música original, que Nietzsche vai distinguir as duas manifestações literárias da cultura grega de acordo com a predominância apolínea ou dionisíaca. Ou seja, segundo a sua linguagem imite um derivado mundo

---

[27] Curso sobre a retórica. In: *Da retórica*. Trad. Tito Cardoso e Cunha. Coleção Passagens. Lisboa: Veja, 1995. p. 86.
[28] NIETZSCHE, Friedrich. *Écrits posthumes 1870-1873*. Trad. Y. L. Backes; M. Haar; M. B. de Launay. Oeuvres Philosophiques Complètes. Paris: Gallimard, 1975. p. 28.

das imagens, como é o caso da tradição épica de Homero ou imite o mundo primitivo da música, como é o caso da tradição lírica de Arquíloco e de Píndaro. Como já foi observado, a origem não é restrita ao início grego dessa tradição, ao contrário, diz respeito à condição de emergência de novas objetivações da música em imagens e conceitos por meio da lírica de todos os tempos. Nietzsche dá o exemplo moderno de Beethoven, cuja música "obriga os ouvintes individualmente a um discurso imagístico".[29] As representações nascem – em todos os tempos – da música, isto é, o seu conteúdo dionisíaco é imitado, na lírica, por meio de imagens e conceitos.

Se, no âmbito das considerações sobre o papel da poesia lírica na gênese da tragédia, a música é proposta como origem, Nietzsche estende, ainda no contexto de *O nascimento da tragédia*, o alcance da proposta. A música é origem de qualquer manifestação linguística, inclusive do conceito: "Com isso assinalamos a única relação possível entre poesia e música, palavras e som: a palavra, a imagem, o conceito buscam uma expressão análoga à música e sofrem agora em si mesmos o poder da música".[30] A música é a origem da linguagem, e não apenas no sentido habitual do termo, isto é, como matriz de um processo que dela se distanciaria em seu movimento, mas como emergência constante de possibilidades renovadoras da linguagem. Dessa origem musical deriva a dimensão linguística em todas as suas potencialidades expressivas: "A melodia é portanto o que há de primeiro e de mais universal, podendo por isso suportar múltiplas objetivações, em múltiplos textos (…) De si mesma, a melodia dá à luz a poesia e volta a fazê-lo sempre de novo…".[31]

Haveria um "lirismo original dos povos" que imitaria o modelo artístico – a vida pulsional (*Triebleben*). Contudo, como esclarece em

---

29 NIETZSCHE, Friedrich. *O nascimento da tragédia*. Trad. J. Guinsburg. São Paulo: Companhia das Letras, 1992. p. 49.
30 Ibidem, p. 49.
31 Ibidem, p. 48.

anotações sobre a música, de 1871,[32] em preparação ao livro sobre tragédia, essa vida pulsional só pode ser representada. Sentimentos, sensações, afetos e, mesmo, a vontade não podem ser conhecidos em sua essência mais íntima mas só nas "exteriorizações figuradas" (*Bildliche Äusserung*). Esse "fundo de prazer e de desprazer", onde a individuação, a forma, é suprimida, é absolutamente inestético. É nele – no dionisíaco – que a música tem origem: "(...) a origem da música situa-se além de qualquer individuação". Nietzsche resolve o impasse da proposta de um elemento inestético como origem da música apresentando a vontade não como essência, mas como forma, ou seja, como figura da música. O artista quer se livrar do arrebatamento dionisíaco, do inestético, e o traduz em termos apolíneos. A linguagem, no contexto das anotações de 1871, revela os dois gêneros principais de representações dessa vida pulsional. Ela é aí simbolizada pelo tom, constituindo aquele fundo tonal, eco das sensações de prazer e de desprazer, a língua sonora (*Tonsprache*) comum a todos os povos. Ela é também simbolizada no gesto, entendendo-se pelo termo a posição dos órgãos da fala que permite, por exemplo, a distinção de consoantes e vogais. A simbólica gestual, responsável pela diferenciação das línguas, só é possível sobre o fundo tonal.

Esses temas serão retomados em *O nascimento da tragédia*. A compreensão da linguagem a partir dessa dualidade simbólica é essencial para as teses do livro. A linguagem é duplamente símbolo, entendendo-se por essa expressão, portanto, uma reprodução infiel, uma réplica que reproduz analogicamente sempre perdendo o modelo. O termo usado por Nietzsche quando formula esta relação da linguagem com o "fundo mais íntimo da música" é *Gleichnis*, traduzido por "símbolo", mas que poderia também ser traduzido por alegoria, levando-se em conta certos aspectos importantes da conceituação. Desaparece aqui

---

32 Fragments posthumes 1869-1872, 12. In: NIETZSCHE, Friedrich. *La Naissance de la Tragédie*. Trad. Y. L. Backes; M. Haar; M. B. de Launay. Oeuvres Philosophiques Complètes. Paris: Gallimard, 1975. p. 429-438.

a distinção de Goethe, clássica na estética, entre símbolo e alegoria: poder-se-ia dizer que esse caráter analógico da linguagem proposto em *O nascimento da tragédia* ou aqueles deslocamentos metafóricos que, em "A verdade e a mentira (...)", caracterizam a gênese da linguagem são, antes, alegóricos.[33] Pois o símbolo, na compreensão da estética tradicional, representaria algo por semelhança, isto é, representaria algo a que se relaciona harmonicamente como uma parte ao todo e, por isso, pode representá-lo segundo a sua essência verdadeira, segundo o princípio lógico da identidade. Ao contrário, tomando-se uma compreensão já clássica de alegoria,[34] a ênfase da relação se deslocaria para a radical diferença entre o representante e o representado. É uma convenção arbitrária ou uma transposição artística que determina essa "alegoria" da música, como forma da vontade, na linguagem.

No horizonte do ensaio de 1873, são convenções artísticas que determinam a passagem do estímulo nervoso à imagem, bem como a sucessão de deslocamentos metafóricos posteriores. A noção de "fundo tonal", do livro sobre a tragédia, elabora como uma relação de diferença o elo que esse fundo mantém com a linguagem. Cada língua teria um elemento verbal arbitrário, convencional, mas, também, um elemento simbólico, eco da "melodia original", ou seja, uma tradução, uma alegoria da "música dos afetos" que se apresenta simultaneamente como cópia imperfeita, como diferença estrutural: "A linguagem, enquanto órgão e símbolo da manifestação (isto é, enquanto símbolo do símbolo) não pode nunca expressar o fundo mais íntimo da música".[35]

---

33 Alegoria: (*allos* + a*goreuein*", ou seja, "outro + falar publicamente, falar na assembleia ou no mercado"). Muitas vezes chamada de "inversão", isto é, uma figura retórica que diz algo diferente do sentido literal. Muitas vezes entendida no sentido de "tradução", do latim "translatio", o equivalente do grego *metaphor*. Cf. FLETCHER, Angus. *Allegory – The theory of a symbolic mode*. Nova York: Cornell University Press, 1993. p. 2 e ss.

34 BENJAMIN, Walter. *Origem do drama barroco alemão*. Rio de Janeiro: Brasiliense, 1984.

35 *O nascimento da tragédia*. Trad. J. Guinsburg. São Paulo: Companhia das Letras, 1992. p. 51.

No ensaio de 1873 ou em *O nascimento da tragédia*, a posição de Nietzsche é, afinal, a mesma ou, melhor, ela é complementar nos diferentes textos. Tanto a metáfora, no ensaio de 1873, quanto a música, no livro sobre a tragédia, são um elemento pré-linguístico de essência "estética", referido a uma vontade artística. Ao contrário do que poderia parecer em uma primeira leitura, Nietzsche não está distante, no ensaio de 1873, dessa concepção de linguagem desenvolvida em *O nascimento da tragédia*. Se, à primeira vista, o ensaio pode ser entendido como a apresentação de uma visão convencionalista da linguagem, um olhar mais acurado revela a sua maior complexidade e riqueza. A linguagem se não é aí uma representação da mesma natureza das coisas, tampouco é puramente convencional e, mesmo, restrita ao âmbito das relações intersubjetivas. A metáfora conserva uma potência simbólica e assim, por meio dessa força, as palavras mantêm com o fundo primitivo da música, que esqueceram, uma relação de alusão ou, como proponho, alegórica. O que existe, entre imagens e palavras, é uma relação estética: estas se apoiam em imagens apagadas. Palavras são o "resíduo de uma metáfora" (*das Residuum einer Metapher*).[36]

A argumentação, na aparência meramente convencionalista, é um estratagema crítico. Visa ao racionalismo metafísico, à posição dogmática que concebe a linguagem como derivada da essência das coisas. Visa também à linguagem degradada em sua função cotidiana e banalizadora, que nivela e reduz a multiplicidade das intuições a identidades artificiais. Ou seja, em última instância, à linguagem do niilismo, que faz das palavras "sepulcros da intuição". Contra essas "doenças" da linguagem, Nietzsche vai propor a sua filosofia trágica do intelecto em livre jogo de metáforas. São as intuições, elevadas a um efeito profiláxico sobre a linguagem enrijecida dos conceitos e sobre a linguagem banalizadora, que podem operar essa regeneração. O intelecto assume a sua grande arte, o seu grande instinto de "animal

---

36 *Le livre du Philosophe / Das Philosophenbuch*. Paris: Aubier-Flammarion, 1969. p. 184-185.

metafórico". Livre das amarras das convenções sociais cristalizadas nas crenças metafísicas, o intelecto pode com "prazer criador" jogar com suas metáforas para além dos limites impostos pelas regras da lógica, derivadas, e agora subalternas, desse poder artístico. Ele "limpa de seu rosto a expressão de indigência" do pensamento lógico da metafísica e faz deste um mero andaime para jogos mais audaciosos para o pensamento. Guiado pelas intuições, isto é, devolvido a seu instinto artístico, o homem "fala puramente em metáforas proibidas e arranjos inéditos de conceitos, para pelo menos através da demolição e escarnecimento dos antigos limites conceituais corresponder criadoramente à impressão de poderosa intuição presente".[37]

É uma convenção arbitrária ou uma transposição artística que determina essa "alegoria" da música na linguagem. Mas toda língua guardaria, junto ao elemento verbal arbitrário, um elemento simbólico. Esse eco da "melodia original" seria a tradução de uma imagem, uma alegoria daquela "música dos afetos", apresentando-se simultaneamente como cópia imperfeita e diferença estrutural. Se as palavras se apoiam em imagens apagadas, a forma filosófica seria o esforço incansável de avivar a força figurativa das experiências singularizadas, criando sempre novas vivências. A essa exigência responde a *arte do estilo* – a filosofia de Nietzsche.

[Publicado originalmente em MURICY, Katia (Org.). *O que nos faz pensar*, 14. Homenagem a Friedrich Nietzsche por ocasião dos 100 anos de sua morte. Rio de Janeiro: Cadernos do Departamento de Filosofia da PUC-Rio, 2000. Retoma também o ensaio "A arte do estilo", publicado em: FEITOSA, Ch.; CASANOVA, M. A.; BARRENECHEA, M. A. de; DIAS, Dias (Orgs.). *Assim Falou Nietzsche III. Para uma filosofia do futuro.* Rio de Janeiro: 7 Letras, 2001.]

---

37 Introdução teorética sobre a verdade e a mentira no sentido extramoral. In: *Nietzsche-Obras Incompletas*. Trad. Rubens Rodrigues Torres Filho. Coleção Os Pensadores. São Paulo: Abril Cultural, 1978. p. 57.

DESUMANIZAR A NATUREZA, NATURALIZAR O HOMEM

A reflexão sobre a cultura constituiu o eixo central do pensamento de Nietzsche, desde os seus textos juvenis, voltados para a cultura grega e para as considerações estéticas – como é, exemplarmente, o caso de *O nascimento da tragédia* – mas também nos escritos posteriores. Assim é que nas anotações da primavera-outono de 1887, postumamente publicadas sob o título *Vontade de potência*, Nietzsche indica, no fragmento 462, o problema da cultura como o seu principal interesse. O termo *Kultur* não esgota sua compreensão na tradução por *cultura*. Na verdade, sua complexidade semântica, a aproximação e a distância em relação a outros termos alemães como *Zivilisation* e *Bildung*, permitem considerações definitivamente esclarecedoras da originalidade da noção de cultura em Nietzsche, se comparada ao desenvolvimento dado ao tema na filosofia moderna.[1] A oposição clássica entre *Natur* e *Kultur* inexiste em Nietzsche. Habitualmente, quando se opõem natureza e cultura, está se opondo natureza e natureza humana. Isto é, existiria um domínio humano, o da atividade transformadora ou da liberdade, e o domínio oposto, da natureza, que é o da passividade e da necessidade. No pensamento moderno, as filosofias de Kant e de Rousseau podem ser indicadas como exemplos de inflexões distintas da oposição que remonta à Antiguidade. Em Kant, o domínio do agir humano, a cultura entendida como o "reino dos fins" e do dever-ser, embora tenha se constituído pelo desenvolvimento das disposições naturais do homem, inaugura-se pela ruptura da natureza, domínio imutável do ser. Em Rousseau, a cultura é o esforço racional pelo qual uma verdadeira e boa natureza humana será resgatada do artificialismo da sociedade dos homens, entendida como natureza má. Essa oposição não existe para Nietzsche que antes verá nela, como se sabe, uma moralização metafísica, uma desnaturação do real. Nietzsche afirma claramente, como se pode verificar em seus *Escritos póstumos* de 1870/1873:

---

[1] Nesse sentido, ver BLONDEL, Eric. *Nietzsche, le corps et la culture*. Col. Philosophie d'Aujourd'hui. Presses Universitaires de France, 1986. cap. III, p. 63 e ss.

Quando se fala de humanidade, temos a ideia que ela seria exatamente o que separa e distingue o homem da natureza. Mas, na realidade, esta separação não existe: as propriedades "naturais" e aquelas que se diz serem propriamente "humanas" misturaram-se de modo indissociável. Em suas faculdades mais nobres e elevadas, o homem é inteiramente natureza e carrega em si a estranheza deste duplo caráter natural. Suas atitudes temíveis e que se tomam por inumanas são mesmo, talvez, o solo fecundo de onde somente pode surgir alguma humanidade, tanto sob a forma de emoções como de ações e obras.[2]

Para Nietzsche, são os instintos, as pulsões "que se tomam por inumanas", que constituem o princípio irredutível da cultura. Sendo assim, a cultura não é o devir humano no sentido de seu progressivo aprimoramento ou, tampouco, a restauração de uma verdadeira natureza do homem. Nem o kantiano dever-ser, nem a recuperação rousseauniana do ser degradado, a cultura não é nunca normativa para Nietzsche. Na formulação tradicional de uma "verdadeira natureza humana", Nietzsche encontra a negação do corpo pela espiritualização do desejo ou, o que acaba por ser a mesma coisa, a negação do real na idealização de um dever-ser. Quando, em *Além do bem e do mal*, propõe-se a "retraduzir o homem de volta à natureza", Nietzsche está enunciando o objetivo maior de sua reflexão sobre a cultura.[3] Essa proposta complexa indica, em seu sentido mais geral, uma tentativa de decifrar, na codificação metafísica, os rastros de "um terrível texto básico *homo natura*". Se não existe uma ruptura entre natureza e cultura, a proposta de uma retradução do desnaturado homem da metafísica no texto do *homo natura*, ou seja, a proposta

---

2 NIETZSCHE, Friedrich. *Écrits posthumes* 1870-1873. Trad. Y. L. Backes; M. Haar; M. B. de Launay. Oeuvres Philosophiques Complètes. Paris: Gallimard, 1975. Tomo I, p. 192.

3 NIETZSCHE, Friedrich. *Além do bem e do mal*, 230. São Paulo: Companhia das Letras, 1997. p. 137-138.

de uma reconciliação do homem com a natureza, poderia parecer contraditória. No entanto, não significa que Nietzsche esteja pretendendo a recuperação de uma origem, isto é, a restauração de uma verdadeira natureza humana, modelar para a cultura. Ao contrário, o que pretende é desmascarar a mistificação metafísica que estabeleceu essa ruptura. Retraduzir o homem na natureza significa propor uma recuperação, na cultura, da dimensão trágica da realidade, do que Nietzsche chama de "a inocência do devir", isto é, do homem no jogo do acaso e da necessidade.

Convivem, na reflexão de Nietzsche, duas concepções de cultura. Há, por um lado, uma compreensão crítica e negativa de cultura. É a que denuncia a cultura como a fantasmagoria que encena as ilusões consoladoras do "otimismo teórico", isto é, a cultura que, em um procedimento antropomórfico, desnatura o real. Mas há também uma compreensão da cultura como conciliação do homem com a realidade trágica do devir. Em *Aurora*,[4] Nietzsche dá um exemplo dessa construção fantasmagórica. Considera como os homens acostumaram-se à crença na existência de dois domínios: um reino dos fins, da vontade e do agir racional, dotado de sentido, um mundo dos "anões espertos", e aquele outro, o "poderoso reino da grande imbecilidade cósmica", do acaso desprovido de sentido. Este mundo dos "gigantes imbecis", o reino do imprevisível e do acaso, cai sobre a harmonia de nossas vontades e fins. A Providência é o paradoxo refinado, a fábula consoladora que os "anões espertos" inventaram para manter sob controle o seu imenso temor da imbecilidade do acaso. Consola-nos a crença eficaz de que haveria, inacessível a nós, um sentido oculto na irracionalidade do acaso. Para Nietzsche não há senão um reino, o do acaso e o da necessidade, e o resto são invenções humanas: "Aprendamos, que já é tempo – no nosso pretenso reino reservado dos fins e da razão também reinam os gigantes".

---

4 NIETZSCHE, Friedrich. *Aurore*, 130. Tomo I. Paris: Gallimard, 1970.

É interessante como Nietzsche retoma, invertendo-lhe os termos, o argumento de uma *astúcia* da natureza ou da razão, presente, em contextos diversos, em Kant e em Hegel, com o objetivo de propor que os indivíduos realizariam o propósito racional mesmo quando pensam agir a partir de seus impulsos e interesses próprios. Em Nietzsche, os homens são joguetes não da razão mas, ao contrário, da necessidade:

> As mãos de ferro da necessidade que sacodem o corno de dados do acaso jogam o seu jogo em um tempo infinito: é necessário que se produzam os lances que apenas parecem estar conformes a todos os graus de finalidade e de racionalidade. Talvez as nossas ações voluntárias e os nossos fins sejam só esses lances. Mas somos muito estreitos e vaidosos para compreender a nossa extrema limitação: isto é, aceitar que nós próprios sacudimos com mão de ferro a cornucópia de dados e que, mesmo em nossas ações aparentemente as mais intencionais, não fazemos outra coisa senão jogar o jogo da necessidade.[5]

Esses pressupostos de *Aurora* aparecem no *Gaia ciência* para explicitar um programa filosófico: "Minha tarefa: a desumanização da natureza e depois, quando ele houver adquirido o puro conceito de 'natureza', a naturalização do homem".[6] A desumanização da natureza consiste em submeter o desejo à desordem inumana do devir, para impedir que esse desejo se sobreponha à realidade, antropomorfizando-a. Essa submissão – o *amor fati* – junta-se à afirmação do desejo, isto é, à afirmação da vontade de potência. Uma tensão estaria assim na base da segunda compreensão de cultura, desta vez positiva, encontrada em Nietzsche: a cultura como esforço para manter e conciliar o desejo com o trágico. Mas é na distância da natureza em relação

---

5 Ibidem.
6 NIETZSCHE, Friedrich. *Le gai savoir*, 11. Tomo V. Paris: Gallimard, 1970.

a si mesma, ou seja, somente no próprio homem, que se fundam tanto o ideal e a moral, quanto o *amor fati*. A cultura é o conjunto de procedimentos que a natureza adota, no homem, para preencher essa distância. Ela não é, portanto, um incondicionado abstrato, mas, ao contrário, um empreendimento coletivo, próprio de uma determinada sociedade, época ou civilização. Nesse sentido, pode-se dizer que a cultura é a "moral" – na acepção nietzscheana – de uma dada coletividade.

O problema da cultura foi formulado por Nietzsche em uma época refratária à razão especulativa, imbuída de um espírito antissistemático e hostil a qualquer intelectualismo, semelhante, em suas reações, às do romantismo alemão contra o espírito da *Aufklärung*. Foi o momento filosófico de valorização da dimensão da *Erlebnis*, da experiência vivida, do imaginário e da arte. Quando pensa a cultura, Nietzsche parte, em seus textos juvenis, desta dimensão sensível, tomando como prioritária a questão existencial privilegiada por Schopenhauer, o seu "educador". Mas a importância da indagação sobre o valor da vida ou da existência permanece no seu pensamento maduro. Ao rever os trabalhos de juventude no *Tentativa de autocrítica*, de 1886, Nietzsche reconhece a importância do "grande ponto de interrogação sobre o valor da existência".[7] É a partir da perspectiva existencial – inusitada para as exigências da razão científica – que vai julgar a razão. Eric Blondel indica a importância da proposta:

> O gesto específico de Nietzsche (...) lança as bases de uma espécie de revolução análoga, mas inversa, a que Kant chamaria de copernicana: é preciso substituir o julgamento do espírito sobre a vida por uma perspectiva cujos critérios ponham em relevo a vida, ponto de partida irrecusável, para avaliar a própria razão e o próprio espírito.[8]

---

7 NIETZSCHE, Friedrich. *O nascimento da tragédia*. São Paulo: Companhia das Letras, 1992. p. 14.

8 *Nietzsche, le corps et la culture*. Col. Philosophie d'Aujourd'hui. Presses Universitaires de France, 1986. p. 81.

Desde os textos juvenis, é na perspectiva da vida que Nietzsche considera a problemática da cultura. Posteriormente, a genealogia vai amadurecer esta preocupação, dando "método" ao esforço para recuperar, em qualquer discurso, o lugar de sua emergência e de suas condições de existência, ou seja, a sua dimensão de vida. Refletir sobre a cultura a partir deste solo existencial será considerar a vida do indivíduo como condição para a existência de seu pensamento. Por isso, quando Nietzsche se interroga sobre a cultura, é a uma cultura precisa que se dirige – alemã, moderna, grega ou judia – isto é, a fenômenos culturais determinados, a singularidades concretas, a partir dos quais os discursos se tornam possíveis.

Se viver é avaliar, isto é, responder a questões concernentes às condições de existência, pensar a cultura na perspectiva da vida significa considerar os valores que se organizam a partir das respostas dadas – por uma determinada época, por uma determinada sociedade – a questões referentes às condições de existência dessa cultura. É esse o horizonte no qual se elabora a crítica de Nietzsche à cultura. Dirige-se a uma singularidade concreta, a seus ideais, mas também aos seus tipos de existência, a sua moral. Assim, quando Nietzsche se opõe à "cultura moderna", ele o faz pelo embate da racionalidade científica com aquele tipo de questões a que chamou de "insólitas" na terceira de suas "Considerações intempestivas":

> (…) é preciso no presente descer até as profundezas da existência e lhe pôr uma série de questões insólitas. Por que vivo? O que tenho a aprender com a vida? Como me tornei o que sou e por que é preciso que eu sofra por ser assim? Por que vive você?[9]

---

9 NIETZSCHE, Friedrich. *Considérations inactuels*. 4. ed. Paris: Aubier-Montaigne, 1976. Bilíngue.

Alguns "modelos" de cultura inspiram a crítica de Nietzsche. Primeiramente, o modelo grego, o mais importante por ter sido a cultura que soube buscar o equilíbrio entre o destino trágico e o homem, entre a *polis* e o indivíduo. Nas Intempestivas, é Goethe – mas também Schopenhauer e Wagner – o modelo individual de cultura (*Bildung*), encarnando aí, de forma consciente, a essência da cultura grega. Também Hölderlin, em suas preocupações com a renovação da cultura alemã pelo espírito grego, fornece-lhe um modelo.[10] A perspectiva de Nietzsche, nos quatro textos que constituem as considerações, é a de um polemista. Não se trata de expor os argumentos de uma reflexão; trata-se antes de obrigar, pelo tom provocativo, um posicionamento do leitor face a uma situação exposta a partir de uma "convicção" do autor. Esse posicionamento do leitor requer, por sua vez, a formação de sua convicção, ou seja, de um compromisso não teórico com o assunto. Este nível – o da convicção e não o da verdade lógica – é reivindicado por Nietzsche, com todos os riscos assumidos. É a partir de uma convicção, e não pelo efeito da demonstração argumentativa, que os homens agem. E Nietzsche quer despertá-los para a ação em um momento que considera de crise para a cultura alemã. "Em toda a filosofia, escreverá anos depois, "há um ponto em *que a* 'convicção' do filósofo entra em cena".[11] A convicção do filósofo posta em cena autoriza-o a ser o porta-voz dos interesses da cultura alemã. Ou melhor, neste momento em que aceita o perigoso risco de pensar radicalmente a sua época e de agir nela, o filósofo encarna a sua cultura, ou, como formula Nietzsche, o espírito alemão. Esta honestidade de se pôr perigosamente em cena, que na terceira Intempestiva o autor aponta como própria do pensamento de Schopenhauer – ou, formulando melhor, como característica da vida e do

---

10 São muito esclarecedoras, para analisar estas influências, as considerações de Charles Andler, em seu clássico estudo *Nietzsche, sa vie et sa pensée*. v. I, II, III. Paris: Gallimard, 1958.

11 *Além do bem e do mal*, 8. São Paulo: Companhia das Letras, 1997. p. 14.

pensamento do homem schopenhauriano, modelar para Nietzsche – é a *virtù* perseguida por Nietzsche em sua vida e em seu pensamento. Ela se manifesta como uma busca (*Versuch*) interminável, oposta às facilidades imediatas da opinião dominante. – "Pois este espírito alemão está sempre em busca! (…) e recusa-se a acreditar na opinião corrente".[12]

A convicção do filósofo é o elemento capaz de fazer face à banalização da opinião pública (*Öffentlichen Meinung*) e de se pôr à contracorrente de seu tempo. Ela é, neste sentido, intempestiva. O termo *Unzeitgemäss* é explicado por qualidades como a honestidade e a simplicidade. São intempestivos:

> (…) aqueles que não se sentem cidadãos do tempo presente, pois, neste caso, seriam forçados a colaborar em matar a sua época e com ela morreriam, quando, ao contrário, querem fazer a sua época despertar para a vida, a fim de que eles próprios possam sobreviver com ela e nela.[13]

A força dessa *convicção* deriva da articulação da possibilidade de sobrevivência do filósofo (vida e pensamento) com a possibilidade de sobrevivência de sua época, de sua cultura. Assim, o objeto do ataque mais imediato das quatro Intempestivas[14] é a *inteligenzzia* alemã, em sua ilusão a respeito da superioridade da sua cultura, principalmente na euforia que se seguiu à vitória sobre a França, em 1870. A popu-

---

12 NIETZSCHE, Friedrich. *Unzeitgemässe Betrachtungen* I, 1. Paris: Aubier-Montaigne, 1976.

13 Ibidem.

14 O projeto inicial de Nietzsche era o de escrever uma quarentena de panfletos críticos à atualidade alemã, sob o título significativo de *Anzugreifen*. Escreveu, no entanto, apenas os quatro que constituem as *Considerações intempestivas* (deixando um quinto esboçado). São eles: "*David Strauss, crente e escritor*"; "*Da utilidade e dos inconvenientes da história para a vida*"; "*Schopenhauer, educador*"; "*Richard Wagner em Bayreuth*". Cf. ANDLER, Charles. *Nietzsche, sa vie et sa pensée*. v. I, II, III. Paris: Gallimard, 1958.

larização dessa ilusão parece-lhe extremamente nefasta por impedir a visão da precariedade e, mesmo, da inexistência de uma cultura alemã:

> (...) de todas as consequências lastimáveis da nossa recente guerra contra a França, a pior foi talvez o erro muito corrente, mesmo generalizado, comum a toda opinião pública e àqueles que são os seus intérpretes, a saber, que teria sido também a cultura alemã que triunfou nessa luta.[15]

Tal ilusão seria radicalmente perigosa para o futuro da cultura alemã, pois arriscaria o seu naufrágio definitivo, na sua confusão entre cultura e estado, isto é, entre o *"deutsch Geist"* e o *"deutsch Reich"*. A cultura alemã não disporia de qualquer energia para lutas, nem mesmo para combater o que Nietzsche chama de "o seu inimigo interior", ou seja, a caricatura de cultura que esconde a sua miséria espiritual. O objetivo da polêmica é criticar uma cultura falseada, mostrando como os alemães perderam a "noção verdadeira de cultura" ao divorciá-la da vida, das reais condições de existência. Em um segundo momento, a reflexão propõe a norma do que pretende ser uma "cultura alemã verdadeira e autêntica". Nietzsche encontra, na inércia que caracteriza a opinião pública, tanto um sentimento de autossatisfação, fornecido pela ilusão de que promove uma cultura superior, quanto uma "cultura", isto é, um conjunto de procedimentos que realimentam este sentimento e que, por isto mesmo, reforçam a imobilidade. A análise reconhece os inimigos de uma "cultura verdadeira" nos que fazem a opinião pública – o "grupo coerente" e narcotizado de jornalistas e de filisteus cultivados:

---

15 *Considérations inactuels*. I, l. 4. ed. Paris: Aubier-Montaigne, 1976.

Esta felicidade e esta embriaguez, eu as sinto na incrível pretensão dos jornalistas alemães, dos fazedores de romances, de tragédias, de poesia e de história, porque eles formam um grupo coerente e parecem ter jurado se apropriar das horas que o homem moderno consagra a seu lazer e a sua digestão, logo a sua "cultura": é nestes momentos que procuram sufocá-los em um monte de papel impresso.[16]

O termo "filisteu" merece um esclarecimento. Habitualmente empregado, na época, no par de opostos filisteu-artista, que apontava para as dimensões antagônicas da experiência burguesa e da experiência artística, o termo ganha uma novidade em Nietzsche. Distingue não simplesmente o burguês do artista, mas o burguês cultivado ou, mesmo, o burguês artista, do verdadeiro homem culto, do verdadeiro artista. O filisteu cultivado vive a ilusão de que faz cultura e confunde a "unidade de estilo", segundo Nietzsche a característica fundamental de uma verdadeira cultura, com a uniformidade das necessidades e das opiniões: "Esta imponente uniformidade, que explode em *tutti unisono*, de nenhuma forma imposta mas espontânea, o leva a acreditar que está de fato diante de uma cultura".[17] Confundindo a cultura com o que é a sua negação, o filisteu acaba por constituir um grupo de negações, ou um "sistema de incultura", e por tomar a barbárie por "unidade de estilo".[18] Nietzsche, prenunciando na questão a sua posterior genealogia de 1887, pergunta-se sobre as condições que possibilitaram a existência deste tipo, o filisteu cultivado.

A compreensão de cultura em Nietzsche e também o seu elogio ao clássico (por oposição ao romântico ou decadente) introduzem nas "*Intempestivas*" a noção de vida. Essa noção só ganhará nitidez nos termos radicalmente originais de sua formulação genealógica, mas, embora apresentada de modo um tanto ambíguo, já é de uma im-

---

16 Ibidem.
17 Ibidem.
18 Ibidem.

portância decisiva nos textos juvenis. A partir da convicção de que "a vida é chamada a testemunhar a qualidade da cultura",[19] o diagnóstico será de que não existe, na Alemanha, uma cultura unificada à vida. Esta constatação é definitiva para a crítica, pois entende a cultura por oposição à barbárie, como uma "unidade de estilo": "A cultura é, antes de tudo, a unidade de estilo que se manifesta em todas as atividades de uma nação". Por oposição, a barbárie – a realidade da cultura alemã – é "a ausência de estilo ou a mistura caótica de todos os estilos".[20]

Recriminando a cegueira do filisteu cultivado diante da situação da cultura alemã, Nietzsche dá uma indicação importante, ainda que em negativo, do que entende por articulação entre vida e cultura ou do que chama de "unidade de estilo":

> (…) tudo deveria instruí-lo, o menor olhar lançado sobre as vestimentas, sobre os seus móveis, a sua casa, o menor passeio nas ruas de suas cidades, as suas visitas às galerias de arte da moda. Deveria se dar conta (da barbárie) nos gestos cotidianos, na origem de suas maneiras e de seus gestos. Em todas as instituições da cultura, no concerto, no teatro, em todas as manifestações votadas às Musas, ele deveria ter consciência desta mistura grotesca, desta acumulação de estilos.[21]

Se a cultura alemã filisteia prefere manter a ilusão da superioridade de sua falsa cultura, impedindo assim a ação do filósofo-médico contra a decadência do espírito alemão, é por ter "vícios" – o egoísmo, a precipitação – que Nietzsche concebe como caracteristicamente modernos. Nos anos 1870, a crítica de Nietzsche à cultura filisteia é também uma crítica à modernidade em um sentido largo: "a caça da

---

19 Ibidem.
20 Ibidem.
21 Ibidem.

felicidade nunca foi tão obstinada como quando é preciso capturá-la hoje de manhã, porque amanhã talvez a temporada de caça esteja fechada para sempre". Nessa precipitação, o filisteu acaba por perigosamente ignorar as forças "selvagens, primitivas e absolutamente implacáveis que a modernidade abriga".[22] Na relação entre cultura filisteia e modernidade, o problema da cultura ganha uma extensão maior do que indicava o caráter de intervenção pontual das Intempestivas. Se os problemas da cultura aparecem aí delimitados por fatos e personagens determinados, a sua gravidade aponta para a dimensão maior de uma crítica mais ampla à modernidade da cultura ocidental, como realização de sua destinação niilista.

Para Nietzsche, a distância permite o olhar crítico. Assim, só um elemento estranho à cultura alemã poderia se dar conta da barbárie dominante. Certamente, um estrangeiro, alguém que fosse oriundo de "uma cultura autêntica e profunda, como o francês", sugere Nietzsche. Mas um outro tipo de distância é requerido para que possa existir uma disposição de luta em relação a essa barbárie. Só os que dependem, para a sua sobrevivência, da sobrevivência de uma cultura autêntica, aqueles que buscam "fazer a sua época despertar para a vida, a fim deles próprios sobreviverem com ela e nela"[23] – a estes Nietzsche chama de "intempestivos". Estes são, em todos os tempos, as "altas figuras heroicas", os "pensadores honestos e simples" ou, mais exatamente, "aqueles que buscam" (*sie Suchende waren*), quando não mais buscar é a divisa do filisteu (*es darf nicht mehr gesucht werden; das ist die Philisterlosung*"). Os intempestivos seriam tipos épicos em busca da cultura alemã autêntica e original (*ursprüngliche deutsche Kultur*), como um solo intacto para o espírito humano em sua tarefa de "construir sua morada" (*sein Haus baue*), ou seja, constituir-se como uma cultura articulada à vida: "foi se pondo esta questão que atravessaram

---

22 Ibidem.
23 Ibidem.

os desertos e os golpes traiçoeiros das épocas miseráveis de condições demasiado estreitas e foi sempre na busca que os vimos desaparecer de nossos olhos".[24]

Uma das possíveis causas do comportamento filisteu, paralisado em sua divisa de "não mais buscar", foi a reação compreensível do senso comum, no início do século XIX, a uma experimentação exacerbada, à existência de uma "mistura de sistemas filosóficos delirantes que torturavam a língua", de "teorias históricas extravagantes", enfim ao "carnaval de todos os deuses e todos os mitos" dos românticos. O filisteu culto fez dessa reação saudável e circunstancial do senso comum um álibi para a sua inércia de espírito e sofisticou-a sob o nome de "consciência histórica" (*historische Bewusstsein*). Contra essa tortuosa desfiguração da cultura, Nietzsche opõe as qualidades do pensamento intempestivo.

A história, reduzida pela cultura filisteia à mera coleção de fatos, passou a ser a justificativa para essa inércia e para o horror filisteu ao novo, ao vivo, ou seja, a uma verdadeira cultura. Represando a força revigorante dos clássicos – o épico – nas grades dessa consciência histórica e reduzindo todas as ciências, e também a filosofia e a filologia clássica, a disciplinas históricas, o "sistema de incultura" filisteu demonstra a vontade que o anima, ou seja, para usar os termos posteriores do Nietzsche genealógico, uma vontade de nada, um temor diante da força do gênio, para o advento do qual a cultura deveria trabalhar. Esse temor se explica porque, do ponto de vista do comodismo espiritual filisteu, a força do gênio é tão dominadora quanto uma verdadeira cultura é tirânica. Esta não concilia os homens com o real pela razão. Ao contrário, revela constantemente a trágica distância entre o real e a razão e faz desta distância a sua fonte. Nesse contexto, muito próximo de Schopenhauer em sua crítica, Nietzsche evoca a filosofia de Hegel como expressão da cultura filisteia:

---

24 Ibidem.

Uma filosofia, que dissimulava castamente sob os ornamentos e grinaldas a crença filisteia de seu autor, inventou ainda uma fórmula para divinizar a banalidade cotidiana. Falou da racionalidade de toda a realidade, o que lhe permitiu insinuar-se junto do filisteu cultivado que também ama os ornamentos e grinaldas, mas que, acima de tudo, acredita-se o único real e faz de sua própria realidade a medida da razão do mundo.[25]

Este real, confundido com a razão, constitui na cultura filisteia o "lado sério da vida" por oposição aos divertimentos, que é como ela entende a dimensão da cultura e da arte.

A salvação do espírito alemão para uma verdadeira cultura é obra de tipos heroicos, intempestivos. Com eles alinha-se o jovem Nietzsche, convicto de que honrar esses autênticos representantes de espírito alemão – Goethe, Schopenhauer e Wagner, no horizonte das Intempestivas – é dar continuidade ao trabalho da cultura. A certeza de Nietzsche de que a cultura é um processo longo, uma tarefa de tipos heroicos, intempestivos à contracorrente da opinião pública, o põe no caminho dos clássicos, contra a barbárie moderna. Para Nietzsche, o trabalho da cultura é o de uma comunidade espiritual de indivíduos – e indivíduos bem raros – e não um empreendimento da espécie segundo o propósito da natureza, como em Kant, ou um desenvolvimento teleológico do espírito, como em Hegel. Em Nietzsche há uma inserção da problemática da cultura na singularidade concreta de um indivíduo, de um tempo, de uma dada sociedade e dos tipos de vida que nela se apresentam. Essa concepção tem, certamente, uma influência das tipificações de certas análises de Goethe de diferentes culturas, consideradas a partir de singularidades como o alemão, o francês, o inglês etc.[26]

---

25 Ibidem.
26 Ver, por exemplo, o desenvolvimento dessas tipificações no *Conversas com Eckermann*.

O trabalho da cultura, conduzida pelo tipo-herói – o intempestivo – é *Bildung*, isto é, um cultivo, uma formação. A cultura (*Kultur*) deve proporcionar o trabalho de cultivo, a formação do gênio, da grande obra. Disso depende a sua sobrevivência e é essa realização que lhe prova a autenticidade. Nesse contexto, a educação se fará muito mais pelo exemplo único do que por uma pedagogia uniformizadora. Uma educação verdadeiramente culta visará o "cultivo de si", isto é, terá como objetivo promover o indivíduo como "caso único". A cultura filisteia, ao contrário, constitui-se pela negação da irredutibilidade do indivíduo, pois nela a "opinião pública" sobrepõe-se à opinião do indivíduo. Uma verdadeira emancipação[27] só é possível pela assunção dessa irredutibilidade e pela renúncia à "preguiça privada" que permite a hegemonia da opinião pública.

Parece-me que a grande originalidade da perspectiva crítica das Intempestivas, textos considerados negativamente metafísicos pelo próprio Nietzsche em sua *Autocrítica*, de 1886, está onde se poderia encontrar, em uma primeira leitura, o seu ponto mais fraco, a saber, no "elitismo" de sua proposta de uma comunidade de heróis. É justamente essa concepção que lhe permite valorizar uma ética individual de generosidade em oposição ao egoísmo da desenfreada "caça à felicidade", denunciado por Nietzsche ao caracterizar a cultura moderna.

Se são indivíduos determinados – Goethe, Schopenhauer, Wagner etc. – que Nietzsche toma como exemplares da verdadeira cultura, estes indivíduos constituem, no entanto, "tipos". Erigindo-os em uma tipologia, Nietzsche ultrapassa os limites de uma análise subjetiva da cultura. Quando propõe como o verdadeiro trabalho da cultura proporcionar o aparecimento destes tipos, seu ponto de partida é a individualidade, com ênfase no "caso único", um *eu* irredutível que é cada homem como meta da *Bildung*.

---

27 Alusão ao projeto de Kant da *Aufklärung* como ocasião para a emancipação da humanidade, ou seja, para a conquista de sua maioridade. Cf. *Resposta à pergunta: que é Esclarecimento? Immanuel Kant – textos seletos*. Petrópolis: Vozes, 1985.

No entanto, é importante discernir o caráter especial da compreensão que Nietzsche tem dessa irredutibilidade, expressa em "Schopenhauer educador", na fórmula "ser si mesmo". A busca deste *eu* é problemática: não se trata de procurar por algo previamente conhecido, de algo que existiria antes dessa busca como, por exemplo, um "verdadeira natureza humana" ou uma "essência humana" degradada. Tampouco é a busca de um *eu* psicológico, de um desejo constituinte ou qualquer outra instância interior: "o teu ser verdadeiro não está escondido no fundo de ti. Está, ao contrário, infinitamente além de ti, ao menos muito além do que habitualmente tomas pelo teu eu". Assim, a proposta de um radical "torna-te tu mesmo" não pode ser confundida com a valorização psicológica de uma interioridade. Ao contrário, a busca desse *eu* é um problema de exterioridade: Nietzsche não deixa dúvidas em sua instrução:

> Eis como é preciso instaurar o questionamento essencial. Que a jovem alma considere a sua vida anterior e se pergunte: "o que você verdadeiramente amou até aqui?" Pelo que se sentiu atraída, pelo que se sentiu dominada e, ao mesmo tempo, preenchida? Faça repassar sob os seus olhos toda a série de objetos venerados e talvez, pela sua natureza e sucessão, eles lhe revelem uma lei, a lei fundamental de seu verdadeiro eu. Compare esses objetos entre eles, veja como (...) formam uma escala graduada que serviu para te elevares ao teu eu.[28]

O tema vai reaparecer em *Aurora*, de forma igualmente clara: "Conhece-te a ti mesmo, e toda a ciência. Só no termo do conhecimento de todas as coisas o homem se conhecerá. Porque as coisas são as fronteiras do homem".[29] Sendo assim, a questão existencial, formulada necessariamente por um indivíduo, só pode encontrar o caminho para a sua resposta em um nível que a individualidade seja

---

28 *Considérations inactuels,* III. 4. ed. Paris: Aubier-Montaigne, 1976.
29 *Aurore,* 48. Tomo I. Paris: Gallimard, 1970.

ultrapassada. Desde 1871, isto é, desde os seus primeiros escritos, Nietzsche tem clareza, como escreve na segunda de suas Intempestivas, de que nem a ciência, nem a política, nem a vitória econômica e militar, nem o Estado, nem a moral ou a religião poderiam responder, na Alemanha de sua época, a tal questão. Nesse período, concebe um modelo de homem completo, que propõe como paradigma para a educação do homem moderno – é o homem de Schopenhauer, tal como ele apresenta na terceira Intempestiva.[30]

Existiria, como encontra Eric Blondel, uma ambiguidade entre um projeto moralista, axiológico, tal como se dá especialmente nas *Intempestivas*, e as implicações deterministas de sua proposta genealógica posterior? Segundo ele:

> Nietzsche é moralista primeiro porque contesta um estado de coisas, exigindo a sua transformação, também porque se esforça para discernir uma unidade de princípios da conduta humana, julgando-a segundo categorias de valor e propondo-lhe fins. Mas o é ainda por sua repugnância em colocar o problema da conduta humana em termos estritamente sociopolíticos e univocamente deterministas. Comparada à análise marxista, a problemática nietzscheana não deixa de surpreender por sua exigência axiológica e por seu recurso a uma noção que não vem nem de uma perspectiva socioeconômica, nem de uma problemática estritamente individual, pois que se situa no nível do que o século XVIII chamou de "costumes" (*moeurs*).[31]

Há um idealismo nesses textos juvenis, reconhecido pelo próprio Nietzsche no referido *Tentativa de autocrítica*, de 1886. Um idealismo que aparece claramente na concepção de um ideal de cultura de

---

30 Nesse sentido, a qualificação de empírica e subjetiva, dada por Aléxis Philonenko, à crítica da cultura das Intempestivas, parece-me problemática. Ver *Nietzsche, le rire et le tragique*. Paris: Librairie Générale Française, 1995. p. 42-66.

31 *Nietzsche, le corps et la culture*. Col. Philosophie d'Aujourd'hui. Presses Universitaires de France, 1986. p. 82.

estatuto metafísico e na ausência de um questionamento, existente na sua posterior genealogia, sobre a origem e a diversidade dos ideais.

Posteriormente, Nietzsche vai se afastar deste idealismo. Em *Ecce homo*, ele comemora o afastamento: "Humano demasiado humano é o monumento de uma crise. Ele se proclama um livro para espíritos livres: quase cada frase, ali, expressa uma vitória – com ele me libertei do que não pertencia à minha natureza. A ela não pertence o idealismo...".[32] A mudança é explicitamente indicada por Nietzsche em sua reavaliação da obra juvenil *O nascimento da tragédia*, feita em 1886 no *Tentativa de autocrítica* e, ainda, no Prólogo de *Humano demasiado humano*, também de 1886. A partir desse momento, Nietzsche empenha-se em análises descritivas e críticas dos diferentes valores representados pelos grandes nomes e pelas grandes épocas da história.

Nessas análises já se encontra uma noção de cultura construída a partir de um princípio único que ordena o que critica. Uma determinada unidade como, por exemplo, o socratismo ou o cristianismo, é proposta como princípio da história da cultura. Mas é só a partir de *Além do bem e do mal*, e, sobretudo, de *Genealogia da moral*, de 1887, que uma nova concepção de cultura é elaborada por Nietzsche. Essa novidade determina-se na proposta de uma espécie de método de análise, a *genealogia*.

A compreensão do que seja essa genealogia é antecipada por outras fórmulas que aparecem na obra de Nietzsche antes do livro de 1887. Assim, em *Aurora*, a expressão "história natural", do aforismo 112, intitulado "Para a história natural do dever e do direito". Em *Humano demasiado humano*, há uma referência à "história dos sentimentos morais". Em *Além do bem e do mal*, no quinto capítulo, intitulado "Contribuição à história natural da moral", a proposta de uma *tipologia* da moral já esboça o projeto genealógico. Mas é só na *Genealogia da moral* que o termo ganha a sua compreensão plena, anun-

---

[32] NIETZSCHE, Friedrich. *Ecce homo ou como alguém se torna o que é*. São Paulo: Companhia da Letras, 1995. p. 72.

ciada em tantos termos anteriores, quando Nietzsche se apresentara como "historiador", "psicólogo", ou "filósofo da suspeita". É também aí que a noção de cultura, constituída a partir de uma unidade, ganha toda a sua extensão crítica em expressões como "cultura ocidental platônica-cristã", "cultura grega", "projeto do super-humano".

A genealogia evita atribuir à cultura, entendida apenas como conjunto de representações, uma influência causal sobre a conduta dos indivíduos ou dos grupos. Se o jovem Nietzsche superestimava a influência das representações culturais, o genealogista as entende como uma espécie de "linguagem cifrada". Constituem, antes, uma *semiótica*, isto é, indicações de um fenômeno sintomático que se desconhece como tal. As representações da cultura são máscaras que um "corpo" veste, são expressões travestidas de seus desejos. Assim, a cultura não é apenas um conjunto de representações, mas o conjunto de valorações de uma época e de um povo: a face oculta da realidade de uma certa economia corporal que Nietzsche chama, às vezes, de "metabolismo" (*Stoffwechsel*). No horizonte da genealogia, a cultura é o conjunto de valores, isto é, um tipo de vida, um modo de economia corporal. Nessa compreensão, analisar a cultura é fazer história: a genealogia é uma história da cultura, isto é, ocupa-se com uma unidade diacrônica. Essa unificação não se fará, no entanto, no horizonte de uma teleologia, mas na constituição de tipos ou etapas, como unidades irredutíveis da cultura ocidental: ressentimento, má consciência, ascetismo ou platonismo, cristianismo, socratismo – são tantas fórmulas para responder à pergunta genealógica sobre o valor dos valores dessa unidade fundamental que é a cultura ocidental. O importante é a concepção de Nietzsche sobre esses valores que regem a prática, os costumes, os ideais de uma dada totalidade sócio-histórica. Os valores, para ele, não são apenas representações, mas um conjunto de meios disponíveis pelo corpo para apropriar-se da vida, de forma direta ou indireta, segundo uma vontade forte ou fraca. É a relação com a vida, por sua afirmação ou negação, que determina uma economia do corpo expressa na cultura.[33] É nesse contexto da cultura considerada em um metabolismo vital-corporal que a fórmula proposta de "retraduzir o homem de volta à natureza"[34] ganha sentido. A cultura assim considerada não se separa da natureza e se torna objeto de uma "história natural" (*Naturgeschichte*), expressão que Nietzsche usa como sinônimo de genealogia.

Do idealismo do intempestivo ao fisiologismo do genealogista, Nietzsche manteve-se fiel à problemática da cultura. Mais do que isso, permaneceu fiel às grandes inflexões de suas considerações juvenis, já tão radicalmente originais, deslocando-as incessantemente em sua obra posterior.

[Publicado originalmente com o título de "Nietzsche, crítico da cultura." Cf. LEÃO, Carneiro (Org.). *Tempo Brasileiro*, Rio de Janeiro, v. 143, out./dez. 2000.]

---

33 Ver sobre a relação corpo e cultura o importante estudo de *Nietzsche, le corps et la culture*. Col. Philosophie d'Aujourd'hui. Presses Universitaires de France, 1986.
34 *Além do bem e do mal*, 230. São Paulo: Companhia das Letras, 1997.

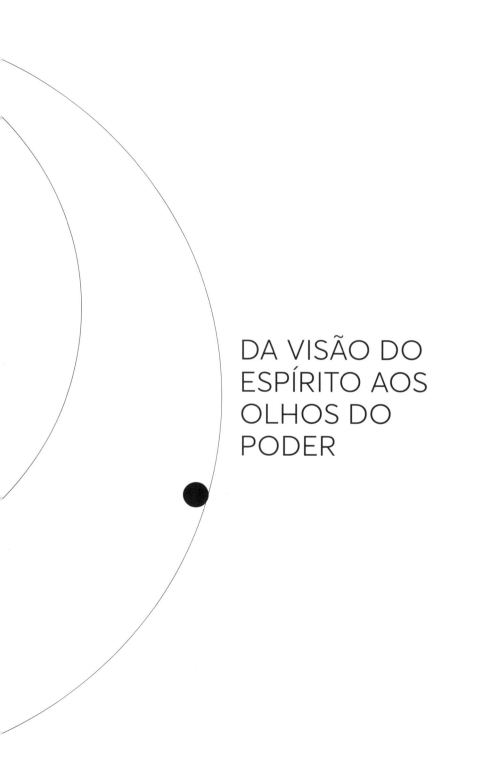

DA VISÃO DO ESPÍRITO AOS OLHOS DO PODER

Já foi observado que o privilégio da experiência visual faz parte da tradição cultural francesa.[1] De Descartes às digressões de Roland Barthes e de Gilles Deleuze sobre a fotografia e o cinema, passando pela clássica análise de Sartre sobre o olhar, os franceses parecem ter dado forma especulativa a esse fascínio escópico que outro francês, Jacques Lacan, soube tão bem revelar na teoria psicanalítica. E é certamente significativo ter sido cunhado em francês o termo para designar uma modulação mais intensa da experiência desse fascínio: *voyeur, voyeurismo*.

Foram também, sem dúvida, os filósofos das *Lumières* – as luzes que, passados dois séculos, ainda brilham no horizonte de nossa cultura – que levaram mais longe as possibilidades significativas do discurso visual. A sociedade justa, livre, igualitária e fraterna é, para as Luzes, aquela que não opõe obstáculos ao olhar do cidadão comum. É a que, ao contrário, proporciona uma visibilidade plena dos mecanismos de seu funcionamento. O sonho de Rousseau, a utopia de tantos revolucionários, é o de uma sociedade transparente, sem as zonas obscuras onde o arbítrio escapa ao olhar do cidadão, provida de um olhar límpido capaz de flagrar qualquer vestígio de antigos privilégios da aristocracia.[2] Nessa sociedade perpassada por olhares, os corações se comunicariam, a opinião de cada cidadão, livremente circulando, reinaria sobre todos. O reino da opinião dos filósofos das Luzes é uma organização do poder sob a visibilidade coletiva e anônima. A esta exigência de transparência do social corresponde, no século XVIII, uma repulsa à escuridão, ao que escapa ou resiste ao olhar iluminista.

A edificação de uma nova ordem moral e política dependia de que a luz da razão e da justiça, encarnada no olhar do cidadão, iluminasse as regiões sombrias onde se abrigam a ignorância, a superstição religiosa, a mentira dos tiranos. Nesse sentido, são muito sugestivas

---

1 Cf. JAY, Martin. In the Empire of the Gaze: Foucault and the degeneration of vision in the XXth. In: HOY. David (Org.). *Foucault:* a Critical Reader. Nova York: Wiley-Blackwell, 1986.

2 Cf. STAROBINSKI, Jean. *Jean-Jacques Rousseau:* La Transparence et l'obstacle. Paris: Gallimard, 1971.

as considerações de Michel Foucault sobre a desconfiança e o medo que os homens do século das Luzes passaram a ter pelos lugares inacessíveis ao seu olhar: castelos, fortalezas, conventos, e também sobre como, no imaginário dos romances de terror contemporâneos à Revolução, uma paisagem fantástica feita de masmorras, cemitérios e castelos passa a abrigar o horror.[3]

Esse olhar que ilumina, que conhece e liberta é quase tão novo quanto a Revolução. Na valorização da experiência visual no pensamento clássico francês estava, no entanto, ausente o olhar.[4] Se já existia o privilégio da experiência visual em uma certa tradição filosófica, a temática específica do olhar de um sujeito empírico (por exemplo, o cidadão) aparece no século XVIII. A utopia libertária desse olhar, expressa no Iluminismo, teve uma espécie de subproduto necessário que esclarece a sua origem e os seus limites, e permite pensar criticamente valores que, em última análise, são os da modernidade.

Sabe-se que, para Descartes, ver era perceber. Mas essa percepção, só aparentemente, se dá por intermédio dos sentidos. Ela depende de uma visão que os ultrapassa, quando então *ver* é ser transparente para o espírito, por sua luz anterior a qualquer olhar. A luz é o elemento de idealidade no qual as coisas estão adequadas a sua essência e à forma pela qual se juntam a essa essência, na geometria dos corpos. O primeiro discurso da *Dióptrica* é, não poderia deixar de ser, sobre a luz.[5] Descartes, para explicar o que é a luz e qual sua importância para a visão, o sentido que considera "o mais universal e o mais nobre" entre todos, faz uma comparação. A luz é um movimento, uma ação forte que age sobre os nossos olhos assim como, por exemplo, o bastão que nos ajuda a caminhar em uma noite escura, num terreno difícil. Se não levarmos uma tocha neste passeio, o

---

3 Cf. FOUCAULT, Michel. L'oeil du pouvoir, entrevista. In: BENTHAM, Jeremy. *Le panoptique.* Paris: Pierre Belfond, 1977.

4 Cf. FOUCAULT, Michel. *Naissance de la clinique.* Paris: Presses Universitaires de France, 1972.

5 DESCARTES, René. *Dioptrique.* Paris: Garnier-Flammarion, 1966.

bastão nos ajudará, ainda que imprecisamente, a distinguir os objetos que encontrarmos. Por sua ação, saberemos se pisamos na água, na areia ou na lama; se esbarramos em pedras ou em arbustos. Os cegos de nascença, supõe Descartes, farão do bastão uma espécie de sexto sentido e até poderíamos dizer que eles veem pelas mãos, isto é, pela ação do bastão sobre elas. A luz é para os nossos olhos o que o bastão é para o cego. É por ela que podemos distinguir as cores dos corpos: todos sabem que para serem vistos os objetos devem ser luminosos ou iluminados. Eles, e não os nossos olhos. E se os gatos podem ver no escuro é porque têm a luz nos seus olhos. Mais adiante, no quarto discurso, Descartes relembra ao leitor que é a alma que realmente vê, sente. E comprova a sua afirmação expondo certas circunstâncias em que a alma está distraída ou muito concentrada e o corpo fica com suas sensações enfraquecidas ou, até, desprovido delas.

Na segunda das Meditações, a conhecida análise do pedaço de cera, esclarece essa última afirmação do *Dióptrica*. No momento em que o argumento é introduzido, Descartes acaba de estabelecer, pelo estratagema da dúvida, a certeza da existência do sujeito das representações, primeira das verdades na ordem das razões. A esta verdade inaugural do *cogito* devem se seguir outras, que vão estabelecer a possibilidade do conhecimento, a legitimidade da ciência:

> Tomemos este pedaço de cera que acaba de ser tirado da colmeia: ele não perdeu ainda a doçura do mel que continha, retém ainda algo do odor das flores de que foi recolhido; sua cor, sua figura, sua grandeza são patentes; é duro, é frio, tocamo-lo e, se nele batermos, produzirá algum som (...). Mas eis que, enquanto falo, é aproximado do fogo: o que nele restava de sabor exala-se, o odor se evanesce, sua cor se modifica, sua figura se altera, sua grandeza aumenta, ele se torna líquido, esquenta-se, mal o podemos tocar e, embora nele batamos, nenhum som produzirá.[6]

---

6 DESCARTES, René. *Méditations*. Oeuvres et lettres. Pleiade. Paris: Gallimard, 1953. Trad. J. Guinsburg e Bento Prado Jr. Obras escolhidas. São Paulo: Garnier, 1973.

Nesse momento, Descartes pergunta se após todas essas transformações ainda se pode dizer que se está diante da mesma cera inicial. Certamente que sim, mas, então, a cera não era aquilo que os meus sentidos haviam me informado dela: nem a doçura do mel, nem o agradável odor das flores, nem a brancura, nem a sua figura ou o seu som. Tampouco sei da cera pelas infinitas formas que o seu corpo poderia tomar, uma vez que a minha imaginação nunca conseguiria percorrer toda essa infinidade. Se não são os sentidos e tampouco a imaginação, o que me faz reconhecer a mesma cera na diversidade de suas transformações é o meu espírito. O interessante é que Descartes não se refere aqui à cera em geral mas, justamente, a esse pedaço de cera, cuja sua percepção depende do entendimento:

> (...) a percepção [do pedaço de cera] não é uma visão, nem um tatear, nem uma imaginação e jamais o foi (...) mas somente uma inspeção do espírito que pode ser imperfeita e confusa, como era antes, ou clara e distinta, como é presentemente.[7]

Descartes não quer dizer que inexiste um conhecimento comum, o conhecimento sensível. Mas que a percepção está subordinada ao conceito: só posso perceber a cera porque, na diversidade sensível, reconheço sua identidade. Esse tipo de conhecimento pertence à razão, ao domínio da ciência e não ao da vida.[8] É aí que encontramos a visão clara e distinta das coisas, assim como é na luz e não em nosso olhar que, como ensina a *Dióptrica*, vemos os corpos.

No final do século XVIII, a questão da visibilidade articula-se de forma muito diferente: agora, não é mais a luz que ilumina as coisas, mas o olhar. Não será mais a luz que revelará à razão, no espetáculo cambiante do mundo, a ordem serena da matemática. Ver será agora arrancar as coisas de sua opacidade sensível, pela ação de um olhar que ilumina a

---

7 Ibidem.
8 Cf. GUÉROULT, Martial. *Descartes selon l'ordre des raisons.* Aubier. Paris: Montaigne, 1968.

sua verdade e as eleva à condição de objetos para o seu conhecimento. O discurso racional passa a se constituir não mais sobre a geometria da luz, mas sobre os objetos.[9] Acontece que, ao querer ver claro no processo de representação, o sujeito desse olhar põe a si próprio como objeto e descobre-se ao mesmo tempo finito e autônomo.[10] Seu olhar pode se dirigir para a infinitude – a tarefa de objetivação é ilimitada –, mas descobre aí sua limitação. Esse é o princípio que permite a Kant construir a sua teoria transcendental do conhecimento: os limites de uma faculdade de conhecer finita transformam-se em condições transcendentais de um conhecimento em progressão infinita. A cada frustração que irrompe nesse percurso de objetivação renasce uma vontade de verdade. Na reiteração dessa vontade de verdade, a razão moderna se determina.[11] A filosofia das Luzes é a sua exemplar manifestação.

Na segunda metade do século XVIII, o olhar que não cessa de objetivar – ou seja, de construir uma ordem que não é mais a das razões, mas a das coisas – vai penetrar em espaços inesperados.[12] Este olhar objetivante é fundamental para a compreensão do grande movimento de transformações institucionais do século. Objetivante e examinador, ele é o olhar do sujeito racional, que vai decompor analiticamente o espaço das instituições (escolas, asilos, hospitais, prisões) e transformar outros sujeitos em objetos para a sua observação.

Um exemplo do olhar racionalizante é aquele, analisado nos trabalhos de Michel Foucault: o olhar médico que lança a sua luz sobre os sombrios lugares da morte: os hospitais.[13] Os hospitais eram, até o final do século XVIII, lugares de exclusão onde se aglomeravam doentes mas igualmente loucos, indigentes, devassos, prostitutas. Eram lugares de morte, não medicalizados, mantidos pelas ordens

---

9 Cf. *Naissance de la clinique*. Paris: Presses Universitaires de France, 1972.

10 Cf. FOUCAULT, Michel. *Les mots et les choses*. Paris: Gallimard, 1966.

11 Cf. HABERMAS, Jürgen. Les sciences humaines démasquées par la Critique de la Raison: Foucault. *Le Débat*, n. 41, set.-nov. 1986.

12 Cf. *Naissance de la clinique*. Paris: Presses Universitaires de France, 1972.

13 Ibidem.

religiosas e pela caridade pública no cumprimento do dever cristão de dar uma boa morte aos indivíduos, isto é, de assisti-los material e espiritualmente nessa passagem.

A partir de 1775, o governo da Inglaterra e o governo francês enviam representantes em viagem de observação pelos hospitais europeus.[14] Seus relatórios trazem informações minuciosas sobre o espaço hospitalar: a proporção entre o número de doentes e o número de leitos, a extensão e a altura das salas, a cubagem de ar disponível para cada doente, as taxas de mortalidade e de cura. O olhar analítico penetra nos menores detalhes, de importância insuspeitada para os olhos do leigo, como o percurso das roupas sujas no interior do hospital até a lavanderia. E associa essas observações à inteligibilidade das patologias. É um olhar que transforma aquela coisa, o hospital-lugar-de-morte, naquele objeto, o hospital como espaço de cura e de produção de conhecimento. Nos projetos de reforma dos hospitais ou de outras instituições, a grande questão será sempre a de garantir uma visibilidade total de seu espaço, e também dos corpos e das coisas, para o percurso do olhar analítico e centralizado em uma ciência. O olhar médico, por exemplo, esquadrinha o espaço hospitalar a partir da teoria sobre a importância da circulação do ar para a saúde e nela legitima o controle global e individualizante que exercerá sobre os homens.

Nessa política sistemática e racional dos espaços, observa Foucault, o sonho libertário do Iluminismo acabará comprometido: a visibilidade vai se tornar uma armadilha totalitária. É o que mostra a sua análise de um sistema ótico, muito singular e eficaz, mas também bastante sinistro: o *panoptikon*, o projeto arquitetônico de Jeremy Bentham. Bentham é uma figura exemplar da nova época, um autêntico precursor dos tempos modernos. Nasceu em Londres, em 1748; viveu o período da Revolução Industrial e da economia política de John Kay e Adam Smith.[15]

---

14 L'oeil du pouvoir, entrevista. In: *Le panoptique*. Paris: Pierre Belfond, 1977.
15 Cf. PERROT, Michelle. L'inspecteur Bentham, posfácio. In: BENTHAM, Jeremy. *Le panoptique*. Paris: Pierre Belfond, 1977.

As suas teorias fazem parte da vertente utilitarista do pensamento político inglês: Bentham pretendeu ser "o Newton de um mundo moral" centrado no interesse. Convencido de que a repulsa à dor e a busca do prazer constituem os dois princípios que governam a conduta dos indivíduos e das sociedades, Bentham preocupava-se em captar todas as pulsões humanas para transformá-las em força produtiva: chegou a elaborar uma escala numérica das sensações a serviço da produção. Esse instrumento de cálculo seria imprescindível para um governo racional; Bentham engenheiro/político define o utilitarismo: "Eis a técnica da barragem e da canalização aplicada à psicologia humana: o utilitarismo é uma hidráulica dos prazeres".[16] Sua preocupação é a de realizar uma economia política das penas e dos prazeres, isto é, uma distribuição racional do medo e do sofrimento que não aniquile o corpo útil para a produção. O seu campo de experimentação será, como era de se esperar, o sistema penitenciário. Sem invocar qualquer humanismo, Bentham é contra a pena de morte, imenso desperdício de força produtiva, e contra torturas que causem mutilações irreversíveis, em duplo prejuízo, do corpo útil e de dinheiro: afinal, será o Estado que vai arcar com o sustento dos corpos incapacitados para o trabalho. Para evitar esses prejuízos, propõe uma máquina eficaz de tortura, livre da imprecisão dispendiosa do carrasco; uma máquina cilíndrica de material elástico, espécie de pau-de-arara industrializado. O cálculo de Bentham é capaz de saber tirar proveito de todas as circunstâncias; sua proposta ressalva que, no caso em que houvesse muitos delinquentes a punir, a operação simultânea de muitas dessas máquinas "aumentaria o terror à cena sem nada acrescentar à perda real".[17] Isto é, majora-se o efeito da tortura gratuitamente, sem nenhuma despesa extra.

Bentham endereça o seu projeto à Assembleia Nacional Francesa. Está certo que a utilidade desse projeto será bem acolhida pela Assembleia e que a França não recuará diante da novidade que ele

---

16 *Le panoptique*. Paris: Pierre Belfond, 1977.
17 Ibidem.

apresenta, já que é da França que todos esperam inovações no campo da administração. O país da Revolução aparece como o lugar natural para a implantação de ideias tão revolucionárias. Na carta ao deputado J. Garran, em novembro de 1791, Bentham escreve:

> Entre todos os países, a França é aquele onde mais facilmente se perdoará uma ideia nova desde que ela seja útil; a França, para quem todos os olhares se dirigem e de quem se esperam modelos para todos os setores da administração, é o país que parece poder proporcionar, ao projeto que vos envio, a melhor oportunidade.[18]

O projeto pretendia ser um instrumento inigualável de poder para os governos, permitindo o controle de uma massa de homens de maneira que suas ações, suas relações, qualquer circunstância de suas vidas, mesmo as impressões que o meio lhes determina, pudessem ser previstas em todos os seus efeitos. Esse instrumento de controle poderia ser usado com diversos objetivos pelos governos. Mais ainda, o projeto de Bentham prometia que o uso desse instrumento de poder formidável seria feito com grande economia, sem o dispêndio das custosas vigilâncias feitas por um grande número de guardas. À eficácia da forma de controle sugerida somava-se o seu baixo custo: apenas um homem bastaria para acioná-lo. Se a prisão é o lugar de teste da eficácia do projeto, qualquer estabelecimento, com pequenas modificações, poderia provar a sua utilidade.

Ao permitir um controle total de baixo custo sobre os indivíduos, esse instrumento assegurava também outros benefícios para a administração: permitia, pela sua racionalidade, um melhoramento das condições de saúde, de limpeza, de ordem, de produção nos diversos locais em que fosse aplicado. E tudo isso "por uma simples ideia de arquitetura". Tal ideia arquitetônica iria constituir o princípio de inspeção em novas bases. Sua novidade atingia "mais a imaginação do

---

18 Ibidem.

que os sentidos" e punha a inspeção na dependência de apenas um homem, "espécie de presença universal (...) em seu domínio".

A figura arquitetônica desse instrumento: na periferia um edifício em forma de anel; no centro, uma torre. A torre dispõe de janelas largas que se abrem para o interior do anel. Essas janelas são protegidas por persianas. O edifício circular é dividido em células e cada uma dessas ocupa toda a espessura do edifício. Cada uma das células dispõe de duas janelas: uma aberta para o exterior e outra para o interior, face às janelas da torre. Com essa disposição das janelas, garante-se uma plena visibilidade da célula. Na torre central, põe-se um vigilante; nas células, os indivíduos que se desejam vigiar: "O inspetor invisível reina como um espírito; mas este espírito, se necessário, pode imediatamente dar prova de sua presença real". Bentham batiza o seu projeto com o nome revelador, exato: "Este caso de penitência será chamado de *panoptikon* para exprimir com apenas uma palavra sua vantagem essencial, a faculdade de ver com uma olhadela tudo o que se passa".[19]

Enumeremos as principais vantagens do *panoptikon*, segundo Bentham; uma vantagem evidente: "Estar incessantemente sob os olhos de um inspetor acarreta a perda da possibilidade de fazer o mal e até mesmo de pretender fazê-lo". Uma vantagem colateral: os subalternos na função de vigiar, os guardas de uma prisão, por exemplo, estarão também sob a mesma vigilância dos prisioneiros, ou dos vigiados em geral. Com isso a "tirania subalterna", os "vexames secretos", isto é, o arbitrário, pode ser abolido. Outra vantagem colateral: a disposição arquitetônica permite que a visita dos magistrados possa ser feita subitamente e com a rapidez de um único olhar sobre o todo. Com isso, desaparece o arbítrio também na inspeção. Mais do que isso; os cidadãos em geral, o público, poderão ter acesso ao estabelecimento:

> Haverá, por outro lado, os curiosos, os viajantes, os amigos e parentes dos prisioneiros, os conhecidos do inspetor e dos outros oficiais da prisão que, animados por motivos diferentes, virão somar-se à

---
19 Ibidem.

força do princípio salutar da inspeção e vigiarão os chefes como os chefes vigiam todos os seus subalternos.[20]

Assim, o público terá o controle final sobre tais estabelecimentos. No mecanismo desse instrumento, a inspeção será invisível. O olhar da torre nunca será visto pelos vigiados, mas pressuposto. Bentham abre uma exceção para a invisibilidade do olhar-vigia: a torre do inspetor poderá, no domingo, transformar-se em uma capela, acolhendo fiéis do exterior. Nesse dia, as persianas poderão se abrir e os prisioneiros verão e ouvirão o padre que oficia. Dessa vez, o olho de Deus ocupará a torre. Será também a única vez em que os prisioneiros verão os olhos que os olham, evitando, nesta economia, uma banalização da dissimetria que acarretaria a diminuição do constrangimento causado ao faltoso que é olhado.

Foucault nos faz entender como Bentham não projeta somente uma sociedade utópica, descreve-nos também uma sociedade existente, isto é, no sonho de um sistema ótico de controle total, ele descreve mecanismos específicos de controle realmente existentes nas sociedades modernas. Do *panoptikon* passamos para o panotismo.[21]

O *panoptikon* é a plena exposição à luz. Em relação a essa visibilidade as sombras do calabouço eram protetoras porque permitiam que alguma coisa fosse subtraída ao controle, que alguma comunicação entre os indivíduos vigiados pudesse se dar sem o conhecimento dos vigias. A sua visibilidade plena isola; ela introduz uma dissimetria de olhares: na construção periférica se é totalmente visto, e nunca se vê; na torre central vê-se tudo, sem jamais ser visto. A invisibilidade em relação aos outros indivíduos que ocupam as células iluminadas garante a ordem: nenhuma possibilidade de comunicação. O indivíduo na máquina panótica é sempre "objeto de uma informação", mas jamais "sujeito de uma comunicação".[22]

---

20 Ibidem.
21 Cf. FOUCAULT, Michel. *Surveiller et punir.* Paris: Gallimard, 1975.
22 Ibidem.

Esse poder panótico automatizado, o *panoptikon* como distribuição espacial de olhares, permite neutralizar o perigo da multidão. O grande crescimento demográfico do final do século XVIII e a industrialização determinam o aparecimento das grandes massas urbanas, realidade que constitui a preocupação maior de Bentham e de seus contemporâneos. O *panoptikon* permite a transformação da massa, lugar de trocas múltiplas e ameaçadoras, em uma multiplicidade enumerável e controlável de indivíduos: coleção de individualidades solitárias e vigiadas pelo olhar.

O *panoptikon* é uma máquina de funcionamento automático. Seu efeito mais importante é o de induzir, no indivíduo, um estado consciente e permanente de visibilidade que assegure o funcionamento automático do poder. Não importa, portanto, que o vigia esteja na torre, interessa é que os vigiados se acreditem vigiados. O poder é visível – a torre está sempre lá –, mas sua ação é inverificável – estarei sendo olhado neste momento? Essa característica fundamental permite que o poder da torre torne desnecessário o seu exercício; permite também que a relação de poder exista independentemente do sujeito que o exerce (qualquer um pode ocupar o posto na torre); e mais, que os vigiados, ao interiorizarem o olhar da torre, se tornem agentes de seu poder: "Aquele que está sujeito a um campo de visibilidade, e que sabe que está, toma a seu encargo os constrangimentos do poder, ele os aciona espontaneamente sobre si próprio (…) e se torna princípio de sua própria sujeição".[23]

Esse poder panótico, automatizado e desindividualizado, que funciona pela distribuição racional dos corpos, das superfícies, da iluminação e dos olhares será característico das sociedades modernas do século XIX: o panoptismo é o princípio geral de uma nova "anatomia política" cujo objeto e fim não são a relação de soberania, mas a de disciplina. Poder invisível, diverso daquele do soberano que se fazia luminosamente visível nas vestes reais, nas cerimônias e nos rituais. Mas poder invisível que se exerce na visibilidade enganosa de sua racionalidade.

---

23 Ibidem.

Contra a força dessa racionalidade, nasceram formas de resistência, revoltas contra esse olhar esquadrinhador. Foucault enumera alguns exemplos, como o da recusa dos trabalhadores em morar nas primeiras cidades proletárias. Aparentemente a recusa não parecia nada racional, no entanto, nela se revelava a compreensão crítica dos trabalhadores de que essa racionalidade organizava suas vidas. Outro exemplo mostra como a planificação de setores mecanizados nas fábricas, nos moldes do *panoptikon*, teve sucesso quando a mão de obra era feminina ou infantil (as mulheres e as crianças eram mais disciplinadas, mais obedientes), e sempre encontrou resistência entre os trabalhadores viris.

Há um exemplo de resistência, literário e brasileiro, ao olhar dessa racionalidade instrumental, no conto de Machado de Assis, "O Alienista". Entre nós, principalmente na segunda metade do século XIX, instaurou-se também a preocupação com a visibilidade, com a organização racional dos espaços e das instituições sociais. A criação dos hospícios medicalizados é um exemplo. O Dr. Bacamarte, o alienista, lança sobre a vila um olhar esquadrinhador, olhar de cientista que pretende discernir as diversas encarnações da loucura entre os indivíduos aparentemente normais: "(…) era difícil imaginar mais racional sistema terapêutico".[24] Machado de Assis, na crítica humorada às pretensões totalitárias da razão burguesa, situa com genialidade, em sua Itaguaí, o projeto modernizador empreendido pelo discurso médico higienista, no Rio de Janeiro oitocentista.[25]

[Publicado originalmente com o título "Os olhos do poder".
Cf. NOVAES, Adauto. *O olhar*. São Paulo: Companhia das Letras, 1988
(versão ligeiramente modificada).]

---

24 O Alienista. In: ASSIS, Machado. *Papéis avulsos*. Obra completa, v.2. São Paulo: Nova Aguilar, 1992, cap. XIII, p. 285.

25 MURICY, Katia. *A razão cética*: Machado de Assis e as questões de seu tempo. São Paulo: Companhia das Letras, 1988.

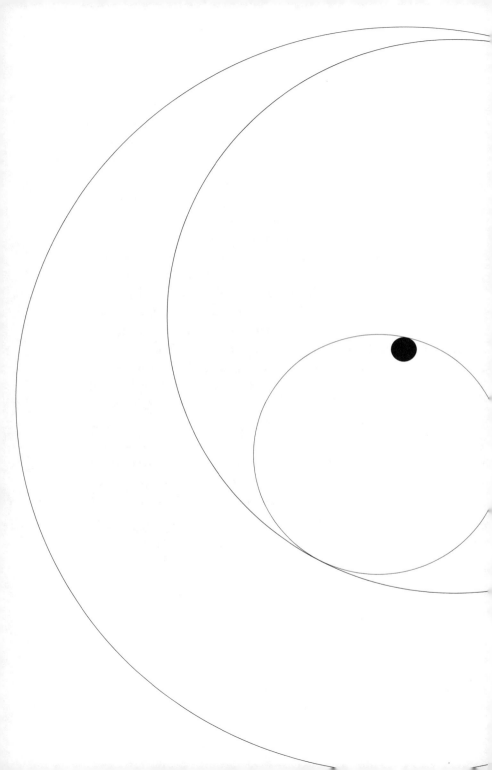

VERDADE E POLÍTICA

Não é no horizonte da tradição filosófica metafísica que se pode pensar, hoje, o problema da verdade. Michel Foucault abre-nos um outro espaço: a verdade é a grande questão política de nossa época. A clássica questão da política sobre o erro, a ilusão – enfim, o problema da ideologia – pressupunha uma metafísica da verdade referida a um sujeito constituinte, que seria transcendente em relação aos acontecimentos e que percorreria a história inabalável em sua identidade. O fim dessa filosofia construída sobre pressupostos antropológicos já fora anunciado em *Les Mots et les Choses*. Sua destruição era aí indicada como única possibilidade para o pensamento. Um novo pensamento que terá no genealogista o seu arauto. Fazer a história política de produção da verdade é a tarefa da genealogia. Não mais compreendida como essência imutável, constituída pelo sujeito, a verdade poderá encontrar a sua consistência política. Ela não é, para a genealogia, da ordem do universal, "a recompensa dos espíritos livres, o filho das longas solidões, o privilégio daqueles que souberam se libertar".[1] Não surge onde a buscamos, não aparece subjugada pelos estratagemas do nosso conhecimento. Tem suas ocasiões propícias, seus lugares específicos de surgimento.

Há uma tecnologia de produção de verdade. Clara, se pensarmos em Delfos, nos claustros, nas cátedras, nos púlpitos. Mais clara, se pensarmos nos ordálios e duelos. Mas inteiramente obscurecida, em nome de uma verdade do conhecimento, se pensarmos com a razão científica ou filosófica. A genealogia mostra a sua presença ali onde a prática científica e o discurso filosófico só querem ver o resultado de um método e a relação do sujeito com o objeto do conhecimento. Entrelaçada ao poder, a verdade desenha a sua geografia em toda a superfície da nossa cultura. Ligada aos sistemas de poder que a produzem, a verdade induz a efeitos de poder que a reproduzem.

---

[1] Para o projeto genealógico de Foucault, ver: *Surveiller et punir*. Paris: Gallimard, 1975; *Histoire de la Sexualité I, La Volonté de Savoir*. Paris: Gallimard, 1976; Nietzsche, a genealogia e a história. In: *Microfísica do poder*. Rio de Janeiro: Graal, 1979.

Pretendo aqui levantar as noções mais gerais da análise do poder descrita na genealogia, indicando sua continuidade com a arqueologia dos primeiros trabalhos de Foucault. A análise arqueológica difere de uma análise genealógica: as mesmas noções, tomadas em um e em outro contexto, ganham contornos diversos. O horizonte da genealogia não é o mesmo da arqueologia, que se situava e erigia seus princípios principalmente em relação a um posicionamento contrário a uma história epistemológica. Nesse sentido, entre uma e outra análise, existe uma diferença de enfoque, dada a enfática preocupação política da perspectiva genealógica.

Não acredito, no entanto, que se inaugure uma descontinuidade, que ocorra uma ruptura entre os projetos. A mesma proposta – a constituição histórica dos saberes sobre o homem na modernidade – orienta as duas análises. Na arqueologia essa questão foi abordada ao nível interno dos discursos; a análise se posicionava na diferença de uma análise epistemológica e, neste sentido, mantinha-se no horizonte de questões referentes aos conceitos, aos métodos, aos objetos e às teorias. No entanto, pensando os saberes não como ideias, pensamentos ou fenômenos da consciência, distanciava-se de uma perspectiva que considerava antropológica, para compreender o saber na materialidade dos discursos, como prática, como acontecimento. É a partir daí que a genealogia pode se situar, em outro ponto de vista, como análise dos dispositivos de poder das práticas disciplinares que constituem os saberes. Penso que existe uma complementaridade nestas diferentes análises. Se, na genealogia, pesa mais a questão do poder na constituição do saber, esta consideração não é estranha ao tratamento arqueológico, mesmo que não seja por ela tematizada. Essa complementaridade é indicada por Michel Foucault: "Enquanto a arqueologia é o método próprio à análise da discursividade local, a genealogia é a tática que, a partir da discursividade local assim descrita, ativa os saberes libertos da sujeição que emergem desta discursividade".[2]

---

2 FOUCAULT, Michel. Genealogia e Poder. Curso no Collège de France, 7 de jan. 1976. In: *Microfísica do poder*. Rio de Janeiro: Graal, 1979.

A questão metodológica mais fundamental que nos orienta é aquela, explicitada pela genealogia, que permite relacionar poder e saber. Os saberes são elementos de um dispositivo de natureza essencialmente política. A mesma preocupação observada na arqueologia – a de mostrar a constituição dos saberes – ganha na genealogia um enfoque primordial. São as relações de poder, enquanto condicionam a possibilidade dos discursos, que estão, agora, em primeiro plano. Interessa, a uma genealogia dos saberes modernos, a relação poder-saber, relação negligenciada na história das ideias em nome de uma tradição humanista que incompatibiliza poder e saber.

O projeto genealógico pretende, ao contrário, mostrar a articulação entre poder e saber. Nesta compreensão, o poder não se utiliza de um saber, não o solicita para a eficácia de seu exercício. Mais que isto, o poder é um produtor de objetos de saber, de conhecimentos. Por seu lado, o saber engendra sempre poder, produz efeitos de poder.

A verdade não é, portanto, compreendida, na genealogia, como transcendente em relação ao poder. Ao contrário, ela só existe dentro de relações de poder e não existe sem deter, ela própria, poder. Produzida por uma "política geral" da verdade, presente em cada sociedade, a verdade reproduz, nesta mesma sociedade, efeitos de poder. Um discurso de verdade obtém-se não como o fruto de uma pesquisa "livre e desinteressada", mas através de um regime de coerções; seus efeitos reguladores são também exercícios de poder. Uma "economia política" da verdade em nossas sociedades permite à história genealógica identificar, em sua produção, características determinantes: a forma da verdade é o discurso científico produzido por instituições com esta finalidade; esta produção de verdade responde a uma demanda econômica e política: a verdade é objeto de consumo e de ampla circulação; ela é produzida e transmitida pelo controle de aparelhos políticos ou econômicos; e é, enfim, objeto de disputas "ideológicas". Fazer a história desta "política geral" da verdade é a preocupação genealógica. A produção de discursos de verdade seria "um dos problemas fundamentais do Ocidente" e a história desta produção ainda está, afirma Foucault, por se fazer. Nesse vazio, a genealogia encontra a sua especificidade: ocupar-se do que é tido como fora da história – dos discursos de verdade sobre os sentimentos, sobre os corpos, sobre os comportamentos.

Para que se esclareça o projeto genealógico é necessário explicitar-se a compreensão de poder que o informa e que demarca a sua especificidade e originalidade. Essa concepção distancia-se, por cuidado de método, das pretensões globalizantes de uma teoria do poder. A rigor, não se poderia pretender unificar as análises genealógicas sequer em torno de uma questão do poder. A genealogia constitui-se pela negação de qualquer unificação teórica, seja em torno de uma teoria geral, seja em torno de uma questão. O poder lhe interessa justamente na fragmentação de seu exercício local, na multiplicidade de seus mecanismos, na complexidade de seus diferentes efeitos. O termo "analítica do poder" procura situar a análise genealógica neste nível setorial, local, onde o poder se espraia sem centro. Não existe, neste sentido, uma genealogia, mas múltiplas pesquisas genealógicas. Estas tiveram, nas últimas décadas, uma eficácia crítica não encontrável nas teorias globais no que se refere ao exame das práticas discursivas e institucionais. A eficácia destas "ofensivas dispersas e descontínuas" na pesquisa histórica correspondeu a uma inibição crítica das teorias globais.

No entanto, este caráter local das genealogias não pode ser confundido com uma negação da unificação teórica pela adesão à multiplicidade dos fatos, como uma desqualificação do especulativo em nome de uma maior exatidão científica. Tampouco de uma valorização da experiência imediata, ainda não teorizada. Trata-se de dar autonomia a produções teóricas que, liberadas da unificação de um sistema comum, possam dar conta dos efeitos de poder centralizadores dos discursos científicos em nossa sociedade. Essas análises genealógicas, enquanto autônomas dos sistemas teóricos globais, permitiriam a consideração dos saberes dominados, alcançando assim a sua possibilidade crítica.

"Saberes dominados" são, por um lado, aqueles conteúdos históricos recalcados, e portanto presentes, em nome da coerência funcional, nas grandes sistematizações formais. Por outro lado, são os saberes desqualificados face à cientificidade, aqueles que se opõem, enquanto saberes diferenciais, ao saber unânime e científico encarnado nas instituições: o saber "das pessoas", do psiquiatrizado, do médico marginal à cientificidade da instituição médica, do delinquente etc. A genealogia se ocupa em reativar a memória de luta presente no domínio da erudição – instrumento para localizar os conteúdos históricos esquecidos – como nos saberes desqualificados. O projeto genealógico é assim fundamentalmente político: empreende a liberação dos saberes locais dos efeitos de poder a que os submete o discurso científico unitário. Elucidar esse projeto exige a explicação do que seja a *analítica do poder*, ou seja, a compreensão das formas setoriais de exercício de poderes que permite situá-lo em necessária correlação com o saber.

A questão do Estado não é fundamental, como o é para a tradição da filosofia política, na consideração genealógica do poder. Na analítica, a compreensão do poder não se restringe à soberania do Estado e de seus aparelhos, ponto central de onde emanariam formas derivadas do poder. A recusa de uma análise "descendente", isto é, à consideração dos poderes existentes em uma sociedade a partir da compreensão do funcionamento do poder central (o do Estado), explica a novidade da concepção de poder que a genealogia desenvolve. A analítica pretende realizar uma análise ascendente do poder que, partindo da consideração do poder como disperso em toda a tessitura social, o analisaria ao partir de suas manifestações "micro", atomizadas, moleculares, para só depois considerar sua possível articulação com o aparelho do Estado, forma terminal do poder.

Se o poder não se centraliza no Estado, também não está em outro lugar. A analítica do poder não localiza o poder em algum ponto da estrutura social. Tampouco o pensará como propriedade, como privilégio de um indivíduo, de um grupo ou de uma classe. Enquanto exercício, o poder só existe enquanto circula, enquanto, em invés de ser detido por indivíduos, produz, como seu efeito mais imediato, indivíduos. Assim sendo, o poder não se adquire, não escapa, ele se exerce, em uma multiplicidade de lugares e em relações móveis e desiguais. É uma estratégia. À analítica não interessarão, portanto, os objetivos globais do poder, mas como funciona a dominação em suas práticas efetivas e em seus efeitos concretos, em suas estratégias locais. Não se trata de situar os objetivos últimos dos que detêm o poder, mas de analisar os vários e contínuos processos de sujeição dirigidos aos corpos, aos comportamentos, aos sentimentos. Não se nega, na analítica do poder, a existência de classes sociais, da classe dominante. Mas o que interessa à análise é determinar as estratégias que permitem compreender como uma classe não só se torna dominante, como assegura e reproduz a sua dominação; qual a série de estratégias que garante essa dominação e, ao mesmo tempo, reproduz os seus efeitos. A chamada dispersão do poder quer dar conta da sua presença móvel, reprodutível, relacional em uma complexa estratégia social. O poder é, pois, correlações de forças que ele próprio inaugura e que se transformam, reforçam-se, agrupam-se ou se distanciam, tomam eventualmente formas em estratégias precisas, em instituições, em leis, nas hegemonias sociais, no Estado. A essa forma de poder, característica das sociedades modernas, corresponde uma tecnologia específica de dominação. Dessa nova realidade, a "alma moderna",[3] a genealogia quer fazer a história.

A forma de poder própria das sociedades modernas distingue-se de uma representação jurídico-discursiva, cujo modelo histórico seriam as grandes instituições de poder medievais – a monarquia, o Estado. Essas instituições medievais unificavam, centralizando-a, a multiplicidade dos poderes feudais preexistentes. Apresentaram-se como reguladoras do poder e se consubstanciaram na ideia do direito. A sinonímia poder-direito tem aí a sua origem histórica. Essa concepção jurídica permitiu duas compreensões opostas de poder. De um lado, uma teoria do poder tal como a filosofia política do século XVIII o tematizou: o poder entendido como um direito originário que, instrumentalizado pelo contrato, constitui-se na soberania. A opressão seria o abuso do poder da soberania, extrapolando o nível do direito que o legitima. Dentro da mesma teoria jurídica de poder,

---

[3] *Surveiller et punir*. Paris: Gallimard, 1975. p. 34.

uma outra compreensão veria o direito como legitimação da violência e o Estado como função essencialmente repressiva.

As relações de poder nas sociedades modernas não se explicam dentro dessa representação jurídica, que no entanto perdura na análise política contemporânea, comprometendo a compreensão do funcionamento dos mecanismos atuais de poder. Esses poderes funcionam não pelo direito mas pela técnica, não pela lei mas pela normalização, não pela repressão mas pelo controle e exercem-se fora dos canais do Estado e de seus aparelhos. Examinando, na ótica da analítica do poder, os micropoderes da sociedade moderna ocidental, Foucault distinguirá o seu aspecto normativo, por oposição ao aspecto legislativo dos poderes do Estado medieval e clássico. É o que lhe permitirá distinguir a ordem da lei, da ordem da norma. Fundamentada na concepção jurídica de poder, a ordem da lei tem como mecanismo fundamental a repressão: seu poder é punitivo, coercitivo. Os estados modernos, a partir do final do século XVIII e do século XIX, caracterizam-se por uma ordem diversa, da norma produtiva de fatos novos, discursivas ou não, e essencialmente preventiva.

O poder nas sociedades modernas não é negativo, no sentido de ser repressivo: a eficácia da dominação capitalista não seria tão bem-sucedida se o poder fosse exercido unicamente em forma de violência e de opressão sobre os cidadãos. Não existe uma sinonímia entre dominação e repressão, assim como inexiste entre poder e Estado. Ao contrário, o poder não é só repressivo. Ele, ao contrário, é produtivo: produz coisas, desejos, prazeres, conhecimentos, discursos, verdade. É muito mais uma "rede produtiva" que uma instância negativa e repressiva. Esta é a sua positividade. O estudo desta nova tecnologia do poder permite esclarecer mecanismos mais sutis. A eficácia das novas técnicas de poder dos dispositivos de normalização e controle, face às antigas formas repressivas, pode ser melhor entendida no funcionamento do projeto disciplinar que cobre as sociedades modernas. O projeto disciplinar permite, sobretudo, que se compreenda a articulação indissociável entre o saber e o poder na modernidade. Ao estudar a transformação dos métodos punitivos, a genealogia vai compreendê-la não a partir de uma humanização do direito penal ou como resultado do desenvolvimento das ciências humanas, mas como efeito de um novo dispositivo de poder que determina um tipo singular da sujeição, extensível ao homem moderno em geral, tomado como objeto de saber dentro de discursos que se propõem como científicos. Este dispositivo, entendido como um conjunto de práticas discursivas articuladas a práticas não discursivas, empregando uma tecnologia de sujeição disciplinar, caracterizaria o poder normativo. As práticas discursivas do dispositivo reforçam, no nível da racionalidade, técnicas de dominação; enquanto as práticas não discursivas materializam o dispositivo. Conjunto de relações entre elementos heterogêneos, o dispositivo se constitui por discursos, instituições, modelos arquitetônicos, enunciados científicos, filosóficos, literários, morais, técnicas de controle institucionais (regulamentos, leis, medidas administrativas), técnicas de criação de novas necessidades, técnicas de individuação. Atende a uma urgência histórica, exerce uma estratégia. Além disso, caracteriza-se por dois processos: um processo de *sobredeterminação funcional* – cada efeito, pretendido ou não, produz efeitos de ressonância em outros elementos do dispositivo, o que determina a rearticulação da estrutura; e um processo de *preenchimento estratégico* – um efeito não previsto na estratégia pode ser incorporado ao dispositivo.[4]

O dispositivo inscreve-se sempre em uma estratégia de poder e está sempre ligado a configurações de saber que ele produz e que, ao mesmo tempo, o determinam: "É isto, o dispositivo: estratégias de relações de força, sustentando tipos de saber e sendo sustentadas por eles".[5] É, também, pela compreensão de dispositivo que se pode entender a noção de *contradiscurso*. O contradiscurso é o que, do interior de um dispositivo, engendrado por este, é capaz de opor-lhe

---

[4] Sobre a história da sexualidade. In: *Microfísica do poder*. Rio de Janeiro: Graal, 1979. p. 245-246.

[5] Ibidem, p. 245-246.

resistência e, eventualmente, em uma articulação com outras formas de existência, quebrá-lo.

O objetivo do dispositivo disciplinar que caracteriza as sociedades modernas são os corpos, considerados a partir de um saber que não se restringe, porém, a ser a ciência de seu funcionamento, mas de seu adestramento, visando a torná-los dóceis, controláveis e produtivos. Ou seja, intensificar a sua força produtiva e enfraquecer-lhes a força política. É, portanto, uma tecnologia de dominação dos corpos, que busca, por meio de um controle minucioso de suas ações, a sua utilização racional máxima em termos econômicos. Esse conjunto de procedimentos múltiplos, difusos, coincidindo com a grande explosão demográfica do século XIX, aparece, nas instituições europeias, sem fixar-se nos aparelhos de Estado que, no entanto, utilizaram muitos de seus processos. A tecnologia disciplinar funciona, portanto, como um sistema político de dominação, que se atualiza nas instituições e nos aparelhos de Estado, mas, principalmente, nos próprios corpos adestrados; e funciona, neste sentido, como uma *microfísica do poder*.

O projeto disciplinar se organiza a partir de um saber sobre o homem, sobre os corpos distribuídos em um dado espaço de objetivos específicos – escola, hospital, exército, fábrica. Essa organização dos corpos em um espaço se fará seja pelo isolamento, pela classificação, pelo esquadrinhamento – cria-se um espaço analítico – sempre dentro da estratégia institucional. No entanto, não interessa à análise da mecânica do poder disciplinar a história específica dessas instituições em suas singularidades. Interessam as técnicas fundamentais que elas têm em comum e que permitem traçar essa microfísica do poder.

O controle do tempo é o instrumento privilegiado das técnicas disciplinares. Por meio dele a disciplina sujeita de forma mais eficaz o corpo, com o objetivo de fazê-lo produzir o mais rápido e eficazmente, dentro de uma preocupação nem tanto com o resultado quanto com o desenvolvimento. É a disciplina dos gestos.

A outra técnica disciplinar é a vigilância contínua e permanente, diversa da ideia da fiscalização que admitiria um aspecto fragmentário em sua ação. É uma tecnologia do olhar, que torna visível o social e invisível ou anônimo o poder que vigia. É o ideal panóptico, em que cada vigiado se torna também vigia, garantindo a visibilidade plena do social. A disciplina produz conhecimento e, nesse sentido, entende-se a afirmação do aspecto produtivo do poder. O olhar que observa para controlar também produz conhecimento. E o conhecimento produzido permite um maior controle.

Um outro aspecto essencial das técnicas disciplinares é que o seu poder produz a individualidade. O indivíduo não preexiste às relações do poder. A ideia de que o poder capitalista, em sua massificação, anularia a individualidade, é descartada. Ao contrário, o poder disciplinar, esquadrinhando uma massa confusa, vista como perigosa, vai individualizá-la e, para isso, produzir saberes sobre o homem, a partir dessa estratégia de controle normalizador. O indivíduo é o objetivo do poder, não o que ele pretenda eliminar: ele é o efeito de um poder disciplinar, anônimo, que se constituiu no século XIX.

As técnicas disciplinares são, antes de tudo, técnicas de individualização e delas vão nascer as ciências do homem. As ciências do homem são, portanto, peças de um dispositivo político que se articula com a estrutura econômica mas que não se reduzem a ser um efeito superestrutural desta. É nesse sentido, esclarecido pelo dispositivo disciplinar, que se pode falar do poder como produtivo. A repressão não é a forma essencial do poder mas, antes, o seu limite, a sua forma frustrada. As relações de poder evidenciam o seu caráter produtivo, de saberes e de técnicas específicas, cuja análise elucida a maneira do seu funcionamento em nossas sociedades. Mesmo a resistência ao poder existe enquanto coextensão, contemporânea a ele, e não como um outro do poder. Se há poder, há resistência, mas mesmo esta é engendrada por ele. Na trama do poder, a verdade é, sem cessar, produzida. Pensar o problema da verdade, contemporaneamente, é deslindar esta trama.

[Publicado originalmente como "A questão da verdade em Michel Foucault". Cf. *Revista Filosófica Brasileira,* Rio de Janeiro, v. III, n. 1, 1986. Coord. Gerd Bornheim, Departamento de Filosofia da UFRJ.]

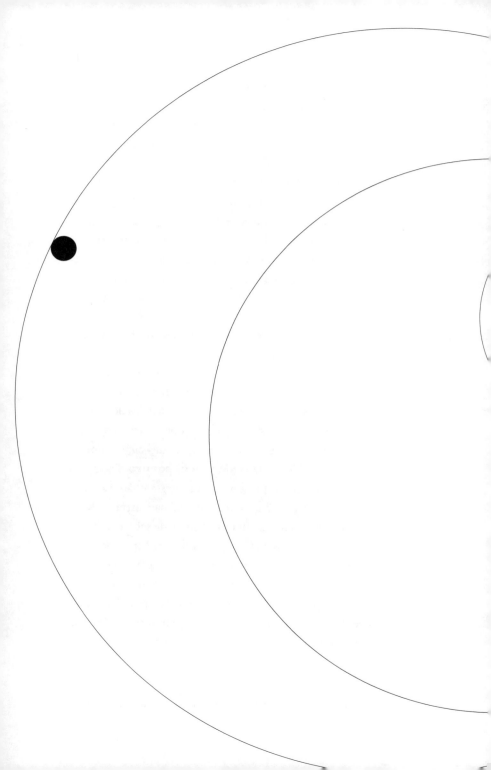

UMA
FILOSOFIA
DO FANTASMA

"Um novo pensamento é possível, o pensamento é, de novo, possível",[1] alegrava-se Foucault ao ler Deleuze. Alegria do teatro, *theatrum philosophicum*, em que, sob a máscara de Sócrates, eclode o riso sarcástico do sofista. Comédia de Diógenes Laércio e Epicuro, com o Pierrot Lunaire ressoando celestialmente nos ouvidos de Leibniz, enquanto Fichte anuncia o seu eu fendido. Cena com Duns Scoto, usando os bigodes de Nietzsche disfarçado de Klossowski. Filosofia como teatro, vertiginoso instantâneo de uma multiplicidade de cenas. No espaço da farsa, Foucault sonha, materializa-se em *malin génie*: "não, não, eu não estou onde você me espreita, mas aqui onde eu o observo rindo (...) não me pergunte quem sou eu e não me diga para permanecer o mesmo...".[2] O sonho: uma história da filosofia livre da arquitetura dos sistemas, uma ordem que não a das razões. Joseph Cartaphilus descobre a demência dos deuses arquitetos da cidade dos imortais,[3] "tão horrível que a sua mera existência contamina o passado e o futuro, compromete os astros". A ruína do pensamento na moral – o modelo socrático e pedagógico – preocupa Foucault. Não haverá, para a filosofia, um outro espaço que o iluminado pela clara geometria das formas platônicas e sua eterna dialética do interior e do exterior, da essência e da aparência?

A taxinomia maravilhosa de "uma certa enciclopédia chinesa" embaralha o nosso pensamento e estimula a produção de *As palavras e as coisas*, o mais belo, o mais instigante e incompleto livro de Foucault: "Este livro tem seu lugar de nascimento em um texto de Borges. No riso que, a sua leitura, sacode todas as familiaridades do pensamento (...) fazendo vacilar e inquietando por muito tempo a

---

[1] Theatrum philosophicum. In: FOUCAULT, Michel. *Écrits II*. Paris: Gallimard, 1994. As citações de Michel Foucault, não referidas, são todas do artigo em questão.
[2] Introdução. In: FOUCAULT, Michel. *A arqueologia do saber*. Rio de Janeiro: Forense Universitária, 1995.
[3] El Inmortal. In: BORGES, Jorge Luis. *El Aleph*. Obras completas. Buenos Aires: Emecé, 1989.

nossa prática milenar do Mesmo e do Outro".[4] A única possibilidade para o pensamento é a invenção de uma fantasmagoria filosófica, onde súbitas iluminações de sua história, fragmentem, burlantes, as figuras do Mesmo. Os sofistas, os estoicos, os epicuristas. E também Spinoza, e Freud e Nietzsche. Relação de superfície e de rigor, sem a profundidade da história linear. Descontinuidades, cortes, irrupção do acontecimento, sem a causalidade metafísica, sem "o jogo consolante dos reconhecimentos". Último ato do drama platônico do verdadeiro e do falso, do ser e do não ser.

> Hoje em dia é necessário pensar toda esta abundância do impalpável; enunciar uma filosofia do fantasma, que não esteja, mediante a percepção da imagem, em ordem a uns dados originários, mas que permita ter em conta as superfícies com as quais se relaciona...[5]

Perverter Platão, "pai excessivo e claudicante" e rasgar a máscara, para descobrir, sob ela, o fluxo incessante da história, a grande mascarada. "A genealogia é a história como um carnaval organizado (...) A genealogia é cinza; ela é meticulosa e pacientemente documentária".[6] A história genealógica devora os fundamentos da filosofia, o seu naco mais nobre: a verdade-essência-sempre-idêntica, o sujeito soberano de Kant.

Paul Veyne apresenta o historiador-canibal:[7] "Foucault não é um filósofo autófago, mas um historiador canibal; seu ácido histórico devora o *rond-de-cuir* sobre o qual o filósofo está sentado". Destruída essa almofada burocrática, o filósofo acorda do sono platônico. Se

---

4 Préface. In: FOUCAULT, Michel. *Les mots et les choses*. Paris: Gallimard, 1966.

5 Theatrum philosophicum. In: *Écrits II*. Paris: Gallimard, 1994

6 Nietzsche, a genealogia e a história. In: FOUCAULT, Michel. *Microfísica do poder*. Rio de Janeiro: Graal, 1979.

7 Cf. as análises de Paul Veyne sobre o tema e, em especial, *Comment on écrit l'histoire suivi de Foucault révolutionne l'histoire*. Paris: Éditions du Seuil, 1978.

quiser, pode, num salto sofista, entrar no *theatrum philosophicum*, brincar seriamente de reinventar o pensamento. O que os buracos da almofada não permitem mais é o sono.

Desse langor já nos sacudia *As palavras e as coisas*, pondo a nu a filosofia moderna, a bela adormecida no sono antropológico em que a lançou a filosofia transcendental de Kant, com o seu sujeito-fundamento da síntese das representações. Nítida em Kant, a separação do empírico e do transcendental se esvanece nos pós-kantianos. Essa confusão vai criar o paradoxo singular do pensamento contemporâneo: o homem é um ser que, ao se constituir como objeto dos saberes empíricos, toma conhecimento dele próprio como fundamento desses saberes.

A tese escandalosa do livro ou, ao menos, aquela que retumbou muito além dos limites acadêmicos, a do homem como invenção recente e fim anunciado, desenhava a primeira corrosão do ácido histórico de Foucault na Filosofia. Na escavação, o arqueologista reconstruía a formação da nossa contemporaneidade, mas o demolidor abria espaço, nas ruínas, para lembrar ao pensamento as suas "possibilidades mais matinais". É no vazio do desaparecimento do homem, na destruição dos fundamentos antropológicos da filosofia moderna, que se torna possível, de novo, pensar. Capítulo fundamental desse admirável livro, encontra-se ali a trilha que o posterior projeto genealógico alargará. Os dois últimos livros de sua "História da Sexualidade" – O Uso dos Prazeres e O Cuidado de Si – buscam fazer, falando-nos do amor e da ética na Antiguidade Clássica, uma história do sujeito, desfazendo as ilusões do *cogito* e revelando um eu que é sujeito, mas também objeto da história. Depois da genealogia do poder, uma genealogia de desejo, uma tecnologia do eu. Em *As palavras e as coisas*, as primeiras pistas, ousadias que agora a genealogia esclarece.

O arqueologista mostrara, há quase vinte anos, como as condições do conhecimento, deslocadas do espaço clássico da representação, na concepção da metafísica do século XVII, vêm se alojar, no século passado, entre estes conteúdos empíricos que são oferecidos ao conhecimento – a vida, o trabalho, a linguagem. O homem, sendo ao mesmo tempo o objeto que deve ser conhecido e o fundamento de qualquer conhecimento, vai se constituir, no pensamento moderno, como um "duplo empírico-transcendental". A partir dessa constituição, dois tipos de análise se tornaram possíveis: uma espécie de estética transcendental, que descobre as condições anatomopsicológicas do conhecimento, e uma outra análise, uma dialética transcendental, que indica as determinações históricas, sociais e econômicas do conhecimento, isto é, demonstra que existe uma história que prescreve as formas do conhecimento humano.

As duas análises supõem uma crítica, fundamentada em certas demarcações que a tornam possível. Assim, para tornar viável o estudo das condições naturais do conhecimento, é preciso traçar uma linha entre um conhecimento incipiente e rudimentar e um conhecimento em suas formas estáveis e definitivas. Uma outra demarcação deverá separar *ideologia* e *ciência*, o que permitirá estudar as condições históricas do conhecimento. A mais fundamental destas partilhas é aquela entre a verdade do objeto e a verdade do discurso. A partir dela, uma alternativa é proposta para a filosofia: ou admitir que é a verdade do objeto que determina a verdade do discurso, ou admitir que o discurso verdadeiro – isto é, a verdade do discurso filosófico – constitui a verdade em constante e eterna formação. É assim que, tentando articular o empírico no nível transcendental, a análise vai oscilar entre o positivismo e o pensamento escatológico. Comte e Marx são indissociáveis na medida em que o pensamento escatológico, como "verdade objetiva vindoura do discurso sobre o homem" e o positivismo como "verdade do discurso definida a partir do objeto", pretendem ser, ao mesmo tempo, empíricos e críticos: "o homem aí aparece como uma verdade, ao mesmo tempo reduzida e prometida". A tentativa da fenomenologia de superar esta alternativa pela análise do vivido, que permitiria manter a separação do empírico e do transcendental, revelou-se vã. A experiência originária do corpo ou as marcas semânticas da cultura, que se inscrevem e se disfarçam na experiência vivida, acabaram por ser outras formas mais refinadas de fazer valer o empírico pelo transcendental. A única refutação possível do positivismo e do pensamento escatológico é o fim do antropologismo, o fim do humanismo.

O homem, enquanto este duplo empírico-transcendental da filosofia moderna, não pode mais ser alcançado na transparência de um *cogito* e, tampouco, limitar-se a ser tomado em uma objetividade positiva que jamais atingiria a consciência de si. Uma charada se desenha: lugar do desconhecimento, o homem enfrenta, face ao conhecimento, o desafio do não conhecido que o chama ao conhecimento de si. É sobre esse desconhecimento primeiro que se funda a reflexão transcendental, cuja questão principal não será mais a de saber, como o era para Kant, como a experiência da natureza dá lugar a julgamentos necessários, mas a da relação entre o homem e as empiricidades que ele torna possível e que, no entanto, o ultrapassam: a vida, o trabalho e a linguagem.

Desloca-se a questão kantiana: não se trata mais da verdade, mas do ser, não mais a natureza, mas o homem, não mais a questão da possibilidade do conhecimento, mas a de um desconhecimento inicial. No pensamento moderno não se está mais diante de uma filosofia que apresenta um caráter não fundado face às ciências, mas de uma consciência filosófica que olha e torna claras as experiências não fundadas, nas quais o homem permanece estranho a ele próprio. É a partir desse deslocamento que, novamente, a questão do *cogito* se impõe. Um *cogito* diferente daquele de Descartes, tão diferente quanto a reflexão transcendental moderna difere da de Kant. O *cogito* moderno não pode mais afirmar a existência daquele que pensa. Se o homem é o que vive, o que produz e o que fala, não pode, no entanto, dizer que é esta vida, este trabalho e esta linguagem que o ultrapassam. O *cogito* se abre para uma indagação do ser do homem.

A aparição do homem como categoria da reflexão filosófica na cultura ocidental é correlata ao tema do impensado, a contrapartida do saber positivo sobre o homem. O impensado não é o que ainda não foi domesticado pelo conhecimento. É contemporâneo ao homem, é o Outro, a partir do qual se pode conhecê-lo. Alteridade gêmea do homem, é o em-si da fenomenologia hegeliana, o homem alienado de Marx, o não efetivo de Husserl, o inconsciente de Freud. É na direção de uma reflexão sobre o Outro do homem, que deve se voltar o Mesmo, é a ela que se dirige o pensamento moderno.

Um outro traço que caracteriza o modo de ser do homem na reflexão da qual é objeto, é a questão de suas relações com a origem. No pensamento moderno, não é mais a origem que dá lugar à historicidade, como ocorria no pensamento dos séculos XVII e XVIII. Ao contrário, agora é a historicidade que reivindica a origem. Inscrito em uma historicidade já pronta, o homem jamais é contemporâneo de sua origem. A busca da origem consiste, agora, em reencontrar, no tempo da vida, da história e da natureza, o homem em sua identidade. Pensar a origem se torna uma tarefa infinita: o homem está sempre perdido daquilo que o constitui. O tempo das coisas não é o tempo dos homens. O tempo, este grande tema da reflexão moderna, aponta ao homem uma outra característica deste: a finitude. Já indicada pelo fato de o homem ser determinado por empiricidades – que o ultrapassam e das quais ele é, simultaneamente, sujeito fundador –, a finitude manifesta-se, agora mais essencialmente, como a "relação intransponível do ser do homem ao tempo".

Presa a esses fundamentos antropológicos, a filosofia encontraria a sua degradação, a sua ruína. A destruição do humanismo aparece nesse contexto como a única possibilidade de vida para o pensamento. A experiência de Nietzsche anuncia, na promessa de um além--homem, esta revitalização: a morte de Deus é a morte do homem e a possibilidade da filosofia: "Se a descoberta do Retorno é o fim da filosofia, o fim do homem é também o retorno da filosofia".

A genealogia posterior de Foucault encontra-se com *As palavras e as coisas*, no mesmo cuidado em explicar a constituição dos discursos, dos saberes, dos domínios dos objetos, sem referência a um sujeito constituinte, que seria transcendente em relação aos acontecimentos e que percorreria a história, inabalável em sua identidade. O sujeito é que se constitui nos discursos e estes não são, tampouco, efeitos de uma estrutura econômica, determinante em qualquer instância. Sem referências antropológicas, o problema da verdade será posto, por Foucault, fora da tradição filosófica – no âmbito disto que chama de análise genealógica. Não sendo a essência imutável, constituída pelo sujeito, a verdade ganhará uma consistência propriamente política. Não é da ordem do universal, "a recompensa dos espíritos livres, o filho das longas solidões, o privilégio daqueles que souberam se libertar". Não surge onde a buscamos, não aparece subjugada pelos estratagemas do nosso conhecimento. Tem suas ocasiões propícias, seus lugares específicos de surgimento.

Há uma tecnologia de produção de verdade. Clara, se pensarmos em Delfos, nos claustros, nas cátedras, nos púlpitos. Mais clara, se pensarmos nos ordálios e duelos. Mas inteiramente obscurecidas, em nome de uma verdade do conhecimento, se pensarmos na razão científica ou filosófica. A genealogia mostra a presença dessa tecnologia ali onde a prática científica e o discurso filosófico só querem ver o resultado de um método e a relação do sujeito com o objeto do conhecimento. Entrelaçada ao poder, a verdade desenha a sua geografia em toda a superfície da nossa cultura. Ligada aos sistemas de poder que a produzem, a verdade induz a efeitos de poder que a reproduzem em um processo ininterrupto de produção de verdade.

Em Foucault deslocam-se – e entrelaçam-se – tanto a questão do conhecimento quanto a questão política. Não se trata mais do erro, da ilusão, da ideologia: a questão política é a da verdade e de sua produção:

> Fizeram de mim o melancólico historiador das proibições e do poder repressivo, alguém que sempre conta história bipolares: a loucura e seu enclausuramento, a anomalia e sua exclusão, a delinquência e seu aprisionamento. Ora, meu problema sempre esteve do lado de um outro polo: a verdade... Não quero fazer a socio-

logia histórica de uma proibição, mas a história política de uma produção de verdade.[8]

O uso antiplatônico da história: história que não é reminiscente, mas paródica, que se articula sobre um uso destruidor das identidades que a história metafísica habitualmente persegue. História que abdica da reconstituição de uma verdade e de uma origem e toma o acontecimento em sua singularidade, sem finalismo. O genealogista é o arauto de um pensamento novo: não busca a problemática série de identidades do homem europeu: exagera sua multiplicidade, pensa a mascarada.

Nunca gostei de me deter no rosto de Foucault. Esquizofrenia do olhar, preferia a lembrança de sua imagem nas metáforas em que se descreveu:

> Eu agia como um boto que salta na superfície da água só deixando um vestígio provisório de espuma e que deixa que acreditem, faz acreditar ou acredita efetivamente que lá em baixo, onde não é percebido ou controlado por ninguém, segue uma trajetória profunda, coerente e refletida.[9]

[Publicado originalmente em Folhetim,
Folha de S.Paulo, 26 ago. 1984.]

---

8 FOUCAULT, Michel. *Microfísica do poder*. Rio de Janeiro: Graal, 2004. p. 230.
9 Genealogia e poder. In: *Microfísica do poder*. Rio de Janeiro: Graal, 2004. p. 168.

BIBLIOGRAFIA PRINCIPAL

ANDLER, Charles. *Nietzsche, sa vie et sa pensée*. v. I, II, III. Paris: Gallimard, 1958.
ASSIS, Machado de. O Alienista. *Papéis Avulsos*. Obra Completa, v. 2. São Paulo: Nova Aguilar, 1992.
BAUDELAIRE, Charles. *Les Fleurs du Mal*. Oeuvres Complètes I. Bibliothèque de la Pléiade. Paris: Gallimard, 1976.
BENJAMIN, Walter. *Charles Baudelaire:* um lírico no auge do capitalismo. *Obras escolhidas III*. São Paulo: Brasiliense, 1989.
_____. *Correspondance I, 1910-1928*. Paris: Aubier Montaigne, 1979.
_____. *Der Begriff der Kunstkritik in der Deutschen Romantik. O conceito de crítica de arte no romantismo alemão*. Trad. Marcio Seligmann-Silva. São Paulo: Iluminuras/Edusp, 1993.
_____. *Ensaios reunidos*: escritos sobre Goethe. São Paulo: Duas Cidades/Editora 34, 2009.
_____. Falsa crítica (1930/1931). In: *Linguagem, Tradução, Literatura*. Belo Horizonte: Autêntica Editora, 2018.
_____. *Magia e Técnica, Arte e Política. Obras Escolhidas I*. São Paulo: Editora Brasiliense, 1985.
_____. *O conceito de crítica de arte no romantismo alemão*. São Paulo: Iluminuras/Edusp, 1993.
_____. *Origem do drama barroco alemão*. Rio de Janeiro: Brasiliense, 1984.
_____. *Passagens*. Belo Horizonte: Editora UFMG, 2018.
_____. *Rua de mão única. Obras Escolhidas II*. São Paulo: Brasiliense, 1987.

_____. Sobre a linguagem em geral e sobre a linguagem humana. In: *Sobre arte, técnica, linguagem e política*. Trad. Maria Luz Moita, Maria Amélia Cruz, Manuel Alberto. Lisboa: Relógio d'Água Editores, 1992.

_____. *Trauerspiel und Tragödie; Die Bedeutung der Sprache in Trauerspiel und Tragödie; Über Sprache überhaupt und über die Sprache der Menschen*. Frankfurt am Main: Gesammelte Schriften/Suhrkamp Verlag, 1972/1982.

BENTHAM, Jeremy. *Le panoptique*. Paris: Pierre Belfond, 1977.

BLONDEL, Eric. *Nietzsche, le corps et la culture*. Col. Philosophie d'Aujourd'hui. Presses Universitaires de France, 1986.

BORGES, Jorge Luis. El lInmortal. In: *El Aleph*. Obras completas. Buenos Aires: Emecé, 1989.

BULLOCK, Marcus; JENNINGS, Michael W (Eds.). *Walter Benjamin. Selected Writings*. Trad. Rodney Livingstone. v. I, 1913-1926. Belknap/Harward University Press, 1997.

BURCKHARDT, Jacob. *Cartas*. Rio de Janeiro: Topbooks, 2003.

DELEUZE, Gilles. *Foucault*. Paris: Les Éditions de Minuit, 1986.

DESCARTES, René. *Méditations*. Oeuvres et lettres. Pleiade. Paris: Gallimard, 1953. Trad. J. Guinsburg e Bento Prado Jr. *Obras escolhidas*. São Paulo: Gamier, 1973.

_____. *Dioptrique*. Paris: Garnier-Flammarion, 1966.

ERIBON, Didier. *Michel Foucault*. Coleção Champs. Paris: Flammarion, 1991.

FLETCHER, Angus. *Allegory – The theory of a symbolic mode*. Nova York: Cornell University Press, 1993.

FOUCAULT, Michel. "L'oeil du pouvoir", entrevista. In: BENTHAM, Jeremy. *Le panoptique*. Paris: Pierre Belfond, 1977.

_____. *Ceci n'est pas une pipe*. Paris: Fata Morgana, 1973.

_____. *Dits et écrits*, I. Paris: Gallimard, 1994.

_____. *Dits et écrits*, II. Paris: Gallimard, 1975.

_____. *Dits et écrits*, IV. Paris: Gallimard, 1994.

_____. *Dits et écrits*, V. Paris: Gallimard, 1994.

_____. *Isto não é um cachimbo*. Trad. Jorge Colli. Rio de Janeiro: Paz e Terra, 1988.

_____. *L'herméneutique du sujet*. Paris: Gallimard/ Éditions du Seuil, 2001.

_____. *La peinture de Manet, suivi de Michel Foucault, un regard*. SAISON, Maryvonne (Org.). Paris: Éditions du Seuil, 2004.

_____. *Les mots et les choses*. Paris: Gallimard, 1966.

_____. *Naissance de la clinique*. Paris: Presses Universitaires de France, 1972.

_____. Qu'est-ce que c'est l'Illuminisme? *Magazine Littéraire*, Paris, v. 207, abr. 1984.

_____. *Raymond Roussel*. Paris: Gallimard, 1963.

_____. What is Enligthemment?. In: RABINOW, Paul. *The Foucault Reader*. New York: Pantheon Books, 1984.

_____. *A arqueologia do saber*. Rio de Janeiro: Forense Universitária, 1995.

_____. *Histoire de la Sexualité I, La Volonté de Savoir*. Paris: Gallimard, 1976.

_____. *Microfísica do poder*. Rio de Janeiro: Graal, 1979.

_____. *Surveiller et punir*. Paris: Gallimard, 1975.

GAGNEBIN, Jeanne Marie. *Walter Benjamin, cacos da história*. São Paulo: Brasiliense, 1983.

GOETHE, Johann Wolfgang von. *Doutrina das Cores*. Trad. Marco Giannotti. São Paulo: Nova Alexandria, 1993.

GUÉROULT, Martial. *Descartes selon l'ordre des raisons*. Paris: Aubier Montaigne, 1968.

HAAR, Michel. La maladie native du langage. In: *Nietzsche et la métaphysique*. Paris: Gallimard, 1993.

HABERMAS, Jürgen. Les sciences humaines démasquées par la Critique de la Raison: Foucault. *Le Débat,* n. 41, set.-nov. 1986.

_____. *O discurso filosófico da modernidade*. São Paulo: Martins Fontes, 2000.

HEIDEGGER, Martin. *Gesamtausgabe* 18 – *Grundbegriffe der aristotelischen Philosophie*. Frankfurt: Vittorio Klostermann, 2002.

_____. *Nietzsche*, v. I e III. Paris: Gallimard, 1971.

JAY, Martin. In the Empire of the Gaze: Foucault and the degeneration of vision in the XXth. In: HOY. David (Org.). *Foucault: a Critical Reader*. Nova York: Wiley-Blackwell, 1986.

KANT, Immanuel. *Crítica da faculdade de julgar*. Trad. Valério Rohden e Antônio Marques. Rio de Janeiro: Forense Universitária, 1993.

_____. *Resposta à pergunta: que é Esclarecimento? – textos seletos*. São Paulo: Vozes, 1985.

LEJEUNE, Philippe. *Le pacte autobiographique*. Coll. Poétique. Paris: Éditions du Seuil, 1975.

LUKÁCS, Georges. *L'Ame et les formes*. Trad. Guy Haarscher. Paris: Éditions Gallimard, 1974.

LYOTARD, Jean-François. *A Condição Pós-Moderna*. Rio de Janeiro: José Olympio, 1998.

_____. *Le postmoderne explique aux enfants*. Paris: Éditions Galilée, 1986.

_____. *Leçons sur l'Analytique du sublime*. Paris: Éditions Galilée, 1991.

MALEBRANCHE, Nicolas de. *Entretiens sur La métaphysique*, I. Paris: Folio essais, 1995.

MIRANDA, J. A. B de. Foucault e Velásquez: a função do argumento estético em Foucault. *Revista de Comunicação e Linguagens*, v. 19. Michel Foucault, uma análise da experiência. Lisboa: Edições Cosmos, 1993. p. 47-67.

MURICY, Katia. *A razão cética*: Machado de Assis e as questões de seu tempo. São Paulo: Companhia das Letras, 1988.

_____. *Alegorias da dialética*: imagem e pensamento em Walter Benjamin. Rio de Janeiro: Relume Dumará, 1998.

NIETZSCHE, Friedrich. *A gaia ciência*. São Paulo: Companhia das Letras, 2002.

_____. *Além do bem e do mal*. 6 ed. São Paulo: Companhia das Letras, 1997.

_____. *Aurora*, 14. São Paulo: Companhia das Letras, 2004.

_____. *Aurore*, 130. Tomo I. Paris: Gallimard, 1970.

_____. *Considérations inactuels*. 4. ed. Paris: Aubier-Montaigne, 1976.

_____. *Crepúsculo dos ídolos*. São Paulo: Companhia das Letras, 2010.

_____. *Da retórica*. Trad. Tito Cardoso e Cunha. Coleção Passagens. Lisboa: Veja, 1995.

_____. *Ecce homo ou como alguém se torna o que é*. São Paulo: Companhia da Letras, 1995.

_____. *Écrits posthumes 1870-1873*. Trad. Y. L. Backes; M. Haar; M. B. de Launay. Oeuvres Philosophiques Complètes. Paris: Gallimard, 1975.

_____. *Genealogia da moral*. Trad. Paulo Cesar Souza. São Paulo: Brasiliense, 1987.

_____. *Humain trop humain. Oeuvres philosophiques complètes.* Turim/Paris: Colli-Montinari/Gallimard, 1968.

_____. Introdução teorética sobre a verdade e a mentira no sentido extramoral. In: *Nietzsche-Obras Incompletas*. Trad. Rubens Rodrigues Torres Filho. Coleção Os Pensadores. São Paulo: Abril Cultural, 1978.

_____. *Le gai savoir*, 381. Idées. Paris: Gallimard, 1950.

_____. *Le livre du Philosophe / Das Philosophenbuch*. Paris: Aubier-Flammarion, 1969.

_____. *Lettres à Peter Gast*. Mônaco: Éditions du Rocher, 1957.

_____. *O anticristo*. São Paulo: Companhia das Letras, 2007.

_____. *O nascimento da tragédia*. Trad. J. Guinsburg. São Paulo: Companhia das Letras, 1992.

_____. *Schopenhauer als Erzieher*. Unzeigemässe Betrachtungen III. *Schopenhauer Éducateur*. Considérations Intempestives III. Coll. Bilingue des Classiques Allemands. Paris: Aubier, 1976.

_____. *The Will to Power*, 617. Nova York: Vintage Books Editions, 1968.

_____. *Unzeitgemässe Betrachtungen* II, *Considérations Inactuelles* II. Bilingue. Paris: Aubier-Montaigne, 1964.

_____. *Unzeitgemässe Betrachtungen,* I. Paris: Aubier-Montaigne, 1976.

_____. *Von den Veraechtern des Leibes. Also Sprach Zaratustra*, I/ *Des contempteurs du corps. Ainsi parlait Zaratustra*, I. Bilíngue. Paris: Aubier/Flammarion, 1969.

PAZ, Octavio. *La casa de la presencia*. Obras Completas. Barcelona: Galaxia Gutenberg/Circulo de Lectores, 1999.

ROBE-GRILLET, Alain. *Le miroir qui revient*. Paris: Éditions de Minuit, 1984.

SAISON, Maryvonne. Introduction; TRIKI, Rachida. Foucault en Tunisie. In: *Michel Foucault, un regard*. Paris: Éditions du Seuil, 2004.

SCHLEGEL, Friedrich. *Athäneum*, 216. *O dialeto dos fragmentos*. Trad. Márcio Suzuki. São Paulo: Iluminuras, 1997.

SÊNECA. *Cartas a Lucílio*. Livro XI, carta 84. Lisboa: Fundação Calouste Gulbenkian, 2014.

STAROBINSKI, Jean. *Jean-Jacques Rousseau: La Transparence et l'obstacle*. Paris: Gallimard, 1971.

SZONDI, Peter. Prefácio de *Städtbilder*, Walter Benjamin. Frankfurt am Main, 1963; Walter Benjamin's City Portraits. *On Textual Understanding and Other Essays*. University of Minnesota Press, 1986.

SOBRE A AUTORA

Katia Muricy é professora aposentada do Departamento de Filosofia da PUC-Rio. Fez mestrado e doutorado em Filosofia na Universidade de Louvain, na Bélgica. Defendeu sua tese de doutorado no Instituto de Filosofia da Universidade Federal do Rio de Janeiro. Fez pós-doutorado na Universidade de Paris X.

É autora de *A razão cética* (Companhia das Letras, 1988) e *Alegorias da dialética. Imagem e pensamento em Walter Benjamin* (Relume-Dumará/ 2ª ed. Nau Editora, 1999). É coautora das obras *Danação da norma* (Graal, 1978); *Os Sentidos da paixão* (Companhia das Letras, 1987) e *O olhar* (Companhia das Letras, 1988). Publicou numerosos artigos sobre Michel Foucault, Nietzsche, Walter Benjamin, Baudelaire e Machado de Assis.

1ª edição [novembro de 2020]
Esta obra foi composta em Adobe Garamond Pro.
Miolo impresso em papel Pólen Soft 80g/m²
e capa em Cartão Supremo 250g/m².